ジョン・ロックの道徳哲学

<金沢大学人間社会研究叢書>

佐々木 拓

丸善出版

目次

序　ロック道徳哲学の背景と本書の目的……1
本書の目的　2
理論上の経緯――ロック道徳論の拡張　3
研究上の背景――ロック道徳論における伝統的な論点　11
本論の構成　15
第一章　ロック哲学への誘い、自由論、そして人格同一性論……25
第一節　ロック哲学の魅力　27
第二節　ロックの生涯　37
第三節　自由意志問題　41
第四節　人格の同一性　51
第五節　なぜいまロックなのか　58

第二章　道徳の論証はいかにして可能か ……… 63

第一節　知識の分類——絶対的知識と蓋然的知識　65
第二節　観念の分類　70
単純観念　72／複雑観念その一——様態の観念〈単純様態〉　73／複雑観念その二——様態の観念〈混合様態〉　75／複雑観念その三——関係の観念　79／複雑観念その四——実体の観念〈実在的本質と唯名的本質〉　81
第三節　行為、法、サンクションの関係としての道徳　86
道徳的善悪と法　86／三種の道徳的規則　89
第四節　道徳の論証可能性　95

第三章　ロック自由論における内在的矛盾とその解消 ……… 105

第一節　ロックの意志決定理論　107
第二節　ロック自由論の研究背景　115
第三節　自由の定義　120
意志　120／自由　123
第四節　欲求保留原理　127

第五節　チャペルのロック批判　130
有意に対する選択性の否定　131／有意決定論　135／有意決定論と保留原理　139
／チャペル解釈の意義　143
第六節　ヤッフェの自由意志実在論的アプローチ　145
第七節　二つの解釈の中庸　153
第八節　本章のまとめと位置づけ　157
第四章　有意的でありながら自由ではない行為は可能か……165
第一節　自由論における「閉じ込められた男」の例の位置づけ　168
第二節　ロウによるロック批判　170
第三節　ロウの議論の検討　176
差し控えの定義について　176／二重の因果性の問題　179
第四節　フランクファート型事例としての「閉じ込められた男」問題　182
第五章　ロック哲学における動機づけの力――幸福、欲求、そして落ちつかなさ……193
第一節　意志決定の基本構造　197
第二節　マグリ説における動機づけの力　199

第二版における変更――初版の内在主義と第二版以降の外在主義　199／保留
原理と第二版以降の内在主義　202
第三節　何が動機づけの力を持たないのか――マグリ説の検討　205
幸福概念の再検討　206／落ちつかなさの持つ二つの役割――苦の様態と動機
づけの力　210／一般的な傾向性としての幸福への欲求　215
第四節　ロック研究の今後に向けて　216

第六章　帰責の観点から眺める人格同一性　223

第一節　同一性と人格の定義　225
第二節　ロック人格同一性論への批判　228
記憶の本性　228／推移性について　230／人格の連続性について　231／ロック
の内在的矛盾について　232
第三節　反論　234
連続性と推移性の批判に対する応答　234／一人称基準と三人称基準の矛盾へ
の応答　237
第四節　人格同一性の規範的な役割　244
第五節　人格同一性と道徳の論証可能性　248

第七章　サンクションの帰属要件としての自由 …… 255
第一節　前章までの議論の要約 257
第二節　力能再考――人格同一性の場合 260
第三節　サンクション帰属の条件としての自由 265
第四節　自由の規範的意味――抗弁理由としての自由 270
第五節　ロック道徳哲学の持つ現代的意義 278
おわりに 282

あとがき …… 287
参考文献 …… 297
索　引 …… 304

凡例

I．ロックの著作

ロックからの引用は、ラブレイス・コレクション公開後のテキストクリティークを経て現在編集中・刊行中の、Clarendon Press 版全集 *The Clarendon edition of the Works of John Locke*（Oxford）に基本的には依拠する。原則として、著作名に言及がある場合は日本語の題名を記す。

著作の内、邦訳のあるものは参照した。しかし、本書での文脈と解釈に合わせて適宜訳を変更している。

- ***An Essay Concerning Human Understanding*（『人間知性論』）, 1689.**

An Essay Concerning Human Understanding, Peter. H. Nidditch ed.（Oxford University Press, 1979）.

邦訳：大槻春彦訳『人間知性論』（一）-（四）、（岩波書店、1972-77）。

『人間知性論』は一六八九年の初版刊行後、第五版までロック自身による加筆・修正が行われている。本論で使用したニディッチ版は一七〇〇年に出版された第四版に準拠している。その他の版との異同は脚注に記されており、本書での第四版以外の版に対する言及はこの脚注に基づいたものである。

引用・言及に際しては巻・章・節をそれぞれローマ数字大文字、ローマ数字小文字、アラビア数字で示す。また、ニディッチ版のページ数を付記する。ただし、「読者への手紙」該当箇所に関しては、ページ数のみを付記する。

原文でイタリックの部分は太字強調とする。また、傍点は著者による強調であり、〔 〕は著者による補足である。

- ***Essays on the Law of Nature*（『自然法論』）, 1664.**

Essays on the Law of Nature, Wolfgang von Leyden ed.（Oxford University Press, 1954）.

引用・言及に際してはフォン・ライデン版のページ数を付記する。

- **"The Reasonableness of Christianity"（『キリスト教の合理性』）, 1695.**

The Reasonableness of Christianity, John C. Higgins-Biddle ed. (Oxford University Press, 2010).
邦訳：服部知文訳『キリスト教の合理性・奇跡論』（国文社、1980）。
引用・言及に際してはヒギンズ＝ビドル版のページ数を付記する。

- ***Two Treatises of Government*（『統治論』）, 1689.**

Two Treatises of Government, (Student Edition), P. Laslett ed. (Cambridge University Press, 1988).
邦訳：伊藤宏之訳『全訳　統治二論』、（柏書房、1997）。
引用・言及に際しては巻・章・節をそれぞれローマ数字大文字、ローマ数字小文字、アラビア数字で示す。また、ラズレット版のページ数を付記する。

Ⅱ．二次文献

二次文献からの引用については「著者名：出版年」の形で参照し、ページ数を付す。再録のあるものに関しては、実際利用した再録版のページ数を付記する。引用・参照文献の詳細な書誌情報は巻末の参考文献に示す。

序

ロック道徳哲学の背景と本書の目的

本書の目的

本書は、十七世紀英国の哲学者ジョン・ロック（John Locke, 1632-1704）の主著『人間知性論』を道徳論の書として読み解く試みである。彼の名声に比して、その道徳論はこれまで正確に評価されていなかったように思われる。本書では、ロックの道徳論の核心を『人間知性論』の中に見出し、これまでは道徳との関係から論じられてこなかった彼の自由論や人格同一性論を道徳論の内部で解釈することが目指される。また、内的整合を欠くと批判されてきたこれら二つのテーマは、道徳と関係づけられる限りで整合性が見出されることを各論で示す。最終的に、内部矛盾が解消された理論から責任帰属条件の力能的理解を引き出し、それを基に「抗弁理由としての自由」という自由論の新しいアプローチを展開することで、ロック道徳論の現代的意義を明らかにしたい。以上の目的から、本書の、特に「力能」概念を中核とした問題解決と自説の展開に関わる部分においては、ロック自身の理論というよりは彼の理論の再構築という側面が強くなることは否めない。この点はご承知おきいただきたい。

さて以下では、まず本書の目的に至った理論上の経緯として、自由論や人格同一性論を道徳論に組み入れることがどのようにして可能になるのかを説明したあとに、ロックの道徳論の学術的背景を確認し、最後に本書の構成と各章の要旨を示す。これによって本書の着想と全体の概要がうかがえるだろう。前もって注記すると、以下の内容は「ロック研究」という学問領域での本書の位置づけを示すものであるため、どちらかというとロック研究者に宛てられている。ロックに興味はあるものの、哲学的な議論にまだ馴染みのない読者に対しては、第一章において、ロック哲学の基本的特徴とその魅力、そして自由や人格同一性をめぐる議論を理解するために必要な基本的知識とその重要性を解説しておいた。特にロックを専門としない読者にとっては次章を先に読み進めることをお勧めする。

理論上の経緯——ロック道徳論の拡張

自由論や人格同一性論を道徳哲学の一部として積極的に読み込むという考えは、従来の研究からすれば突飛に感じられるかもしれないので、ロックの道徳哲学の中にこのような発想が可能になる理論上の余地があることを先に示しておこう。また、これまでの研究状況を概観し、従来研究の問題点を明らかにすることで、本書の解釈が建設的で実りあるものだということを述べておきたい。まずは前者からである。

ロックの道徳論は比較的マイナーなテーマではあれ、これまで全く研究されてこなかったわけではない。実際に、「Moral」や「道徳」を冠した研究文献が少なからず公刊されている。しかしながら、これらの研究書において主流を占めているのは自然法論であり、宗教論的道徳論である。少し詳しく述べると、初期の著作である『自然法論』に道徳論のルーツをたどったり、または『統治論』や『キリスト教の合理性』に散見される自然法や宗教的道徳的規則についての言明から彼の道徳についての考えを推測したりするのが、ロック道徳論研究の典型的手法であると言える。これらの研究では、彼の道徳論は結局のところ宗教論的道徳論であり、神の存在を抜きにしては彼の道徳論は存在しないと考えられている。

このような議論には十分な理由がある。一つには、ロックには道徳を中心的に論じた著作が存在しないからである。すなわち、『統治論』や『キリスト教の合理性』が政治哲学の書、宗教哲学の書であるというのと同じ意味で、道徳哲学の書というものは彼には見出されてこなかった。このような状況では、彼の全著作の中から相互に関連し合う言説を抽出する以外に方法はなく、その場合に、中心概念として最も見込みがあるのは「自然法」であるというのは確かである。

さらに理由を挙げるなら、ロックにはキリスト教への強いコミットメントが存在する。『キリスト教の合理性』をはじめとする、キリスト教に関連する晩年の著作群をみればそれは明らかだろう。加えて、『人間知性論』では、われわれの行動を律するさまざまな規則の中でも、宗教的な規則を彼は最も重視している。その理由は、その規則の立法者である神の完全性と、神がわれわれにもたらす来世での幸・不幸にある。第二章で詳述するが、ロックは国家の制定する法律や、個々人が内面化している道徳律についてはその相対性を認めていた。その一方で、彼は客観性と普遍性を備えた道徳的規則の存在を強く信じていたように見受けられる。ここにはある種のギャップが存在するが、これを調整するために彼は神に訴える。すなわち、「永遠に存在し、全能で、完全な知恵と善意を持つ」[1]神が立法し、守るか違反するかで来世における絶大な幸・不幸をもたらすものとして宗教的規則を特徴づけることで、あらゆる他の規則を評価する客観的・普遍的基準としたのである。ロックは人間を理性的存在者と捉えたが、理性を持つ限り人は自らの将来の幸・不幸を気にかけずにはいられない。また、理性は神の定めた自然法を認識し、また啓示によって与えられた規則を検証する能力でもある。このような理性を十分に備えた人間にとっては、不可謬で、最大限の善意を持った神が提示する規則は、唯一客観性と普遍性を備えた究極的道徳規則になり得る。この点を押さえるなら、ロックの道徳論から神の想定を外すことはできない。このような背景を考えても、彼の道徳論が神の定めた自然法の問題だと考えるのは自然なことのように思われる。

以上のように道徳論を自然法の問題として考えるのなら、ロックの道徳論そのものの評価が低いのは当然である。加えて、彼の道徳論はその内容と解釈に関して大きな問題を抱えている。まず内容については、彼は『人間知性論』において積極的な言説をほとんど残していない。道徳的規則の内容を明らかにすることは、その公刊当初から友人のW・モリニュー（William Molyneux, 1656-1698）[2]をはじめとする同時代の思想家が再三ロックに求めた問題であったが、ついにロックはその要請に応えなかった。[3]

　ロックが道徳について何も語っていないわけではない。『人間知性論』にはわずかながら道徳に関する明示的な言及がある。例えば、第一巻三章での実践的生得原理批判、第二巻二八章七節から一七節にかけての道徳的関係に関する議論、そして『人間知性論』全体に散見される「道徳の論証可能性」[4]についての言明である。これらは道徳が「どのようなものか（どのような特徴を持つか）」については語っているが、「道徳とは何か」については何も語っていない。

　さらには、後により詳しい説明をするが、ロックがこれらの箇所で語った道徳の特徴についても、相反する二つの側面が混在していると批判されている。この点は特に、「自然法（道徳的規則）はどのようにして知られるか」と「自然法（道徳的規則）はどのようにして人を動機づけるか」という二つ問いを考える時に明らかになる。というのは、伝統的に対立するとされる、理性主義的自然法の立場と快楽主義的道徳説の立場の両方が彼の言説には見出されるためである。[5] 理性主義は、絶対・普遍の神の法とそれに従う責務を理性によって認識するという立場であるのに対し、快楽主義は、自然法の遵守・違反に応じてもたらされる幸・不幸の動機づけの力に焦点をあてる立場である。両者が第二の問いについて対立するのは明らかであるが、第一の問いについても自然法の正しさを神の知性を基礎に考えるか（主知主義）、神の意志を基礎に考えるか（主意主義）の点で対立が生じる。ロックの道徳論はこのような内的不整合を抱えてもいるのである。

しかしながら、これらの問題点は道徳論を自然法論に還元できるという解釈から生じている。ロックの道徳論を矮小化しているのはこの解釈が原因なのであれば、それをいったん離れてみれば見えてくるものがあるかもしれない。そのヒントは、例えばロックのサンクション論にある。「サンクション」とは、第二章三節において詳述するが、（どのような種類であれ）規範を守るか違反するかに応じて、その行いをした人にもたらされる賞罰を指す。行動規範に関わる「報い」と言い換えてもよい。ロックは『人間知性論』において、道徳的（すなわち行為に関わる）サンクションを「道徳的関係」として三つに区分しており、それは神によるもの、国家によるもの、身近な人々によるものから成る。先に述べたように、ロックは神の命じる規則を他の規則の正しさの基準とし、規則間の内容の一致を望ましいものと考えた。とはいえ、一致が達成されたとしても、国家と身近な人々による世俗的サンクションの領域が消滅することにならない点には気をつけなければならない。この点を無視して道徳論を自然法論に還元することは、ロックの道徳論に何らかの死角を生み出す。

本書では、これまで自然法論への注目によって隠されてきた現世での世俗的サンクションに光を当てる。これによって、自由や人格同一性といった概念を道徳哲学的視点から捉え直すというのが本書の目論見である。一般的にサンクションや責任帰属のためには何らかの帰属条件が必要であり、自由や人格同一性というものはその中でもとりわけ重要な候補である。それにもかかわらず、『人間知性論』で展開される自由や人格同一性の議論がサンクションの関係で取り上げられたことはこれまでほとんどなかった。これは自然法の領域に道徳を限定するならある意味で当然である。というのは、神はその全能性ゆえに帰属を誤ることがないためである。その条件がどのようなものであれ、神によるサンクション帰属は絶対確実なため、その条件が正当かという問いはともするとわれわれの思考から抜け落ちてしまう。

しかし、世俗的サンクションの実践においてはこうはいかない。われわれは自らが行為する際に帰属条件を満たしているかどうかの関心を持つとともに、他者の行為を目にした際に他者がその条件を満たしているかどうかについて配慮しなければならない。サンクションの受け手であると同時に与え手でもあるわれわれにとって、その帰属条件がどのようなものかは重大な事柄である。神のサンクションに還元できない世俗のサンクションを意識することで、その帰属条件への関心は浮き彫りになる。そして自由と人格同一性が重要な検討候補であるのなら、これらの事柄を道徳の問題として扱うのは自然であり、むしろそうすべきであろう。これは道徳の自然法への還元が作り出す死角の一つである。

自然法への注視のために道徳の観点から抜け落ちてしまうもう一つの論点は、本書の中核概念の一つである「力能（power）」である。力能とは、正確な定義は第三章一節（111頁）に譲るが、ある事物が別の事物に変化をもたらす（もしくは変化を受ける）性質、可能性であり、これはわれわれが経験的に発見するものである。重要なのは、もしわれわれが世俗的サンクションの帰属条件を考える際、それは力能の形をとらざるを得ないということである。ロックが指摘するように、われわれ人間の認識能力が有限である以上、現世におけるサンクションの帰属条件は経験的に検証されるものでなければならず、経験に先立って理性によって認識されるものではあり得ない。そしてそのような条件は力能にほかならない。このように考えると、ロックの力能概念は道徳にとって非常に重要なものであることがわかるだろう。しかしながら、道徳の自然法への還元に固執すると経験的な力能概念が死角になるばかりでなく、日常的には力能と結びついた自由や人格同一性と道徳とのつながりが見失われてしまう。

自由や人格同一性、加えて力能概念に関係する経験的な知識に関わる論述は『人間知性論』のかなりの部分を占める。そうなると、『人間知性論』を道徳の書として解釈するのは至極妥当な考えである。そこでは、自由論や人格同一性論がその最も中心部に位置づけられる。また、帰属主体としての人間に関する知識という点からは、力能と実体に関する議論もまた道徳に関連づけられる。また、力能についての知識を論じるためには蓋然的知識の問題および、事物の定義をめぐる言語の問題も視野に入るだろう（絶対的知識の問題は道徳の論証をめぐって当然問題となる）。これらをすべて道徳と関連づけて解釈し直すのは一冊の書籍では不可能である。そこで本書は、自由論と人格同一性論に焦点を絞り、それらの力能論的解釈を示すことを通じて、このような見方の可能性を問う。

しかしながらこの読み筋には一つ困難がある。それは、本書の議論の中心となっている自由概念がロックにとってサンクション帰属の条件としてみなされているかどうかが明らかではないことにある。現代の自由意志論争において、人間の持つ自由はサンクション、すなわち道徳的責任の帰属条件として議論されている。とはいえ、それがそのままロックの議論に適用できるとは限らない。また、世俗的サンクションに議論を広げるとこの点はいっそう問題となるだろう。

『人間知性論』には自由がサンクションの条件であることをほのめかしている言説が三箇所ほどある。その内の二つは機械論と道徳的規則の非両立を述べている箇所であり、もう一つは神の持つ賞罰から人間の自由が推論できると述べている箇所である。これらのことから、一応のところテキスト上の根拠が皆無ではないと言うことはできるが、これのみでは決定打に欠けるように思われる。そこで本書では力能概念を橋渡しにして人格同一性と自由の議論を結びつけ、その上で自由とサンクションを関係づけたい。すなわち、「法廷用語」[6]として、明らかにサンクション帰属と関係づけられている人格同一性を力能として解釈し、自由という、力能の代表として論じられている概念と同じ働きをしていることを示すことで、両者を類比的に扱うことを試みる。最終的には、道徳的規則とサンクション、自由、人格同一性がロックの責任論として一つの体系を形成していると主張する。

従来の自然法の文脈においては、道徳の領域は論証可能な、理性のみによって取り扱い可能な領域とされてきた。そこでは、全知全能の神がわれわれの道徳的責任に関する裁決を行うために、まったく蓋然性の入り込むことがない領域と考えられてきた。しかし、自由と人格同一性の問題を力能論として道徳論の中に組み込むことで、道徳の領域に蓋然性の要素が入り込むことになる。このことは、直観と理性のみから知ることのできる確実な知識の領域と、経験を通して蓋然的にしか知り得ない領域の双方が、道徳の実践において重要性を持つことを示唆している。しかしそうなると、両者の関係性が問われるだろう。理性的に知り得る基準と経験的に知られる基準はどのような関係にあるのか。これが還元の関係ではあり得ないことは明らかである。というのは、三種のサンクションは独立しているためである。

本書ではこの問いへの答えをそれぞれの基準が持つ機能に求めた。まず、理性的知識の領域の機能を経験的知識の領域の評価基準に求める。これは、神の定めた自然法が他の二法の評価基準となっていることの類比であり、自由や人格同一性の定義は、世俗的サンクションの帰属を正当化する基準となる。次いで、経験的知識の領域の機能は帰属の正当化というよりも、むしろその検証と撤回の機能を担う。すなわち、いったん帰属されたサンクションの帰属条件を経験的観点から検証し、もしその条件が成立していないことが明らかになった場合にはそれを撤回させるという役割である（これは本書の独自な論点であるが、この議論に成功するなら、ロックの道徳論から現代の責任論としても評価可能な新たな洞察が導かれたことになるだろう）。従来、自由や人格同一性は帰属を成立させる条件と考えられてきた。この発想を文字通り受け止めるなら、われわれは条件の成立をまず確認し、その後に帰属を行わなければならない。しかしこのような見方は（特に身の周りの人々によるサンクションの場合）力能論的な観点からは成立しない。力能の有無は事後に、すなわち何らかの検証が試みられた後に成立／不成立が判明するような概念だからである。われわれは定義に基づいた想定によってサンクションの帰属を行う一方で、実際の条件の成立／不成立によって帰属の確認／撤回をする、というのがわれわれの実際のやり方であろう。この時、力能としての帰属条件の重要性は抗弁、すなわち「言い訳」による帰属の撤回という規範的機能にある。この主張を正当化することが本書の議論を完成させる最後のパーツである。

以上が本書の解釈に至った理論的な経緯である。ロックの道徳論は自然法論に完全に回収しきれるものではない。むしろ、自然法以外の道徳的規則とそのサンクションに注目することで、自由や人格同一性といった概念の規範的な側面が浮かび上がり、またわれわれが現実に用いる判断基準という理論の評価軸が現れる。またこれらのテーマを道徳と関係づけて考察し直すことは、これまでロックに帰属されてきたさまざまな困難を解消することにつながるだろう。このようないわば「広い」道徳論に基づいて自由概念の持つ機能を「言い訳」に求めるというのが本書の最終目的である。これによって、ロックの道徳論が持つ可能性と現代的意義を示すことができればと願う。

研究上の背景――ロック道徳論における伝統的な論点

ロック道徳論がこれまでどのように扱われてきたかは先に簡単に触れたが、ここでもう少し詳しく従来の問題関心がどこにあったのかを見ておこう。それによって、本書の解釈が従来の道徳論に対してとる位置づけを明らかにしたい。なお、ここで触れるのはあくまでも従来研究の典型であった自然法論としての道徳論であり、本書の議論の中心となる自由論や人格同一性論をめぐる研究状況については、それぞれのテーマを扱う章の冒頭で説明する。また、ロックの幸福論と関係づけられた意志決定理論は以下で言及する自然法の動機づけ問題と密接なつながりがあるが、このテーマについても第五章に譲る。

さて、道徳論ではロックが書き記したものがあまりに少ないことが大きな問題の一つとなっているのは先に述べた。では実際に『人間知性論』で道徳はどのように扱われているのだろうか。ロックが道徳を集中的に論じた箇所は『人間知性論』には二箇所しか存在しない。一つは、第二巻二八章四節以下での道徳的関係についての言説であり[7]、もう一つは、第一巻三章における実践的生得原理の否定、すなわち道徳的規則の生得性批判の部分である[8]。しかし、ニディッチ版において、第一巻三章は二十ページ、具体的に道徳的規則の内容を論じた第二巻二八章の該当部はわずか十一ページである。確かに、これだけを見ると『人間知性論』においてロックが道徳を中心的に論じたとは言いがたい。

しかし、なぜここで言及の分量が問題になるのだろうか。それは、ロックには自身の道徳論を積極的に語ることが期待されていたためであり、その期待の原因は彼の「道徳の論証可能性」というテーゼにある。彼は、「道徳は数学同様に論証可能である」と述べ[9]、道徳的知識が数学的知識と同じく、実験などを介さず、理性のみによる必然的な知識であることを主張した。これに対して、ロバート・ボイル（Robert Boyle, 1627-1619）やアイザック・ニュートン（Isaac Newton, 1642-1727）[10] に範をおく当時の自然科学[11] には蓋然的な知識しか認めていない。ロックにはこのテーゼを実際に証明することが期待されていたのである。彼が心に抱いていた道徳的規則がどのようなものかがわかれば、その規則の検証を通じて「論証」の仕組みを理解し、ロックの議論の正当性を判断することが可能になるというわけである。

ケンブリッジ・プラトニストの影響の強い十七世紀においては、理性によって発見される規則とはキリスト教的な自然法を意味していた。そこからすると、論証されるのは自然法であるという考えがロックにも期待されるのが当然であるが、『人間知性論』中には自然法についての言及がほとんど見られない。そこでわれわれは他の著作に目を向けることになるのだが、それが問題解決に結びつくかとなると、そうはいかなさそうである。例えば、『人間知性論』で「社会を一つに維持するのに絶対に必要な」ものと述べられた道徳的規則は[12]、『統治論』において身体、自由、財産（プロパティ）の保全という形で明確化されている。しかし、『統治論』ではこの自然法が自明なものとして扱われており、それがどのようにして導出されたかの議論は示されていない[13]。また、『キリスト教の合理性』は自然法論についてのロックの最終的な立場を示すものと解されているが、そこで自然法とみなされているのは聖書の中に見られるキリスト教的諸規則である。しかし、彼はそこで「何の手助けも受けない理性が道徳を確立するのはあまりにも困難なこと」と述べて啓示の重要性を示唆しているため[14]、ロックは後年になって道徳の論証をあきらめたという解釈が多い[15]。

理性のみから引き出される自然法とはどのようなものかをロックの著作から解明するのには大きな困難

がある。とはいえ、理性のみによって一からすべての道徳的規則を創り上げる必要はないのかもしれない。タックネスが論じるように、聖書に見られるような一定の規則を所与のものとみなし、それらの規則の理性的検証こそが論証の意味であるといった解釈の可能性はあるだろう。[16] またロックがすべての観念を経験に基づけている以上、何もないところから理性によって規則を導出するのは不自然であり、自然物に見られる構造の精緻さから神の存在を論証する「デザイン論証」のように、経験から理性によって検証されるべき規則が与えられると考える道も存在するだろう。となると、規則の具体的内容の位置づけは、論証可能性テーゼの真偽を裏づける根拠ではなく、論証可能性、すなわち理性による検証の対象として捉え直されるべきだろう。しかしそうなると問題になるのは、動機づけの問題である。何らかの規則が理性によって「論証」されたとしても、それはどのようにしてわれわれを動機づけるのだろうか。

この問題は、自然法論としての規則の妥当性と、その動機づけ、すなわち責務の持つ拘束力をめぐる問題として、最も重要な解釈上の論点の一つとなっている。そこでは「主知主義」的解釈と「主意主義」的解釈が対立している。主知主義とは、簡単に言うなら自然法の正しさは理性に依存するとする立場である。この立場では、人間は自らの理性により正しい道徳的規則を認識でき、またその理性的認識からそれを守るべきだという動機づけが引き出される。対して、主意主義では、自然法の正しさは神の意志に依存するため、認識された規則の理性的評価にかかわらず、神の意志およびサンクションの認識がわれわれを動機づけると考えられる。

この対立する立場の混在という問題は、ロック道徳論をめぐる現代的議論の中心問題であった。[17] とはいえ、この二つの解釈については、ロックの著作には初期の段階から二つの立場が混在しているという考えが一般的である。[18] 例えば、『自然法論』の全集版の編集を行ったフォン・ライデン[19]や、彼の立場を展開したソールズ[20]は、ロックの内部で主知主義と主意主義の両方の立場が緊張関係にあると論じている。[21] また、十七-八世紀英国道徳哲学の代表的研究者として知られるシュニーウィンドは先に言及した「快楽主義」と「理性主義」の内的不整合について、「短く、ゴチャゴチャしていて、時に難解」と評している。[22] 主意主義の問題点の一つには、神はわれわれの理性とは独立に、恣意的に自然法を制定する余地が生じるため、不条理なサンクションを神が課す可能性を排除できない、というものがある。『人間知性論』では、ロックはこれを神の善性によって解決しているが、そうなると神の善性はいかにして証明されるかが問われる。シュニーウィンドの批判は、ロックの力能に関する経験論からは神の権威と善性は引き出されないとまとめることができよう。[23] もし、不条理な（特に）刑罰の可能性を許すなら、その可能性と相対的に自然法の拘束力は弱くなるだろう。[24]

ここまで簡単にではあるが、自然法論としての道徳論研究の問題関心がどこにあったのかを述べてきた。道徳の論証可能性と、自然法の認識と動機づけに関する相対立する立場の調停というのが、従来の議論の焦点であった。これらを本書と関係づけるなら、本書は道徳哲学の領域を自然法論の外部へと拡大する試みであるため、当然これらの問題意識をその内に含むこととなる。とはいえ、本書の狙いからすると、自然法における関心は周縁的なものにならざるを得ず、道徳の論証可能性と動機づけの理論にそれぞれ一章を割くのみである。しかも、それらは自然法だけでなく、世俗的な道徳規則との関連でも論じられるため、自然法論の中のみで考察される場合とは異なった理解がなされる。また、これらの問題の解決についても、ロックの自然法論に内在的に回答するのではなく、自然法論の外部における道徳実践を持ち出すという手法が取られる。したがって、ここで示した諸問題を正面から解決しているとは必ずしも言えない。さらには、道徳的規則の究極的な評価基準である自然法をわれわれがいかにして認識するかという問題関心は本書の外にあると言ってよい。これらの点で、自然法論は本書の中心的テーマではない。本書は従来の道徳論の議論を含みつつ、周縁化している点を断っておきたい。

しかしながら、この周縁化には損失に比して余りある利点がある。それは、従来の問題設定からは隠されていた、現実での道徳実践の視点であり、そこから帰結する自由や人格同一性の議論の実質化である。世俗的なサンクションの視点は、次章でも繰り返し触れるような、ロックに帰されるさまざまな不整合の解決にも寄与する。形而上学の問題として閉じていた問題領域に道徳という外部を設けることによって、整合性とより実り豊かな解釈が展開されるだろう。それはロック道徳哲学の現代的意義ともなる。

自然法論はそれだけで重要な問題関心であることは疑いがない。しかし、それがロックの道徳論の魅力を見えにくくしているのであれば、それへのこだわりをいったん脇に置いて、他のテーマの持つ可能性へと目を向けてみるのも悪いことではないだろう。本書では展開できないが、そこから振り返って自然法論を捉え直した時に、また新しい視点が浮かび上がるかもしれない。

本論の構成

本章の残りでは第一章以下の構成と各章の概要を示す。それによって、各章の議論の関連性をここで把握しておくことは、全体の議論の方向性と、最終的な現代的再解釈の導出への道筋を理解するのに役立つだろう。

本書は序章を除き全七章で構成されている。各章で扱われるテーマは、道徳の論証可能性（第二章）、自由論（第三章、第四章）、幸福論（第五章）、人格同一性論（第六章）、そして自由論の再解釈（第七章）である。一般的な研究書としてはこれで十分だが、ロックの哲学や、自由論および人格同一性論の議論にそれほど馴染みのない読者のために、本書ではこれらのトピックの導入として第一章を設けた。そのため、第一章では、本書で展開される議論の手前にある、従来のロック哲学に対するイメージ、自由や人格同一性概念の倫理学上の重要性、そして著者自身のロック哲学への思い入れなどが語られている。また、ロックの専門的研究に関する書としては珍しく、ロックの人生の簡単な紹介もしている。これらはすべて、より多くの読者をロック哲学の世界に招き入れたいという思いから発している。その点で、第一章は本書の執筆への情念上の経緯と呼ぶことができるだろう。そのために、ともすれば研究者の目には冗長で、むさ苦しい論述に見えるかもしれない。第一章は全体の議論の成否には関わらないため、そのように感じられる人は読み飛ばして第二章以降の議論を検討いただきたい。

本格的な議論は第二章から開始される。ここでのテーマは道徳の論証可能性テーゼの理解の確認である。このテーマは『人間知性論』において道徳に直接言及された数少ない問題の一つであり、従来研究でも大きな関心を注がれてきた。道徳哲学の領域を自然法論の外に拡張することを目指す本書においても、この点を無視することはできない。そこで、議論を始めるにあたって、道徳の論証可能性という考えはこの目的と矛盾しないという解釈を少なくとも示す必要があるだろう。先に見たように、このテーゼは何らかの具体的な道徳的規則が理性（のみ）によって導出されるという主張だと解されてきた。しかし、道徳の領域に世俗的なサンクションと蓋然性の要素を持ち込むにあたっては、自然法の枠組みの中でなされてきた従来の解釈をそのまま受け入れることはできない。そこで道徳論の拡張の基盤を作るために、論証可能性テーゼの再解釈を行う。

ここで明らかにされるのは、従来自然法に特有と考えられてきた道徳の論証可能性という性質は、世俗的な法においても成立しているということである。このことは、ロックの観念論の中で道徳がどのような位置づけにあるのかを確認することによってなされる。最終的に、道徳の論証可能性テーゼを、道徳を構成する観念の本性に由来する「整合的体系の構築可能性」と解釈し直す。このように論証可能性を道徳に対する弱い要請と解することで、蓋然的要素との整合をはかる。

第二章の議論を進めるにあたっては、道徳とその他の観念の異同を示さなければならないし、そのためにはそもそもロックの観念論がどのようなものかを説明する必要がある。この点で第二章は今後の議論に必要な道具立てを提示する役割を担っている。その中心は、ロックによる知識の定義と観念の分類である。また、本書の重要概念の一つである「サンクション」の概念が「道徳的関係」の説明の中で紹介される。また、もう一つの中心概念である「力能」の基礎となる「実体の不可知性」の主張が確認される。

第三章と第四章では、ロックの自由（意志）論に突きつけられた問題の解決が目指される。自然法論と同様、ロックの自由論もまた相対立する二つの解釈がある。一つは、「欲求による意志の因果的決定」や、当時のデカルト派の無差別の自由意志の否定といった言説に重きを置く、両立論的解釈である。[25] もう一つは、われわれは欲求の実行をいったん保留できるという点に無差別の自由の余地を見出す自由意志実在論（リバタリアニズム）的解釈である。『人間知性論』の中には、いずれの立場に対しても、それを裏づけるような言説が見られるため、その混乱がロック自由論の内在的問題とされている。第三章のテーマはこの問題を解決し、ロックの理論の整合性を示すことである。具体的には、両立論的解釈をとるV・チャペルと、ロックを自由意志実在論者として理解するG・ヤッフェの議論を検討する。両者は、ロックは最終的には「意志する自由」としての自由意志の存在を認めた、という点に同意している。しかし、ここでもし両立的解釈をとるならば、ロックが行った自由意志実在論駁論の議論が不整合をきたすことになる。逆に、自由意志実在論者として解釈するならば、あらゆる欲求から因果的効力を奪うというラディカルな解釈を採用することとなる。本論では、両者の主張を折衷させることでこれらの困難を解消する。

続く第四章の目的は、ロックが行った自由の定義の正当化である。ロックは自由を「二方向の力能」、すなわちあることをしようと意志する際にはそれを行うことができ、しないと意志する際にはそれを差し控えることが可能であることと定義している。[26] しかしこのような自由概念は現実には存在しない、というロックへの批判がある。第四章ではこの批判に反論する。具体的には、ロックが示した有名な「閉じ込められた男」の例が妥当かどうかの検証を行う。先の定義をチャペルの言葉で言い直すなら、「行為が有意によって引き起こされること」という有意性条件と「行為が実際に実現されないことも可能であること」という選択性条件の二つがロックの自由概念の要素となっている。この二つの条件があるために、「自らの意志から行うが自由ではない行為」（有意性条件は満たされるが選択性条件が満たされない行為）の余地がロックの理論には存在することになる。ロックを古典的な両立論者と解釈するE・J・ロウはこの種の行為は実際には存在しないと論じ、ロックのあげた自由の選択性条件の有効性を否定する。この批判に対して、ロウによる分析の欠点を指摘し、彼の議論を退けることでロックの自由概念を擁護する。

ロックが定義するような自由は、現代の自由意志論争においても可能かどうかが議論されている。本書では最終的にロックの自由論を再構築し、それによって現代的意義を問うため、彼の議論が現代の視点からどのように捉えられるかを示すことも有益かと思われる。また、責任論と関係づけられた現代の理論の文脈に置くことで、ロック自由論の道徳哲学上の意義を確認する。これらの事柄は「フランクファート型事例」の考察を通じて行う。この事例は、両立論者として現代の自由意志論争に大きな転換点をもたらしたH・フランクファートが提案した自由意志実在論批判であり、しかもロックの「閉じ込められた男」の例の応用事例となっている。この事例の検討に加え、D・デネットの提案する「局所的宿命」の概念を援用することで、両立論者が否定しがちな選択性条件の道徳的重要性を論じる。

第五章のテーマはロックの動機づけ理論である。人はどのようにして行為を選択するかという意志決定の理論について、「動機づけを持つのは何か」と問うのではなく、「動機づけを持たないものは何か」という観点から検討を行う。「われわれの行為に関して意志を決定するのは何か」という問いにロック自身が「その人が現に感じている落ちつかなさ」と答えていることから[27]、ロックは欲求に動機づけの力を認めているとされるのが一般的な見解である。しかしながら、この「決定」が因果的決定を指すのかには疑問の余地があると考えられている[28]。本書では、特にロックの幸福概念に注目しつつ、彼の考える欲求概念には内在的な動機づけの力が認められていないことを示す。具体的には、『人間知性論』の精緻なテキストクリティークを元にこの問題を考察したT・マグリの論考を批判的に検討する。その中で、ロックの意志決定理論が版の改訂を経て変遷していった様子や、幸福概念の捉え方の変化などを知ることができるだろう。

第五章の結論は、幸福のみが内在的な動機づけの力を持ち、欲求はそれとの組み合わせでのみ動機づけの力を得るというものである。欲求に内在的な動機づけの力を否定することは、従来の両立論的な解釈に疑義を呈することにつながる。本論の解釈が目指すのは、両立論的な意志決定構造を保持しながらも、自由意志実在論が主張する自由概念（これはとりもなおさずロックの定義する自由概念だが）に何らかの形での規範性を認めることである。この目的のために両立論的な意志決定理論の力を弱めておくことが本書におけるこの章の役割である。先に少し触れたように、動機づけの問題は自然法をめぐる議論としての重要な論点であるが、ここでは幸福に具体的な内実を与えないため、本書の主張が自然法論の問題にどのような影響を与えるかは考察していない。

第六章でテーマは人格同一性論に移る。ここでは大きく二つの事柄が目指されている。一つは、ロックの人格同一性論を批判から擁護し、その整合性を示すことである。ロックは、過去の個別的行為の記憶を持っていることを人格同一性の基準としたというのが教科書的理解である。しばしば「記憶説」と呼ばれるこの理論には、伝統的に以下のような問題が投げかけられてきた。すなわち、健忘の問題、記憶錯誤の問題、勇敢な将校のパラドクス、循環の批判、分裂と融合のパズルケース、一人称基準と三人称基準との衝突などである。最も深刻なのは最後の基準の対立問題で、ロックは人格同一性論においてもその内的不整合が批判されている。本章ではこれらの問題に一つずつ回答していく。その際重要なのは、人格同一性がサンクション帰属の条件だという事実である。この道徳的実践を人格同一性概念の持つ規範的意味・機能とした上で、ロックの記憶説を解釈し、擁護する。ここでの鍵は、三つのサンクションの区別とその独立性であり、ロックの言説はサンクションの種類に相対的だというのが大筋の回答となる。

本書の最終的主張に向けて重要なのは、世俗のサンクションの帰属にあっては、記憶説が力能論に基礎づけられていることを確認する点である。第六章の二つ目の目標は、ロックの理論が実際の基準として問題なく機能することを示すことにある。というのは、本書の解釈通り力能として人格同一性を理解するなら、そこには時間を通じて存在する自己という考えが漏れ落ちてしまう可能性があるためである。われわれが自分の記憶に断片的にしかアクセスできない以上、それを基準とした人格同一性もまた断片的なものにならざるを得ない。本章では一見直観に反するこの帰結を、人間の知識の限界と、サンクション帰属に対して果たす概念の役割の反転によって正当化する。まず、人格同一性の議論にしばしば想定される「時間を通じて変わらぬ自己」を認識することがわれわれには不可能である。またそのような形而上学的事実を帰属の条件として使えない以上、われわれは事後にしか基準の正当化ができず、（自由の場合に論じたのと同様）人格同一性においても、現世における帰属の機能は確認と撤回にならざるを得ない。この二点を論じることで、ロックの人格同一性論を弁護するとともに、その議論を自由論と接続する。

　最終章の第七章では、これまでの議論を受けて、ロックの自由論を道徳の領域の中に積極的に位置づける理由が示される。すなわち、ロックにとっての自由はサンクションを帰属させるために神が与えた能力という面だけでなく、世俗におけるサンクション帰属の実践の中で、帰属の基準となり得るような規範的側面をも備えているということが示される。これは、自由がサンクションの帰属条件と考えられているというテキスト上の根拠を提示することと、自由がそのような条件として捉えられた時に、自由の二条件が世俗的なサンクション帰属の文脈でどのように機能するかを示すことで達成される。力能としての自由は、通常すべての人が持つと想定されることによってさしあたりのサンクション帰属を可能にする一方で、実際には成立していなかったことが示されればサンクションの撤回をわれわれに促すという機能を持つ。これが本書で示すサンクションの帰属条件のあり方であり、ロックの議論を現代的に再構成した際に得られる責任論の姿である。

最後に、ロックの『人間知性論』の執筆動機という話題に触れて序章を締めよう。ロックの示した三領域すべてを道徳の独自の領域として認識し、人格同一性と自由を統合的な問題として扱うことは、現在に至るまでいくつかの異論が残っている、『人間知性論』の執筆動機についても一つの視座を与える。これについては、ロックは『人間知性論』の目的が「われわれの能力の限界」の探求であるとしているが、それは、『人間知性論』の本論に先立つ「読者への手紙」で言及している「ある主題」のためだと言われる。この主題とは、この「主題」についての話し合いに彼とともに参加していたJ・ティレルによれば、「道徳の原理と啓示宗教について」であるとされ、それが長らく学界の通説となってきたが、しかし、ロックと医学との関係が明らかにされるにつれ、医学をはじめとする自然科学が主題ではないかという主張が出てきた[29]。

本書の目的はこの動機を直接突き止めることにはない。しかし、人格と自由の問題を力能論として考えた時の道徳の持つ範囲を考えれば、この議論を道徳の側に少し傾けることができるかもしれない。というのは、宗教を含んだ道徳を主題とする立場の大きな難点は、『人間知性論』が雑多な議論を詰め込んだ大袋という見解に負うところが大きいからである。しかし、力能論を介することによって、実体に関する議論と蓋然性に関する議論がすべて道徳論の目的として見ることができれば、第一巻の生得的原理の批判、第二巻の観念の起源としての経験論、単純／複雑・実体／様態／関係という観念の区別を元にした観念論、第三巻での言語論、第四巻での蓋然性と知識の区別にまつわる知識論はすべて道徳の基礎づけとして包括することができるかもしれない。そうなれば『人間知性論』を道徳哲学の書として読む余地と意味が見えてくる。「読者への手紙」において、ロックは自らの仕事を学の前進における「下働き」だとしているが[30]、この基礎づけ作業でそれは十分なのではなかろうか。

---

1 『人間知性論』IV. xiii. 4. p. 651.

2 「モリニュクス」と表記される場合が多いが、本論では冨田：2004 他に従い、「モリニュー」を採用する。

3 Sheridan: 2016 参照。

4 道徳の論証可能性については、第二章四節で詳しく論じる。

5 Sheridan: 2016 参照。

6 『人間知性論』II. xxvii. 27. p. 346.

7 『人間知性論』II. xxviii. 4-17. pp. 350-360.

8 『人間知性論』I. xxx. 1-27. pp. 65-84.

9 『人間知性論』III. xi. 16. p. 516.

10 ユリウス暦による。

11 「自然科学」という語は正確にはロックの用語ではない。ロックの用語法では、experimental Philosophy in physical Things（『人間知性論』IV. iii. 26. p. 556）もしくは natural Philosophy（『人間知性論』IV. xii. 10. p. 645）であり、「実験科学」と呼ばれるのが適切だろう。

12 『人間知性論』I. iii. 10. p. 72.

13 Tuckness: 1999, p. 69.（ページ数は再録版のもの。以下同様）

14 『キリスト教の合理性』, p. 148.

15 Harris: 1994, p. 274, Wootton: 1993, p. 117, Spellman: 1997, p. 49（Tuckness: 1999, p. 78, note 17）を参照。

16 Tuckness: 1999, p. 68.

17 ロックの道徳論を中心的に扱った単著で、最も古いものはCurtis: 1890、Lamprecht: 1918とされているが、この二つの焦点は自然法論におかれている。Oakley: 1997, p. 50, note2参照（ページ数は再録版のもの。以下同様）。

18 Sheridan: 2016参照。ここでシェリダンは全集版『統治論』を編集したP・ラズレット、前世紀の認識論研究の第一人者のアーロン、そして本文で言及したフォン・ライデンの名前をあげている。

19 『自然法論』pp. 69-78.

20 Soles: 1987.

21 二人の議論に対しては、彼らは人間本性と自然法、そして神の意志の間の密接な関係を無視しているため誤りであり、主知主義をロックに読み込む考えは退けることができるとするワードの反論がある。Ward: 1995, p. 24（ページ数は再録版のもの。以下同様）参照。

22 Schneewind: 1994, p. 200.

23 *op. cit.*, pp. 214-5. 神の権威が正しく正当であるというロックの「正」「正当」の用法は誤りであるとするバックルの異論も最終的にはこの議論に帰着する。Buckle: 1991 (pp. 135-6) を参照。

24 一般的には、ロックには快楽主義的な、したがって主意主義的なイメージが強いように思われるが、近年では理性主義の立場から説得的な解釈も提供されている。Sheridan: 2016を参照。

25 自由意志論争における両立論と自由意志実在論の説明についてはまず第一章で簡単に説明している。詳しくは第三章を参照。

26 Rickless: 2016.

27 『人間知性論』II. xxi. 31. pp. 250-1.

28 Rickless: 2016.

29 大槻：1972, p. 291.

30 『人間知性論』p. 10.

第一章

ロック哲学への誘い、自由論、そして人格同一性論

本書の目標は十七世紀英国の哲学者ジョン・ロックの道徳哲学を自由や人格同一性を含む形に拡張することにある。その中で彼の道徳哲学や自由論、人格同一性論に対する諸解釈の検討を行うのだが、専門的な議論に先立って、このような解釈をめぐる研究にどのような意味があるのか、また論争がどのような前提の上に成り立っているのかを述べておくことは本書全体の理解のために有益であろう。そこで本章では、ロック哲学一般の魅力と、自由と人格同一性をめぐる哲学的・倫理学的議論がなぜ重要なのかを説くことで、これらの問いに答える。そのためには、彼の人間像をつかむことも必要に思われたため、本章では彼の生涯についても短くではあるが紹介している。また、哲学的・倫理学的議論の重要性を説明するためには当然ながら、論争をしている立場の特徴とそれぞれの問題点も明らかにしなければならない。その上で、最終的にはなぜいまロック研究が必要なのかという問いに対する私の考えを述べたい。

答えを先に述べてしまうなら、それは哲学的思索の奥深さを知るためであり、深い思索には、われわれ人間を含めた世界の見方を変える力があるからである。本章の最後で述べるように、われわれはいま、社会の急激な変化にみまわれている。その中ではわれわれ一人ひとりのものの考え方、世界の見方がいっそう重要になるのだが、思索をゼロから始めることはできない。一人の思想家から考える道具立てを得ることはもちろん、それを思考の制限とすることで、横方向の広さから縦方向の深みへと思考の方向は変化する。この時、ロックの経験論という手法は日常的な直感から思考をスタートさせてくれる。また、本章で後に触れるが、彼の哲学が抱える数々の矛盾は、われわれの日常的な直感の背後にある複雑な哲学的対立構造をかえって浮き彫りする。これらの特徴を備えた彼の哲学は、哲学的思索をする手始めとして格好である。本書では彼の議論を追うことで、この複雑な哲学的構造を解き明かし、またそこにある対立をわれわれが受け止める方法を提示する。本書は著者がロックという思想家と真正面から向き合い、自らの思索を深めた軌跡でもある。私の得た思索の深まりに伴う喜びを読者も同じように体験いただければ著者冥利に尽きる。

本章は、哲学や倫理学に一定の興味を持ち、幸運にもジョン・ロックという哲学者に関心を抱いてくれた読者を念頭においている。本章の役割は学術的な見解というよりもロック哲学への勧誘にあり、その目的のために十分な意味でアカデミックではない記述があるかもしれない（その中には私の哲学観やロック哲学への思い入れのようなものも一部含まれている）。また、わかりやすさと興味関心を優先するあまり、かつ私に未熟なところがあるために、記述には不正確なところが含まれているかもしれない。これらの理由から、ロックを専門に研究する方々には、それなりに長い残りの部分を読み飛ばしていただいて構わない。なお、本書の構成やロック道徳論の研究動向、そして専門研究領域における本書の位置づけなどは序章で示した。

第一節　ロック哲学の魅力

著者個人にとってロック哲学が魅力的なのは次章以降の論述を見てもらえば明白である。後にも触れるが、ロック経験論はいまや著者の哲学的思索の血肉となっている。とはいえ、一般的にはその魅力は十分には伝わっていないようである。まず道徳論については、序章で述べたように、自然法論の印象が強い。ロックの道徳哲学というとすぐに「神様」という抹香臭い言葉が出てくるので、それだけで現代の読者の中には敬遠してしまう人がいるかもしれない。彼の道徳論から神の想定を抜くことは困難であり、それゆえに宗教的な側面があることは確かである。しかしまず言っておきたいのは、本書で示すように、彼にとっては世俗的な側面もまた重要であり、結果として道徳の世俗化・自然化がなされているということである。道徳の自然化という方向性は、ロックに先行するトマス・ホッブズ（Thomas Hobbes, 1588-1679）によって着手され、その後十八世紀英国哲学を代表するデイビッド・ヒューム（David Hume, 1711-1776）によって本格的に進められる。その中でロックが注目されることはほとんどなかったのだが、本書では世俗的な道徳実践に焦点をあてることでロックの自然主義的な側面が強調されるため、結果として彼の道徳論にはホッブズやヒュームと同程度に注目されるべき価値があることが示されるだろう。

ロックに人気がないのは、もしかするとその理論に問題があるからかもしれない。彼の理論の一般的な印象としては、多くの矛盾を抱え、理論として素朴で古すぎるというイメージをあげることができる。著者の印象に強く残っているB・ラッセルの一節を引こう。

信用し得るものであると同時に自己矛盾のない哲学を創案することに、まだ誰も成功した者はいないのだ。ロックは信用し得るという点を狙って、首尾一貫性のギセイの下にそれを達成した。偉大な哲学者たちの大部分は、それと正反対のことをしてきたのである。自己矛盾のある哲学は、まったく真であるというわけにはゆかないが、自己矛盾のない哲学は、まさにその全部が偽であり得るのだ。最も実りの多いものであった諸哲学は、はなはだしい矛盾を含んでいるのだが、まさにその理由によって、部分的には真であったのである。自己矛盾のない体系が、ロックの哲学のように明らかに多かれ少なかれ誤っている体系よりも、より多くの真理を含んでいると考えるべき理由はないのだ。（ラッセル『西洋哲学史』市井三郎訳、みすず書房、一九七〇年、六〇五頁）

これは実は、ロック研究を志す大きな契機とその理解の基盤を私に授けてくれた冨田恭彦が著書『ロック哲学の隠された論理』のまえがきで引用している一節である。[1] 冨田はこの引用に続いて「このラッセルの言葉には、ロックに対する非常な『好意』が現れている」と述べる一方で、ロックの思想が「自己矛盾」を抱え、「部分的には真であった」に過ぎない点をラッセルは認めていると不満をもらしている。[2] ここにはロックに対する二人の好意と高い評価が認められる反面、他の思想家やロック研究者はロックをそれほど高く買っていないということも暗に示されている。私の体験に照らしても、私がロック研究に着手し始めた際に当時の指導教員が示したロックの評価は「パッチワーク的」というものであった。この評価は学部生だった私にそれなりにショックを与えると同時に、研究への意欲をかき立てもしたものである。

冨田はロックの「自己矛盾」のうちのいくつかについては「その矛盾を解くような解釈の試みが、もっとなされるべき」だったとし、著作の中で主として認識論、知識論の領域で整合的解釈を提示している。私もこの姿勢に大きく共感する。本書もまた、ロックの自由論や人格同一性の議論についても、「矛盾を解くような試み」が可能であるという信念のもとに執筆された。本書を書き上げたいまとなっては、矛盾や不整合さを抱えるように見える理由はロック哲学に内在的なものではなく、ロックを解釈した当時もしくは現代の（思想家ごとの）理論背景にあるのではないかという思いが強い（この指摘は自由論や人格同一性論でも示唆したつもりであるが、第五章で幸福論、動機づけの理論を扱った際には結論の一つとして明示している)。

とはいえラッセルが示唆する通り、矛盾を抱えていないことが即、その思想の魅力となるわけではない。十七世紀の哲学は現代の思想からみれば時代遅れの「過去のもの」という印象が強い。ロックは「経験論」(認識論については「経験論的観念論」)という立場を主張したが、これは大まかに言うと、「われわれの知識の材料はすべて経験に由来する」という立場である(この「経験」とは外の世界からの感覚的知覚と、心の内に向けられる内省の二つを意味する)。『人間知性論』はこの立場を最初に擁護した書物の一つであり、出版直後からヨーロッパ中に多大な影響を与えた(自由論や人格同一性論についての歴史的影響は節を変えて改めて述べる)。いわゆる「イギリス古典経験論」と呼ばれる立場は、ジョージ・バークリー(George Berkeley, 1685-1753)やヒュームに批判的に継承・発展されていく一方で、(一説にはバークリーによる誤読のためと言われるが)、ヒュームと同時代人で、イギリス道徳哲学界の第一人者であったトマス・リード(Thomas Reid, 1710-1796)やドイツ観念論の巨人イマヌエル・カント(Immanuel Kant, 1724-1804)にとっては、懐疑論につながる思想として退けられるべき、批判対象としての役を担った。[3] 影響力が大きく、一つの流派として思想は継承されていくとはいえ、ポイントは「批判的に」という点にある。要するに経験論という立場にしてもヒュームの方がより詳細な分析と、方法論の徹底を行っているのである。そうであるなら、ロックよりもヒュームを研究すべきだ、ということになるかもしれない。また、ヒュームにしても「古典的」とあるように、彼らの考え方と議論は今日的観点からみると時代錯誤に映るかもしれない。ロックにせよヒュームにせよ、思想史上の研究意義は十二分にあるとしても、その理論が現代の哲学・倫理学理論と同じ意味で重要だとはなかなか言いにくい。また、彼らの理論には現代では哲学的に

【年表】17〜19世紀ヨーロッパの思想家

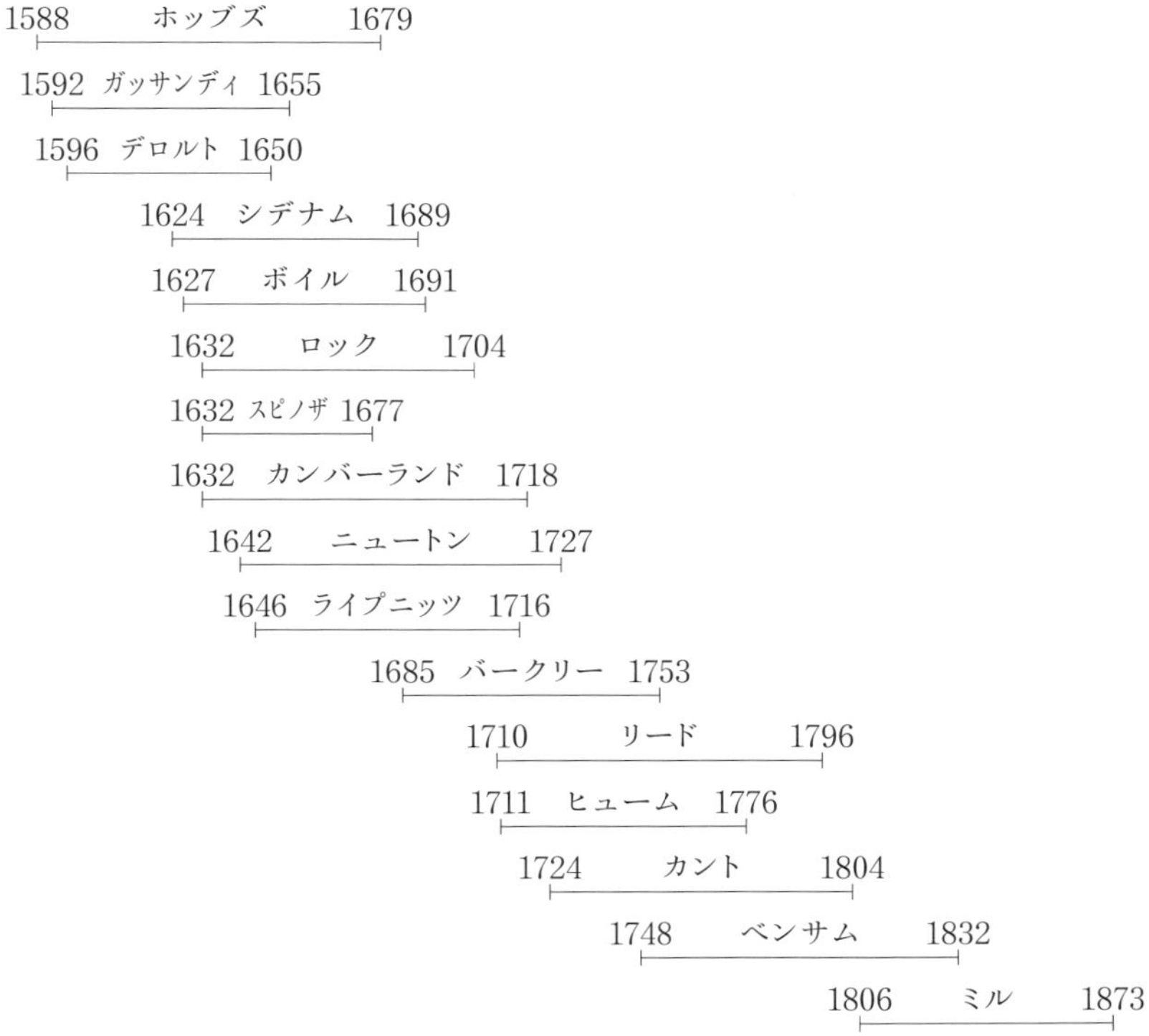

受け入れられない要素が存在することは否めない。

例えば、経験論には「感覚与件の理論負荷性」というハンソンに代表される批判がある。これを理解するにはロックの経験論的観念論を説明しなければならない。彼の理論のイメージはレゴブロックである。[4] 経験論的観念論では知識は材料である「観念」(*Idea*) からできており、これに分解することができる。例えば「雪は白い」は「雪」という観念と「白さ」の観念に分解される。[5] さらに「雪」は「白い」や「冷たい」「暖かいと溶ける」云々といった更に細かい観念に分解され得る。これを続けていくと、それ以上分解できない最小の単位に至るが、それは「単純観念」(simple *Idea*)と呼ばれる。ロックの観念論をレゴブロックに喩えたのは、あらゆる知識は単純観念という最小ブロックがさまざまに組み合わされることでできており、これを分解して、そこに含まれるパーツ同士を突き合わせ、比べ合うことでその正しさが判定される、というところにある。例えば「雪は白い」は「雪」という観念に「白さ」というブロックが含まれているかどうかで、その真偽が判定される。すなわち、「雪」というブロックを分解してみた時、そこに「白さ」に対応するブロックが使われていればその文は正しく、含まれていなければ誤りということになる。

さて、ここで一つ問題が生じる。ロックはどうやら、砂場での宝探しのように、レゴブロックの基本パーツ(＝単純観念)を経験から拾ってこられると考えていたようだ。ブロックはすべて経験、すなわち感覚と内省から得られるということは、彼が「経験論者」であるということのしるしである(逆に、そのような経験から得られたのではないブロックを使っている「知識」はまがいもの、ということになる)。ここで問題となるのは、ロックがブロックを掘りあてる時、それが例えば「これは赤の1×2のブロックで、あれは青の2×2のブロックだ」ということを、そもそもどのようにして知ることができるのか、ということである。先に述べたように、知識の正しさは観念同士を付き合わせることで判定される。そうなると、とりわけ最初に「白さ」の観念を得た時、付き合わせるべき「白さ」のブロックを持っていないのに、それが「白さ」であるとどうしてわかるのだろう。単純観念は得られる際に既に内容を与えられているという考えを「所与の神話」と批判し、観察は常に何らかの理論を付与されている、すなわちわれわれは物事を常に何か「として」見ているという点をハンソンらは指摘したのである。この批判がロックに妥当するかどうかは解釈によるが、感覚の理論負荷性という問題は古典的経験論者が回答しなければならない困難の一つであることは間違いない。

また、ロックの認識論の中には「文の形を取らない知識」という考えがある。これもレゴブロックで考えるとわかりやすい。先ほど、ロックの考える観念は単純観念に分解できると述べたが、われわれはこのような単純観念をさまざまに組み合わせて新しい観念を作ることができる。レゴブロックの場合、私はブロックを好きなように組み合わせて何かを作り、名前もつけずにそれで遊ぶことができるだろう。これと同様に、私は単純観念を好きなように組み合わせて複数の観念を作り、その観念だけで思考することができるだろう。というのは、ロックの観念論では思考の基本要素は単純観念だからである。われわれは観念を直接比較することで思考できるのである。この種の考え方は後にヴィトゲンシュタインによって「私的言語の不可能性」という形で批判されるのだが、もしわれわれが思考とは言葉を用いてなされ、表現されるものと考えるのなら、「言葉で表現されていない知識」が存在することは非常に奇妙なことである。

このように、現代の視点からみれば、ロックの認識論には多くの問題が見出されるだろう。それでも、経験論的観念論という手法に基づいた彼の哲学には一定の魅力があるように思われる。理論に問題があることは、(当人はさておき) それを元に思索をする者にとってはむしろ都合がよい。われわれはそこに思索のスタート地点を得るためである。完璧な理論は単にそれに従うことしか要求しない。対して、思索を行うには「適度な間違い」や「不完全さ」が逆に必要になる。ロックの哲学はむしろ自己矛盾や問題点を抱えているからこそ、われわれにとって有用である。「哲学はロックから始めるのがよい」というのは私の持論である。

ロックの議論に矛盾や問題が多く見られるのは、彼の議論が「常識的」だという点にあるのかもしれない。ラッセルはロックの思想を「信頼に足る」と言っている。これは、ロックの考えの部分部分がわれわれの直感的な考えと一致しているということである。要は彼の個別の主張は「一般ウケする」ということである。個々の場面でウケを狙った結果、全体的には不整合になるというのはよくある話である。例えば、哲学者として「われわれは経験を通じてしか知識を得ることはできないのだから、世界の在りようを直に知ることはできない」と言う一方で、自然科学者としては「物体はすべて粒子から構成されており、それらの運動は物理法則に一貫して従っているとする粒子仮説（原子論の一種）は現状で最も確からしい仮説だ」と言ったりする。また、自由を例にとるならば、「われわれ人間は自由だ（言葉を換えるなら、どのような人生を送るかを選ぶことができる）」と信じる一方で、「何らかの出来事が生じる以上、そこには結果を確実に生み出す何らかの原因があるはずだ」ということも正しいと考える（後に述べるように、この二つの考えは矛盾し得る）。ロックの主張が「パッチワーク」だという指摘はまさにこのような状況を表すのにぴったりなのかもしれない。

とはいえ、単に自己のうちに矛盾を抱えているだけでなく、その矛盾がわれわれの「あたりまえ」の感覚に成り立っていることこそが、ロックこそ哲学への水先案内人にふさわしいと私が考える一番の理由である。ロックは「われわれは自由か」「昨晩に眠りについた私と今朝目覚めたいまの私は同じか」といった哲学的問題を、経験から与えられた観念と、人間に与えられた知性を用いて丁寧に解きほぐし、結論を見出していく。人文・自然科学双方の進歩により、前提となる多くの知識は異なるものの、この思索の方法を現代のわれわれはロックと共有できる。彼の思索が重要なのはまさにこの点にある。彼は『人間知性論』に付した「読者への手紙」で次のように述べている。

わたしがこのように〔本書を読むことで私同様の楽しみを得られると〕申し上げるのは、あなたのお考えがあなたご自身のものである場合です。もしあなたのお考えが他人の考えを信用した借りものだとしたら、その内容はどのようなものであろうと用をなしません。というのは、〔借りものの考えは〕真理に従っていず、なにか卑しい考慮に従っているからです。そして、他人の指図どおりに言ったり考えたりするだけの者の言うことや考えることは気にかける値打ちがありません。あなたがご自身で判断されるなら、その判断は公平だろうと承知しています。[6]

これはロックが『人間知性論』の読者に求める知的態度だと言ってよい。依拠する考えにどれほど権威があろうとも、自ら思考せず、単に他人の考えを鵜呑みにして繰り返すだけの人をロックは相手にしない。自らの経験に依拠し、自らの知性を働かせることこそロックが読者に期待することである。彼の思想を理解し、評価するために、権威のあるとされている小難しい思想を準備する必要はない。彼が提案する考えについて、(まずは)自らの経験に照らして、懸命に自分の力で考える誠実さがあればよいのである(とはいえ、彼の提案を正確に理解するためには、彼の時代の背景知識が必要になるのだが)。その意味では、「ヒュームの観点からはロックは価値がない」とか「ハンソンの指摘に従えばロックは重大な誤りを犯している」といった批判にロック自身はびくともしないだろう。ロックが対話するのは、「施し物で身を養うことをせず、もらった意見の切れ端に甘んじてぼんやり暮らさずに、自分自身の考えを働かせて真理を見出しそれに従おうとする者」[7]なのである。本書もまた、ロックの、そしてその解釈者たちの思考にこのような態度で取り組んだ成果である。本書についても同じ知的態度で読んでいただく限り、その批判は大いに歓迎するところである。

このような知的態度は現代のわれわれが哲学的な思索を深める際にも有用だという点で、ロックにあたることは哲学のよいスタートであり得る。「あたりまえ」で「矛盾を含む」という彼の理論の特徴は、しばしば「おもしろみの欠けた、退屈なもの」といった評価につながっているが、これらには一定のメリットもある。というのは、われわれの思考の多くは混乱しており、少なからず矛盾を含んでいるからである。ロックが自身の思想に矛盾があると考えていたかは別として、われわれは彼と同じ仕方で哲学的問題に取り組むことができよう。これは哲学・倫理学を学ぶ上でそれほど悪いことではない、むしろスリリングな体験のように思われる。

ここまでの話をまとめよう。確かに、ロックの思想は矛盾が含まれた不完全なものかもしれない。しかし、その矛盾や不整合がわれわれの持つ「あたりまえな常識」と、経験できないものを知識の材料として持ち込まないという経験論に由来する限り、われわれが哲学・倫理学的思考を開始するには有利に働く。本書ではロックの道徳論、自由論、そして人格同一性論について、それぞれ「責任帰属」との関係から議論を構築している。もしこれがうまくいっているなら、それは、われわれが自らの道徳的営みと経験を基にしてこれらのテーマについて深く考えることの一つのモデルを示すことにもなるだろう。そこではロックの「古さ」は問題とならない。現代の徳倫理学（Virtue Ethics）は古代ギリシアのアリストテレスから多くの着想を得、功利主義や義務論と肩を並べる規範倫理学上の一領域を形成した。アリストテレスには及ばずとも、ロックもまた現代倫理学に新たな息を吹き込む有望な苗床であることを本書を通じて訴えたい。

第二節　ロックの生涯

さて、ロック哲学の逆説的な魅力を確認したわけだが、著者がロックに惹かれる理由は彼の人柄にもある。そこで、自由や人格同一性の話をする前に、ロックの人となりを簡単に紹介しておきたい。[8] ロックはその思想もおもしろいが、彼の人生もまた波乱万丈で、人の興味を引くものであった。ロックは一六三二年、ジョン・ロック（父子同名）の子として、ブリストルの近郊、リントンに生まれた。父ロックはピューリタンで、地主階級であったが、さほど裕福ではなかったため治安判事の書記をしていた。そのような状況にありながらも、子のロックは支援者のおかげで優れた教育を受け、一六四七年に当時随一と評判のロンドンのウェストミンスター・スクールに入学する。その後、一六五二年秋にはオクスフォード大学のクライスト・チャーチ・カレッジに二十歳で進学し、四年後に学士号を、さらにその二年後に修士号を授与される。学生時代に彼が受けた教育は主として論理学と形而上学、古典学、そしてアリストテレスの哲学であった。彼は一六六〇年にはギリシャ語の講師となり、その数年後には修辞学の講師にも任命されるが、彼のこれらへの関心はあまり高くなかったと言われる。ロックの興味はむしろ、一六六〇年代に浸透していった実験哲学、自然哲学およびその方法論に向かった。そして友人に医学と実験哲学を紹介され、「ボイルの法則」で有名なロバート・ボイル（Robert Boyle, 1627-1691）の指導を受ける。ロックはデカルト

（René Descartes, 1596-1560）以前にボイルの著書に親しんだと考えられており、ボイルの粒子仮説（ある種の原子論）をはじめとした機械論的思考はロックの『人間知性論』に強い影響を残した。ロックは後に医者のトマス・シデナム（Thomas Sydenham, 1624-1689）と共同研究を行ったり、かのアイザック・ニュートン（Isaac Newton, 1642-1727）と親交を結んだりする（いま上がった人々は「読者への手紙」に登場する）。ロックはデカルトの「観念の方法」（Way of ideas）を引き継ぐと同時に、彼らとの交流の中から「記述という平易な方法」（Historical, Plain Method）を自らの方法論として採用した。これらは彼の経験論的観念論の根底をなすものであった。

一六六六年、ロックは後のシャフツベリ伯、アンソニー・アシュリー・クーパーとの出会いによって、オクスフォード大学を離れ、イギリス政治の中心へと身を置くこととなる。ロックはシャフツベリ伯の右腕として、政治経済の分野、とりわけ北アメリカ植民地のカロライナ州基本法の作成や植民地経営において手腕を発揮する。[9] しかし、一六七四年、シャフツベリ伯が政治の中心からいったん離れるのに合わせて、ロックはオクスフォードへと戻る。ここで医学士の学位と臨床医の資格を手にした後、一六七五年彼はフランスに渡った。ナントの勅令がまだ効力を持った時期のフランスで彼はプロテスタンティズムの思想を学び、宗教的寛容についての自身の思索を深めていった。また、原子論に基づく機械論的世界像を唱え、エピクロス主義を再生させたフランスの哲学者、ピエール・ガッサンディ（Pierre Gassendi, 1592-1655）の思想を継ぐ人々と親交を深めるなどして三年半を過ごした後、一六七九年にロックはイギリスに帰国する。[10] しかしこの時、イギリスの政情はかなりきな臭くなっていた。当時の国王チャールズ二世がカトリック教徒の弟、ジェームズを後継者として王座につかせようとしていたためである。これに対しては

ロックの肖像画
（アメリカ議会図書館蔵）

議会勢力が抵抗していたが、その中心にはシャフツベリ伯がいた。彼は反逆罪の嫌疑をかけられて二度投獄されるが、いったんは無罪を獲得して釈放される。しかしその後も危険な立場は変わらず、逃亡生活の末オランダに渡り、一六八三年にその地で亡くなった。このシャフツベリ伯の死と政治情勢の悪化のために、ロックは一六八三年オランダに亡命する（ロックはスパイの嫌疑をかけられていた）。しかし、一六八八年に名誉革命が起こり、政情が回復したため、同年ロックは女王メアリと同船してイギリスに帰国。ロックはこの亡命時期に『人間知性論』を書き上げ、『寛容についての書簡』をラテン語で出版している。なお、『人間知性論』の公刊は帰国の翌年の一六八九年であり（公刊された著書の表題には一六九〇年と記されている）、同年には『統治二論』とポップルの翻訳した『寛容についての書簡』の英訳もまた出版された。

帰国後のロックは最晩年をエセックス州はオーツにあるマシャム邸で過ごす（ロックに最晩年の住み処を提供したフランシス・マシャム卿は、かつてロックと「すれ違いの恋」[11]をし、また生涯の知的な友人でもあったダマリス・カドワースの夫である）。ここでロックは『人間知性論』の四度の改訂、『キリスト教の合理性』、そして『教育に関する試論』の執筆を行った。そして一七〇四年、田園の広がる穏やかな風景の中、マシャム夫人に看取られつつロックは息を引き取ったとされる。[12]ちなみに、彼の遺産は莫大であった。彼の遺言書によると、遺産の大部は書物と現金であったが、これに株券や不動産、宝石などを加えると、総資産は約二万ポンド（現在の日本の貨幣価値に換算して数十億円）に及ぶと言われる。[13]ロックの魅力は彼が現実に成功した数少ない哲学者の一人であった点にも見て取れるかもしれない。

最後にロックの人間的魅力を語る上で、彼がダマリスをはじめ、多くの女性と大量のラブレターをやりとりしていた事実は外せない。その一方で（ピューリタンの父親による厳格な教育のせいか、彼の病弱な体質のせいか、その他の理由があるかはわからないが）ロックの恋の大半は実らなかったという。[14] 結局、彼は生涯独身であった。

第三節　自由意志問題

ジョン・ロックがどのような人物で、その哲学上の立場がどのようなものかを簡単にではあるが紹介したので、本章の残りでは自由論と人格同一性論とはどのような議論なのか、われわれがこれらの問題を考える意味はどこにあるのか、そしてその論争の中でロックの理論はどのような位置を占めているのかを見ておこう。まずは自由論である。

「自由」はわれわれにとって非常に重要なテーマである。言論の自由や信仰の自由などは基本的人権に含まれる権利である。また、職業の機会均等というのも（とりわけ差別されてきた人々には）自由の問題であるし、経済活動の自由もまた税金や福祉との関係でわれわれの大きな関心事であり得る。が、本書で扱う自由論はそのような話ではない。これらの政治的・経済的自由の根底にある（とされている）、われわれが人間であるがゆえに持つ行為や意志の自由である。

私はこの自由を指す際に、わざわざ「哲学的自由」や「人間的自由」「行為の自由」といった言葉を使う。これは政治的自由と区別するためであり、さらには政治・経済に関わる自由の問題の方が圧倒的にメジャーだからである。すぐ後に紹介するが、「リバタリアニズム」は哲学的自由論において重要な立場の一つだが、この用語は政治哲学においても頻繁に用いられる。本書でこの外来語に「自由意志実在論」といういかめしい翻訳をつけているのは、やはり政治哲学の用語と区別するためであり、政治哲学の方がよく知られているためである。このような政治哲学優位の状況はロック研究でも同様であり、ロックの自由論というと社会契約に関連した政治的自由の議論や、自らの財産や身体に関する所有権論を思い浮かべる人が多いだろう。これに加えて、彼の理論の一見した「パッチワーク」性と、先にホッブズ、後にヒュームという同系統の理論のはざまにあったという彼の思想史上の事情があいまって、ロックの哲学的自由論はなかなか日の目を見ることが少なかった（この事情については後に詳しく述べる）。

とはいえ、哲学的自由論そのものにしても、ロックの理論にしても、注目されていないという事実が即重要ではない、おもしろくないということにはならないだろう。ここでは第三章以降の複雑な議論の意義を理解するために、なぜ哲学的自由論が重要なのか、そしてロックの理論の特異な点がどこかを簡単に説明しておこう。

さて、哲学的自由の価値を知るために、まず政治的自由と区別された「人間としての自由」がなぜ必要なのかを考えてみたい。例えば、職業の機会均等が制度として徹底されている一方で、特定の集団に対して強い差別意識が職場にあるような社会を考えてみよう。このような社会では、職業の自由は機会として保証されているかもしれないが、実質的には存在していない。また、同様に機会均等が制度として確保されているが、働く本人に強い自己否定の感情や思い込みがあるために、能力的には就けるはずの職業を選べない状況を考えてみよう。ここでは心のあり方が行動の大きな制限になっているために、制度上の自由が当人の自由に結びついていない。このような思考実験からわかるのは、職業選択の自由といった政治的自由が実質的に機能するためには、個人の心の内外の制約によって当人の選択が妨げられないことが必要だ、ということである。

また、哲学的自由を「人間的」自由と呼ぶのには、この種の自由は人間に特有だ、すなわち他の生き物や生命を持たない物体と人間を区別し、人間を特別扱いする根拠の一つだ、という理由がある。われわれ人間には人権があるとされる。また、搾取や操作、虐待や乱暴な扱いといったことが禁じられている。対して、動物や植物にはいまのところそのような権利は十分に認められていないし、それらの中にはいまあげたひどい扱いが許されるものがある。そして物体にはこのような考え方がほとんど適用されない。このような区別が許されるのは、われわれ人間は自らの行動を理性に従ってコントロールでき、自らの決定によって人生を選びとることができるから、別の言い方をすれば、われわれ人間は実際に行ったのとは別の仕方で行為できるから、というのが一般的な答えである。また、このようなコントロールや実際に選んだのとは異なった選択が可能だからこそ、人間だけが持つ権利を与えられ、他の生き物や物体には適用されないルールや義務が課される。さらには、われわれの行いは単なる物体の運動や、他の動物の行動とは異なる「行為」とみなされ、結果、その結果を自分のものにできる。例えば、自分の飼い犬が誰かにけがをさせたとしたら、その責めを負うのは犬ではなく飼い主の人間である。というのは、犬はしつけられた行動や本能に従った行動を喜んでとるかもしれないが、それを「自ら選んでする」、すなわち「別のこともできるのにあえてする」ということはできない（と考えられている）からである。また、人工知能が囲碁で人間に勝ったとしても、真に称賛されるべきはプログラマーである人間だろう。人工知能もまたプログラムされたことを実行するのは可能だが、それを「選んで」することは不可能だからである。このように、われわれの自由が重要なのは、それが自らの行動とその結果を自分自身に帰属する、専門的な言い方をするなら、われわれが「行為者性」を獲得できるという点にもある。

とはいえ、このような自由とは実際どのようなものなのだろうか。単に身体がそう思った通りに動くことだろうか。それとも、自分のしたいことができることだろうか。先の自己否定の感情が強すぎて職業を自由に選べないという事例を考えると、心の自由というのも必要のように思われる。すなわち、物事を考える自由や意志決定の自由というものが人間的自由のためには必要のようである。自分の内に生じた欲望にただ従っているだけの動物や幼い子供がこの種の自由を持っていないと考えられるのはこのためである。

とはいえ、この心の自由、とりわけ意志決定の自由というものは本当に可能なのだろうかという疑問がある。例えば、大学の卒業に必要な単位を取りたいから勉強するなどのように、われわれの行為には大抵理由や動機が伴う。動機には悪口を言われてかっとなる場合の衝動や、喉が渇いたので水を飲むという生理的な欲求、カレーが好きなので夕食にカレーを食べるといった性格や心の傾向性も含まれる。これらの理由や動機はわれわれが好き勝手に変えられるものではない。「ニンジンは苦手だけれど明日から好きになる」と宣言したところでそうなるはずもないし、勉強に飽きているのに「いまから勉強する気になる」と思ってみても欲求が湧き上がることなどめったにない。動機をコントロールできる場合もあるにはあるが、それは稀だとなると、われわれの生活の多くを占める行動に行為者性を付与するには不足である。生理的な欲求にせよ、味の好みにせよ、人生の目的でさえも、われわれの動機の多くは心の外部からもたらされ、それによってわれわれの意志は決定される。一見自分のもののように見える価値観や性格も、それが形成された歴史をたどるなら、それは外部の影響が無視できないくらい強いことがわかるだろう。そうなると、意志決定の自由、すなわち実際とは別の仕方で意志決定することはどのようにして可能になるのだろうか。

また、心は物理的な身体と関係している。喉が渇いたので水を飲みたいと思う場合、身体に水分が足りないという物理的状態が、動機である欲求を引き起こしている。この事例のように、欲求に代表されるわれわれの動機には物理的な原因があると考えるのは自然である。そもそも、人間の身体が動くのには物理的な原因が必須である。手を上げるには筋肉の収縮が必要だし、筋肉の収縮のためには脳からの電気信号が必要である。そして脳から送られる電気信号にしてもそれを生み出す原因があるはずである。もしわれわれの「行為」に物理的な原因があるのであれば、両者は必然的な関係でなければならない。というのは、原因と結果の関係は物理法則によって必然づけられているためである。もしも十分な原因があるにもかかわらず結果が生じないとすると、それは物理法則に反していることになる（そうでなければその原因が十分でなかったということになるだろう）。

ロケットのエンジンに点火することを考えよう。そして、点火のための必要十分な原因は揃っているとしよう。もしここでロケットに点火できないのなら、そして原因が本当に必要十分であるのなら、ここにはそれまで成立していると考えられていた物理法則が適用されていないことになるだろう。そして物理法則による必然的関係は、理論的には他の可能性を排除するため、そこには選択肢がない。「エンジン点火のための原因がすべて揃っている」とは関連する物理法則によって「点火しない」という可能性が排除されていることを意味している。[15] そうなると、行為に因果的に十分な原因が存在すると考えることは、その行為には他の選択肢がなく、それゆえに「選択」できないことになる。ここには意志決定の自由は存在しない。この世界のあらゆる出来事を支配している法則を「自然法則」と一言で呼ぶなら、自然法則は人間の意志決定の自由を排し、ひいては結果としての社会的行動の自由をも排除しているように思われる。

このような、「われわれの行為でさえ自然法則と原因の組み合わせによって必然的に決められている」という考えは「因果的決定論」もしくは単に「決定論」と呼ばれる（この「原因」には物理的なものだけでなく、心理的なものが含まれる場合がある。より正確な定義は第三章で行う）。因果的決定論は意志決定の自由を排除する。人間の行為以外の、他の物体に生じる出来事には物理的原因が必ずあると考えるのは自然なのだから、それを人間の行為に適用することはそれほどおかしな考えではない。しかし、そうなるとわれわれには自由がないことになる。

それでは、われわれの行為にはそれを決定する外的な原因は存在しないのだと考えるのはどうだろう。実際、中世の哲学者はそのように考えていたし、近世以降もそのように考える哲学者は大勢いた。先に名前を挙げたカントはその代表であり、リードもそうである。とはいえ、行為に原因が存在しないというのはどういうことだろうか。動機の場合で考えてみよう。カレーが大好きな人がカレーを食べたいと思いインド料理屋に行ったが、実際にはその欲求に決定されずに、嫌いなグリーンサラダだけを食べて帰ったとしよう。これは自由な意志決定の事例だと言えるだろうか。また、物理的決定の場合を考えよう。タクシーを止めようと手を上げようとした際に、二回に一回は手を上げようという意志決定ができなくなるとしよう。これは自由の事例と言えるだろうか。これらの事例から考えられるのは、もし行為に原因がないのなら、それは行為がランダムであり、逆にコントロールが効かない事例になるということである。これは「ランダム問題」と呼ばれている。カントのような、意志決定に関する決定論を否定する立場は「自由意志実在論」（リバタリアニズム）と呼ばれているが、ランダム問題はこの立場が解決すべき困難の一つである。

もし決定論が正しければ意志決定の自由は存在せず、他方で決定論が間違っていて、人間の行為に原因がないのならそれはランダムな決定だとなると、意志決定の自由という概念には不合理さが含まれているように思われる。丸い四角形が存在しないように、自由な意志というものは現実には存在し得ない。これを受けて、人間的自由は意志決定の自由、選択の自由以外の別の仕方で実現されるはずだと考える立場がある。この立場は、決定論と自由は両立可能だと考えるところから「両立論」と呼ばれている。近代的な自由意志問題はホッブズから始まったとするのが教科書的理解であるが、彼は古典的両立論の代表者の一人である。彼は意志の自由は存在せず、行為の自由のみが存在するとして、「欲した行為が妨げられずに実現されること」という外的障害不在の自由を人間的自由だとした。彼以降の多くのイギリス経験論者はこの両立論という立場も継承していくこととなる。すなわち、先述のヒュームや、著名な功利主義者Ｊ・ベンサム（Jeremy Bentham, 1748-1832）、Ｊ・Ｓ・ミル（John Stuart Mill, 1806-1873）らは両立論者でもある。ロックもまた自由意志を否定する議論を展開していることから、この流れの中に位置づけられてきた。これまでロックの自由論が注目されてこなかったのは、ホッブズとヒュームという古典的両立論のビッグネームのはざまにあったことも一因だろう。ヒュームはホッブズの説を継承し、「Ａすることを欲するなら、Ａする」という条件法による自由の定義によって、二十世紀初頭の議論に大きな影響を与えた。

人間的自由には、すなわちわれわれが自らの行為の主体となり、行為者性を獲得するためには意志決定の自由が必要かどうか、必要ならばそれはどのようにして実現されるのかといった問題は「自由意志問題」として近世から議論されてきた。本来この問題は「自由意志」と呼ばれる自由な意志決定の機能が存在するかどうかという形而上学的・存在論的問題であった。そこでは、「自由意志」もしくは「意志決定の自由」という考えに含まれる不合理性を概念分析によって取り除く（これにはこの概念を放棄することも含まれる）という手法が主として取られてきた。本書の第三章から第五章にかけての議論の複雑さは、まさにこのような研究背景が元となっている。ロックが単純な両立論者であれば事はそれほど大きくならないのだが、彼の主張の中には、実はホッブズ以前の伝統的な自由意志実在論の見解が残っている。これが自由論における彼の「パッチワーク性」であり、内的不整合である。本書では、意志決定の自由と責任とを結びつけ、形而上学の問題を道徳哲学の問題に移行することで、最終的に不整合性を解消しようと試みた。

タネを明かしてしまうなら、ロックの不整合性は最終的に解決されない。両立論のそもそもの発想は、自由意志概念に含まれる不整合さゆえにその概念を捨て去るというところにあるのに、ロックは最終的にそれを捨てきれず、内に矛盾を抱えてしまった。これは彼の議論の欠点ではなく、利点だと私は考えている。その理由の一つには、ロックの議論をたどることで、自由意志実在論の基本的な主張も、両立論をとる理由もともに理解できるためである。これは前提がそもそも異なる両陣営の思想家を比較するよりよっぽど実がある。この意味で、ロックの議論は自由意志問題の練習問題としては最適である。自由意志問題はいまでも私の主要な研究関心の一つであるが、私はロックから始めたことで、対立する二つの立場の一方が他方を打ち負かすのではなく、両者が和解可能だという姿勢でこの問題に取り組めている。

ロックの不整合性が利点だという理由の二つめは、彼が自由意志実在論の要素を捨てなかったことで、彼の理論が道徳実践とつながる道を保持したと私は考えるためである。意志決定の自由は不整合かもしれないが、われわれにとって馴染みのある、自然な概念でもある。[16] ここで古い概念を不合理だとして退け、新しい概念を導入するということは、われわれの自然な考えを修正することを意味するだろう。しかし、修正的な概念が責任実践に結びつくかとなると、これは少し疑わしい。対して、ロックの理論の整合性が実践的観点から確保できるのなら、一見した概念上の不整合性は、責任実践に関してより高い説明力を彼の理論を与える結果となるだろう。本書の最後では、意志決定の自由の欠如を責任帰属に対する「言い訳」（抗弁理由）と捉えるという方向に議論を展開しているが、このアイデアは現代の特定の自由意志理論と組み合わせることで、現代の責任論としても十分興味深いものにもなり得る。ロックの理論は現代でもいまだ活きていると私は主張したい。

ロック自由論の魅力は、その議論を背景で支える意志決定の道徳心理学にもある。このテーマは第五章で扱われるが、ロックの幸福論でもある。彼は、快楽を求め苦痛を避ける「幸福への傾向性」をすべての人間に共通した本性として想定し、幸福を構成する快楽と苦痛によって行為への動機づけを説明した。われわれが新たに何か行動を起こす、もしくはいま現在している行動を止めるのは、現状にある種の苦痛があるからである。この苦痛を彼は欲求に伴う「落ちつかなさ」と呼んだが、例えば授業の単位を取るために勉強するにせよ、それは「単位がない状態」に苦痛を感じるからであり、ジョギングが苦しくなって立ち止まるのは、走ることに耐えられない苦痛が生じたからである。幸福への傾向性に含まれる苦痛の回避と現状の苦痛との組み合わせによって、ロックはわれわれがなぜその行為をするのかを説明する。

このような動機づけの自然化はロックの経験論からすると当然なのだが、これはとりわけわれわれが「道徳に従う理由」を考える際に重要となる。というのは、これは道徳の規則や命令には特別な動機づけがあることを否定しているからである。例えばカントは、道徳的義務は定言命法という形で与えられるため、

「それが道徳的義務である」というだけでわれわれを動機づけると考えた。また、ロックの同時代では道徳とは神の命令であり、われわれの心に生まれながらに焼きつけられた実践的規則である、というような考えが広く認められていた。これらの考え方の背後には、道徳がわれわれを行為に導く仕方は、例えば水を飲みたいといった生理的欲求がわれわれを動かす仕方とは異なるという考えがある。これに対して、われわれが道徳に従うのは生理的欲求に従う仕方と同じだとロックは主張したことになる。

少し内容に踏み込むなら、ロックは、道徳（および社会的規則）がわれわれを動機づけるのは、それらの規則がサンクションを伴うからだと考えた。「サンクション」はしばしば「制裁」と訳されるが、これはロックの文脈では正確ではない。彼の意味する「サンクション」とはわれわれが規則を守ったり破ったりすることで受ける「報い」のことである。もしあなたが脱税をするなら法律で罰せられるし、一人の友人との約束を破ったがために仲間のグループ全体から無視されることがあるかもしれない。これらはそれぞれの集団にある規則を破った際に与えられる「負のサンクション」だが、サンクションには「正」の側面もある。われわれは法律を守って暮らすことで安全な社会に暮らすことができるし、仲間とのルール（規範）を守ることで、友人たちから承認され、友人関係を楽しむことができる。ロックはこのような「報い」がなければ、ルールはわれわれの振る舞いに何の影響も持ち得ないと言う。道徳的規則は動機づけの力をそれ自身の内に含むと考えるのが（少なくとも当時は）一般的であるのに対し、ロックは規則とそれに従わせる規範性とを区別し、規則を徹底的に自然化した。この発想は現代のわれわれが倫理や規範性を考える際に押さえておくべき重要な点である。[17]

とはいえ、実のところ幸福を快楽と苦痛という観点から自然化し、欲求に動機づけの力を求めたのはホッブズが先である。しかし、彼が欲求それ自体に動機づけの力、すなわち行為を生み出す力を認めたのに対し、ロックは、欲求に単独での動機づけの力を認めず、あくまでの欲求に備わる「落ちつかなさ」という苦痛が、苦痛を避けるという幸福への傾向性との関係を受けて動機づけを行うという図式をとった。そして、その後のベンサムやJ・S・ミルへと受け継がれていくのは、「幸福への傾向性＋苦痛の回避」というロックの図式の方である（ヒュームについては、解釈の分かれるところではあるが、情念に、そして情念のみに動機づけの力を認める点ではホッブズの系譜だと言えるかもしれない）。また、特にベンサムはロックと非常に類似したサンクションを、さらに発展させた形で展開している。[18] これらの思想はロックの理論と対比させることでよりよく理解されるだろう。ロックの道徳心理学は、イギリス道徳哲学の動機づけの議論を理解する際には、ホッブズやヒュームのそれと同じくらい重要である。

第四節　人格の同一性

最後に人格同一性をめぐる事柄について話そう。ロックの議論は現代的な人格同一性問題の出発点である。そして、哲学のあらゆる問題は古代ギリシャのプラトンにすでに現れていると言われるのと同じように、人格同一性の問題のすべてはすでにロックに現れていると言っても過言ではないだろう。人格同一性の問題を理解する際に彼の議論を外すことはできない。また、この問題では二つの陣営に分かれて論争が展開されているのだが、論争史の他の理論と比較しても、彼の理論は独特で、いまなお新鮮である。このテーマは第六章で扱われるが、ここでは人格同一性の問題とはどのような問題なのかをまず説明し、そして対立する二つの立場の簡単な紹介をしよう。その上でロックの考えのさわりを見ておきたい。

さて、人格同一性とはどのような問題なのだろうか。われわれは時間を通じて生きている。そして、現在の自分は、過去のある時点の自分と同じであり、さらには未来のある時点の自分と同じだと信じているのが一般的である。だからこそ、われわれは過去に犯した過ちを後悔し、功績を誇らしく感じる。また、いま自らが行おうとしていることで未来の自分にどのような報いが生じるのかを気にかける。この時、過去に存在するある人物、もしくは未来に存在するであろうある人物と、いま現在の自分が同じ「私」、同じ「自己」だというのはどのような基準によるのだろうか。この「時間を通じた自己の存続」というのがパーソナル・アイデンティティ、すなわち人格（人物）同一性の問題で最も一般的なテーマである。[19]

哲学的自由と同様に、人格同一性もまた本来は形而上学的問題である。すなわち、時間が経過しても変わらない「自己」というものが存在するかどうか、存在するのならそれはどのようなものなのか、というのが本質的な問いだろう。しかしその一方で、人格の同一性はわれわれの功績や責任にも関わる倫理学のテーマでもある。もし十年後のある人物がいま現在の私と同じでないのなら、その人の人生がどうなるかはいまの私にとっては（自分の人生に比べれば）それほど大事ではないだろう。また、十年前にマラソン大会で完走した人物がいまの私とまったく別の人物であるのなら、私はその事実を誇ることができないし、友人らの称賛を受け入れることもできないだろう。これらの点を考えるなら、人格同一性の問題を哲学上の知的好奇心として片付けることはできない。それにもかかわらず、時間を通じた自己の同一性、人格の同一性はそれほど明らかな事柄ではない。

答えが明らかでない理由の一つには、心理にせよ、身体にせよ、われわれを形作っているとされるものは常に変化し続けるという点があげられよう。皮膚や髪の毛は代謝によって日々入れ替わっているし、赤ん坊からいまの私に成長したことを考えると身体の変化には目を見張るものがある。心理についても、三十年間で私の性格は相当に変化した。味の好みや興味関心の対象、気性など、どれをとっても十歳の私はいまの私とは全くの別モノである。さらに三十年も経てば、さらに大きく様変わりしているように思われる。そしてこのような変化は私個人に限ったことではなかろう。これらの事実を前に、われわれは自己の同一性をどこに求めたらいいのだろうか。

先述のヒュームは、これらの変化を背後で支える「時間を通じても変わらないもの」をわれわれは知覚できないのだから、自己の同一性という考えはフィクションに過ぎないと考えた。しかし、人格同一性がわれわれの人生において果たす役割の大きさを考えると、このような立場はなかなか受け入れがたい。そこで、多くの思想家は身体か心理のいずれかに重点を置きながら人格の同一性を説明する。例えば、心理性を重視する立場の一つに心理説があるが、そこでは何らかの種類の心理的な関係性が人格同一性を保証する（もしくはそれに必要である）と主張される。そうなると、未来のある人物がいまの私と同じ人物かどうかは、いま私が持っている信念や知識、記憶、価値観、気性など、心理的な要素の内の何をどれだけ引き継いでいるかどうかで決定される。この立場をとれば、例えば「朝目覚めると全く知らない女の子と身体が入れ替わっていた」といったSFでよく見られる事態にあなたが遭遇したとしても、心理的関係性によって、身体交換前のあなたの自己は生き延びることができる。

対して身体を重視する立場は、生物学的有機体としての連続性こそが人格の同一性を保証する（もしくはそれに必要である）と主張する。これは（物理的）身体説と呼ばれる。この立場では、われわれが生物として存続する最低限の機能が残っている限りで「自己」は存在する。この立場で行くと、私は受精卵ができてから死亡するまで、生命が存続する限り同一の自己だと言える。[20] ここで重要なのは有機体としての連続性なので、成長して身体が大きくなったり、知的・身体的能力が変化したり、病気や事故などで身体の一部を失ったり、といったことは同一性には影響しない。あくまでも生命体としての連続性が鍵である。仮に記憶喪失になって過去の重要な記憶を失っても、また重大な病気を経験して性格が一八〇度変わってしまっても、身体の連続性が保たれている限り、あなたは同じ人物でいられる。

身体説と心理説の双方に一長一短があるのは、人格の同一性が行為者性とサンクションの帰属という、われわれの道徳的営みに関わるためである。サンクションの帰属が適切であるためには、サンクションの与え手と受け手それぞれが適切な基準に則って帰属を行わねばならない。与え手にとっては行為した人以外の視点から判別可能な基準（三人称の基準）が必要であるのに対して、受け手にとっては、それが自分にもちゃんと受け入れ可能な基準でなければ困る（一人称の基準）。日常的には、これら二つの人称基準が分離することはめったにないが、問題はいわゆる「パズルケース」と呼ばれる事例である。例えば、先に挙げた深刻な記憶喪失や事故や病気で、それ以前の記憶や趣味嗜好を失ってしまった場合である。また、二重人格者やSFの身体交換の事例がそうである。これらの事例では、一人称による基準と三人称による基準の答えが一致しない。そうなるとどちらの基準がより本質的かということが問題になる。

現代の議論では、脳外科手術の失敗により脳が入れ替わってしまったり、物質転送装置の誤作動によって、同じ記憶を持った二人の人物が生まれてしまったりと、さまざまな興味深い思考実験がたくさん考案されている。ロックはまさに、このような思考実験によって議論を展開した先駆けだったと言えよう。彼は心理説の中でも、同一性の基準を記憶に求める「記憶説」を主張したとするのが一般的であるが、自説を擁護する際に展開した「王侯と靴直しの魂交換」の思考実験は、心理説の古典的な議論としてしばしば言及される。その他、記憶を失った酔っ払いや、夢遊病の事例、さらに記憶を持たない魂の転生の事例など、ロックは経験論者らしく、直観に訴える思考実験を駆使して読者の説得を試みた。

人格同一性の問題を考える際に、まずロックを学んで欲しいと私が考えるのは、単に彼の議論がその後の一連の現代的論争の開始点にあるというだけではない。興味深いのは、彼はいま述べた二つの陣営の立場をしっかりと押さえ、区別しているにもかかわらず、自身の記憶説と対立するはずの身体説を支持するかのような言説を残している点である（例えば「記憶をなくした酔っ払いは正当に罰せられる」とロックは述べている）。要は、ここでもロックは内的不整合性と「パッチワーク性」を現しているのである。ただし、自由論について述べた時と同様、単に人格同一性の問題を議論するということであれば、このパッチワーク性は読者にとって好都合である。彼の議論をたどることで、われわれは身体説と心理説双方の基本的特徴と、それらのどこに問題があるのかを容易に理解できるだろう。また、彼の議論には後に展開される議論の原型が含まれている。われわれは彼の議論を通じて人格同一性論争の対立点を把握できるだろう。これが、人格同一性を論じる手始めとして私がロックを勧める第一の理由である。

ロックの思想が注目されるべきだと私が考える理由の二点目は、彼の経験論が持つ自然化という特徴に由来する単純さとユニークさにある。先に触れたが、ヒュームが不可知という観点から「不変の自己」という概念の使用を放棄したのと同じ理由で、ロックはそのような観念を同一性の基準としては用いなかった。これに加えて、「人格」という言葉の意味を「サンクションの帰属主体、幸不幸のなり手」という観念に分解してみせることで、この問題に潜む神秘的な側面や形而上学的な関心を除外する。結果、少なくとも本書の解釈では、「時間を通して存在する不変の自己はいかにして可能か」という問いに彼は答えていない（本書の解釈からすればむしろ答える必要がない）。彼の議論の焦点は経験可能な世界での実践とそこから引き出される条件の抽出にある。本来深い形而上学的含意を持つ人格という概念を、日常的な、実践的観点から単純に捉えてみせる彼の考え方は、複雑な議論への入り口としては最適なのである。

加えて、ロックの理論は、読み方次第では現代の人格同一性論としてもユニークで面白い。現代の心理説理論でさえ、「時間を通じて存在する同一の自己」という観念に強く囚われているのに対し、ロックはその前提から抜け出している。彼の議論をこの前提から眺める時、そこには重大な欠点があるように見えるが、もしそれを手放すことができるのなら、彼の発想を現代的視点から評価し直す余地が生じるし、また彼の理論にはそれだけの魅力を感じる。この点を理解するには議論の歴史を簡単にではあれ、押さえておく必要があるだろう。

教科書的理解として、心理説に属する理論はロックの記憶説に見出される問題点を解決する形で洗練されていく。例えば、シューメーカーの因果的連続性説[21]やパーフィットのR関係という考え[22]は、ロックの理論の問題点（詳しくは第六章参照）を解決する形で提案されたと言える。ここでは、その内の一つだけ、推移性の問題を取り上げよう。この問題は人格同一性には推移律が成立するはずだという前提に基づいている。すなわち、あるものAが他のものBと等しく、Bがまた別のものCと等しいなら、AとCは等しいという関係（A＝B、B＝Cならば、A＝C）が人格の関係としても成立するということである。この関係は記憶説において成立しない可能性がある。仮にある人が幼少期にいたずらをして親にしかられたことを青年期には記憶しており、青年期に大学を主席で卒業したことを老年期にも記憶しているが、老年期のその人は幼少期の記憶を失っているとしよう。この場合、記憶説に基づくなら、幼年期＝青年期、青年期＝老年期の関係は成立するが、幼年期＝老年期という関係が成立しない。結果として、幼年期にいたずらをして罰を受けたという事実を老年期の人物に帰属できなくなってしまう。これは問題だという批判が推移性の問題である。

この問題に対して、例えばパーフィットは、心理的連結と心理的継続を区別し、後者をいわゆる人格の同一性の基準とするという形で回答する。心理的連結性とは、「過去の心理状態（例えば記憶）を現に保持している」という強い関係であり、記憶説はこれを人格の同一性の基準とする。対して心理的継続性は、重なり合う連結性の関係が、適切な関係に基づいて継続している状態を指す。この状態をパーフィットは「R関係」と呼び、「Rが一対一の形を取る時、われわれは同一性の言語を用いることができる」と考えた。[23] こうすれば、先の事例についても、R関係に基づいて幼年期の人物と老年期の人物を同一とみなし、罰の事実を老年期の人物に帰属できるようになる。

パーフィットが同一性の関係をR関係と呼び換えたのには、この議論の根底にあった「一定不変の自己」という想定を否定するためであった。その理由には、そのような概念はわれわれの生活の実質とは何の関係もない、という倫理的な視点があったように思われる。とはいえ、それを「継続性」に代替した背景には、推移性を維持するような、直線として考えられた時間軸に存在する、ひと連なりの存在者は存在するはずだという形而上学的な前提があったのではなかろうか。対してロックは、不変の自己の存在を必ずしも否定しないものの、それをわれわれは知ることができないという理由から、われわれに経験可能な記憶

（正確には「自己意識」）に自己の同一性の基準を求めた。ここにはパーフィット同様、倫理的な視点があるが、推移性という形而上学的な前提は存在しない。ここで問いたいのは、倫理的な視点、すなわちサンクション帰属の基準という点に人格同一性問題の論点を絞った際に、そこに形而上学的前提は必要なのか、ということである。より広く考えれば、倫理的評価は必ずそれを支える形而上学的前提を要請するか、ということになるのだが、この問いの答えは必ずしも明らかではない。このように考えるなら、ロックの基準が推移性を満たさないからといって、それだけで致命的な欠点を負うわけではないと言える。逆に、そのような前提を外して彼の基準を再検討することが、より実りのある議論につながるかもしれない。ロックの理論にはそのような解釈の可能性が秘められている。

結局、ロックの人格同一性論にもやはりパッチワーク性が潜んでいる。しかし、それがわれわれの経験という日常的な視点の結果であるのなら、必ずしも欠点ではないということが説明できたかと思う。論争の基本的な構造と論点の学習や、新しい理論構築の基盤という観点からは、それはむしろ利点であり、魅力的でもある。最後に強調したいのは、「同一性という言葉は当てはめられる事物によって意味が異なる」という彼の教訓である。その重要性を彼自身の議論を通して実感してもらいたい。

第五節　なぜいまロックなのか

ここまで、ジョン・ロックの哲学は過去の遺物ではなく、われわれがそこから多くを学び、また自身の思考を構築する際の着想に溢れる魅力的なものであることを論じてきた。道徳論、自由論そして人格同一性論のいずれにおいても、彼の経験論的なアプローチは、私自身が思考の基盤とし、自説の構築の思考枠組みとしている。彼のアプローチが、問題を考える当人の経験に基づいている以上、これは他の多くの人々にも当てはまる。本書によって彼の哲学の深みを理解することは、道徳や自由、人格同一性についての自身の経験的直感を吟味するのにきっと役立つことだろう。

しかしながら、哲学的思索などわれわれには必要ないと考える人もいるかもしれない。そのような人に向けて、最後に現代を生きるわれわれに哲学が必要な理由をいくつか示しておきたい。一つめは、哲学・倫理学における研究手法の変化である。とりわけ二十一世紀に入ってから、哲学的な問題に答えるのには哲学者個人の直観だけに頼るのは不十分だという考えが強まっている。これは、哲学的思索を哲学者という専門家（?）にまかせておいて、われわれはただ解答をもらえばよいという具合にはいかなくなったことを意味している。自由論や人格同一性論の論争で思考実験が一時期流行したのは、哲学や倫理学で用いられている言葉の意味にはただ一つの正解があり、哲学者の直観はその正解を捉えているという前提があったためである。しかしながら、倫理学で用いられる言葉の意味を研究するメタ倫理学という分野ではこの前提に疑問が投げかけられている。[24] 実際、実験哲学という新しい哲学の分野では、文献において「われわれの直観」、「われわれにとって自然」と言われている自由意志の概念が本当に正しいのかどうかを確かめる社会心理学的調査が行われるようになった。[25] このような調査の結果、自由意志などの概念には本当は正解がないことが明らかになるかもしれない。このような状況では、他人の考えを学び、それをただ受け入れることではなく、他人の考えを基礎に自ら思索することが必要になってくる。この時、ロックの経験論的アプローチは思考に着手する手法の一つとして有用だと私は言いたい。哲学的問題によって試されているのは、哲学者といった一部の人々の直観ではなく、われわれ一人ひとりの直観だというのが現代の哲学である。

　また、われわれ一人ひとりの考えがより強く問われるのは応用倫理学の分野である。応用倫理学とは、「二〇世紀後半に爆発的に発展したテクノロジーが現代社会に突きつける倫理問題に、既存の規範システムが対応しきれていないという問題意識から生まれた新しい研究領域」であるが、[26] ここには多くの倫理的葛藤と、人々の間での回答の不一致がある。例えば、人工妊娠中絶が道徳的に許容されるべきかどうか、という問題は倫理的葛藤の代表である。そのほかにも、医療技術をスポーツ・ドーピングに利用していいか、牛や豚の肉を食べることは道徳的か、人間と同じような感情と知性を持ったロボットを人間同様に扱うべきかなど、新しい技術の登場と普及によって生じる応用倫理学的問題は日増しに増えていくことだろう。これらの問題に対しては、技術の進展の速さのために、法律のような社会的ルールの形成は常に後手にまわらざるを得ない。われわれはルール形成の前に自らの倫理的判断を形成する必要性に迫られている。倫理学の重要性は今後ますます高まっていくことは間違いない。

　このような状況で、自身の思考を限りなく細かな要素まで分解し、事態を正確に理解するだけでなく、規範性や動機づけの力といったわれわれの行為とその評価に関わる要素のありかを認識するというロックの方法論は、今後の新しい哲学や応用倫理学の問題を考えるのにきっと有益であろう。彼の道徳哲学はシンプルで、ある意味で素朴で、それゆえパッチワーク的である。この日常感覚を基礎とした哲学をわれわれはいまこそ学ぶべきだろう。現代のわれわれは考えることから逃げてはいられないのだから。

1 冨田：1991, p. i-ii.

2 冨田：1991, p. ii.

3 Uzgalis: 2016.

4 レゴブロックの比喩は必ずしも心像論的解釈を前提としていないことを断っておく。

5 ロックは当時既存の専門用語を哲学的思考で用いることを嫌っていた。そのため彼は Idea という一般用語を自身の理論の鍵概念として使用した。それに「観念」といういかめしい名前がつけられ、ロック研究における専門用語となったのは皮肉である。

6 『人間知性論』p. 7（邦訳一八頁）。

7 *ibid.*

8 ロックの生涯についての記述はおおむね Uzgalis: 2016 を参考にした。当文献以外の情報を付け加えた際には別途注を入れた。また、内容の確認のため下川：2007 も参照した。

9 浜林：1996, p. 60. Strathern: 1996, pp. 46-7（ページ数は邦訳のもの。以下同様）.

10 Strathern: 1996, p. 51.

11 浜林：1996, p. 105.

12 浜林：1996, p. 237. Strathern: 1996, p. 86.

13 浜林：1996, p. 236.

14 浜林：1996, pp. 105-9. Strathern: 1996, pp. 30-2.

15 これは現実世界において物理法則が実際必然的だということを意味しない。現実世界は法則が必然性を持つ理想状況とは異なり、常に未知の要因が介在する可能性があるためである。

16 少なくとも教科書的理解ではそうである。これに意義を唱える実験哲学上の研究も存在する。Nahmias,Coates and Kvaran: 2007 参照。

17 第二章で扱うが、ロックは神の与える法、すなわち自然法についても同様に考えた。ただし、法にはサンクションが必要という考え自体はロックが創作したものではない。ロックの同時代人であり、ホッブズの批判者でもあったR・カンバーランド（Richard Cumberland, 1632-1718）もまた同様の考えを展開している。桜井：1997 参照。

18 Bentham: 1789参照。これはロックが功利主義者であることを意味しない。第二章で詳述するが、最終的には神によって与えられる「来世における幸福」というサンクションによって個人と全体との幸福を調和させるため、ロックの場合は関係者全体の幸福といったことを個人が考える必要がない。道徳の普遍性や公平性、利他性は神によって保証されるのである。

19 英米の倫理学においてPersonは独特の権利と義務を持つ道徳的主体として、単なる事物とは区別された特別な存在者を指す名前として使用されることが多い。Personal Identityが「人物」ではなく、『人格』同一性」と訳されるのは、この道徳的性格のためである。

20 あらゆる有機体が「人格」ではない以上、厳密に言うならば、人格の同一性は有機体の同一性ではない。そこには重要な意味で関係する身体的・心的能力の連続性がなければならない。この論点は第六章でより詳しく扱う。

21 Shoemaker: 1963.

22 Parfit: 1984.

23 *op. cit.* p. 362（ページ数は邦訳のもの）.

24 詳しくは佐々木：2011を参照。

25 Nahmias,Coates and Kvaran: 2007、渡辺、太田、唐沢：2015、渡辺、松本、太田、唐沢：2016参照。

26 水谷：2005, p. 5.

第二章

道徳の論証はいかにして可能か

本章の目的はロックの「道徳の論証可能性テーゼ」が何を意味していたのかを明らかにすることにある。序章で述べた通り、このテーゼは従来自然法にのみ適用されるべきものと考えられてきた。そこでは、われわれは人間の理性によって自然法の内容を知り、それに動機づけられることが可能だということが一般的に意味されてきた。しかしながら本章では、この解釈を退け、論証可能性は自然法以外の法にも適用可能なことを示す。

さて、ロックは『人間知性論』第四巻三章一八節で次のように述べている。

〔至高の存在の観念とわれわれ自身の観念は〕道徳を**論証可能な学**（**Sciences**）の中に位置づけるだろう。そこでは、数学同様の議論の余地のなさで、自明な命題から、必然的な帰結によって、正と不正の基準が作り出されるだろう。[1]

これ以外にも、ロックは『人間知性論』の中で「道徳は論証可能である」と繰り返し述べている。[2] しかしながら、この主張は現代のわれわれにとってはいささか奇妙な印象を与えるかもしれない。ロックが物体の性質を扱う自然科学（実験科学）を「論証可能な学」に含めず、蓋然的知識しか認めない点を併せて考えると、[3] その印象は一層強まるのではなかろうか。本章では、ロックの経験論的観念論を詳しく見ていくことで、ロックの考える「道徳」の内容を明らかにし、このような印象を払拭したい。本書では道徳を自然法論の外へと拡張することが目指されているため、ロックの道徳論のキャッチフレーズと言える論証可能性テーゼを自然法以外に適用できることを示すことは以後の議論の基礎として必要なことである。

本章では以下のように議論を進める。論証可能性テーゼを理解するにはロックの道徳論に関する道具立てを把握しなければならない。そこでまず彼の行った知識の分類（第一節）と観念の分類（第二節）を確認する。次いで、道徳の観念がどのようなものかを確認し（第三節）、道徳の論証可能性の意味を明らかにする（第四節）。

第一節　知識の分類——絶対的知識と蓋然的知識

テーゼにある「論証可能性」はロックが「論証的知識」と呼ぶ知識のみに可能な性質である。この点を理解するにはロックが「知識」（knowledge）というものをどのように捉えていたかを理解しなければならない。彼が知識について詳しく語っているのは『人間知性論』の第四巻である。第一巻で排除されるべき知識・原理としての生得観念の論駁が行われ、第二巻で知識の構成要素としての各種の観念が考察され、第三巻で知識を表現するための言語の検討がなされた後に、彼は知識についての本格的な議論を行う。そこでまず彼が提示するのは知識の定義である。

そうなると、知識とは、**われわれの観念のいずれかについての、結合や一致、もしくは不一致や背馳の知覚**にほかならないように思われる。[4]

このような定義はわれわれが「知識」という言葉に日常的に抱くイメージとはやや異なっているかもし

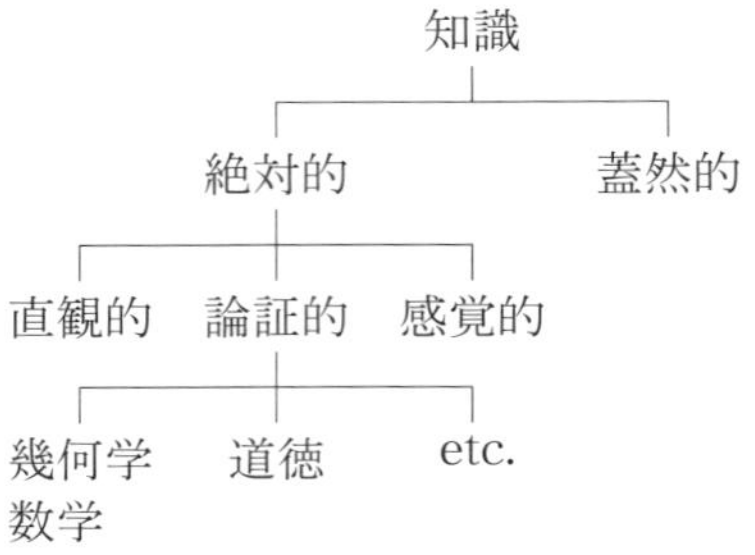

図１　知識の分類

れない。ロックが「知識」という言葉で指すのは科学的知識のような特別なものだけではなく、より広く、われわれが「知っている」と言えるような対象のすべてを指す。したがって、例えば「一足す一は二である」というのも立派な「知識」である。ロックはこの知識を二つの観念の一致もしくは不一致によって定義した。いまの例で言えば、「一」と「一」の観念と「二」の観念とを並べてみて、一致していることを知覚することが、われわれが「知っている」ということの意味であり、その知覚が知識だということになる。

ロックはこれをまず狭義の知識(knowledge)と蓋然的知識(probability)とに分類する（以下の分類については**図１**を参照）。この区分は観念間の結びつきの程度の差に依拠している。前者には「絶対確実性」(certainty)という恒常的で不変、そして必然の関係が観念間に認められる。それゆえに人間知性にとって最高の地位が与えられる一方で、その適用範囲は非常に狭く限定される。対して蓋然的知識にはこの絶対的な関係が認められず、不確実性が含まれるため、場合によっては誤る可能性がある。しかしながら、われわれの生活で依拠する知識の大半はこの蓋然的知識である。

絶対的知識（あいまいさを避けるため、狭義の知識を以下ではこう呼ぶ）はさらに明証性の基準によって、直観的知識(intuitive knowledge)、論証的知識(demonstrative knowledge)、感覚的知識(sensitive knowledge)に分類される。明証性とは、命題中の観念を思い浮かべた時に、どれだけ即座に一致・不一致が判明するか、という基準である。例えば、ロックは直観的知識の例に「白は黒ではない」「円は三角形ではない」「三は二より大きく、一や二と等しくない」をあげている。[5] これらの命題においては、「二つの観念の一致・不一致を直接、それ自体で、他の観念の介在なしに知覚する」ことが可能である。[6] これが明証性の最高の基準であり、それゆえに直観的知識は絶対確実性を備えた、最も明証性の高い知識である。

しかしこれが論証的知識になると明証性が下がり、一見した判断がやや困難になる。その典型は数学や幾何学の知識であり、ロックはしばしば「三角形の内角の和は二直角に等しい」という命題を例としてあげる。[7] この種の命題の真偽を知るには、補助線を引くなどの工夫と一定の推論が必要となる。この意味で、論証的知識の正しさは一見して自明ではなく、明証性において直観的知識に劣っている。とはいえ、しっかり推論しさえすれば、命題の真偽は証明されるのであって、それゆえに論証的知識は絶対的知識に分類されることに気をつけなければならない。論証的知識は一連の論拠（proof）によって連結されるが、各論拠の間は直観的知識で構成されている。[8] それゆえ、知識の確実性・必然性という点では論証的知識と直観的知識は同等なのである。

最後の感覚的知識は、われわれが感覚を通じて獲得する知識ではない点に注意が必要である。例えば、「雪は白い」といった知識はこの種の知識ではない。感覚的知識とは「われわれの外にある**有限な存在者の個別の実在**」の知覚である。[9] いまの例で言うなら、目の前でちらつく雪を見て、「白さの知覚を与えている雪というものが存在する」というのがそれである。これは「心の中の観念の源泉として何らかの個物が存在する」という直観に近い（ロック自身は言及しないが、デカルトのコギトによる自己の存在の確信はこの代表例と言えるだろう）。ロック自身、感覚的知識は先の二つの知識には及ばないと認めていることから、この種類の知識の絶対的確実性は明らかではないし、それゆえ明証性についても直観的知識には及ばない。しかしそれでも、感覚的知識は「疑うことができない」として知識のカテゴリーに加えられている。[10] 以上が絶対的知識の分類である。

次いで、蓋然的知識の説明に移ろう。これは絶対的知識の確実性と明証性を持たないにもかかわらず、人々が同意を与え、真だと認めるような知識である。先に述べたように、絶対的知識の範囲は人間の営為全体にとってはあまりにも狭い。そして「もし明晰で絶対確実な知識のない場合にその人を導くものが何もなかったとしたら、生活活動の大部分で完全に途方にくれるだろう」[11] とロックは危惧する。そこで、われわれは自身の経験および観察による恒常性や他人による証言を基に、絶対確実とは言えないまでも、大方はその通りだろうと考えられる命題をあてにする。これが蓋然的知識である。

信念、同意、臆見の類いをロックが蓋然的知識と呼ぶように、[12] 蓋然的知識の範囲は非常に広大である。ロックが指摘するには、本来論証的知識にあたる命題さえも、それを信頼ある人から聞いたということだけで真だと信じる人にとっては、その知識は蓋然的知識となる。[13] 絶対的知識が絶対確実性という程度のない確実さを持つのに対して、蓋然的知識の確実性は程度を持ち、それに比例する形で同意がなされる。この確実性を保証するのは、自らの経験と観察、そして他人の証言である。[14]

蓋然的知識がその人だけの主観的な思い込みではない点には注意すべきである。ロックは他人の証言の確実さの基準として、証言の数、証人の正直さ、証人の技術、(書物の場合) 著者の意図、部分の整合性と全体が秩序立っていること、反証例がないことをあげている。[15] これは自然科学の方法論を連想させるが、これらの基準はわれわれが蓋然的知識について他人との擦り合わせを行うことを示唆している。この点は自然科学の対象である実体の定義および、そこで用いられる力能の概念に関する重要な論点である (この点は第七章において再度論じよう）。

以上が知識の分類の大枠だが、これらの分類の中に道徳がどう位置づけられるかをここで確認しておこう。「道徳が論証可能である」とは、道徳が論証的知識に分類されることを意味している。そして論証的知識とは、論拠によってつながれた一連の直観的知識のことであった。したがって、道徳の論証可能性は、まず道徳的知識が絶対的確実性を持つことを意味している。とはいえ、命題に含まれる観念の一致不・一致は一目ではわからない。それを確認するには、間に直観的知識が成立するいくつかの論拠を設け、直観的知識の連鎖をたどる必要がある。しかしながら、ひとたび一致・不一致が確認された後は、その判断が誤ることはない。具体例で考えてみよう。ロックは『人間知性論』で一箇所だけ具体的な道徳の論証を提示している。そこでは「人間は来世において罰されるだろう」という命題から「人間は自己決定を行える」という命題が導かれている。その推論では、「人間は罰せられる」から「罰するものとしての神」、そして「正しい罰」「罰せられる者には罪がある」、「別の行為をすることもできた」、「自由」と論拠がおかれ、「自己決定」が結論される。[16] ロックは「来世での罰」という観念から、そこに含まれる観念を一つひとつ展開することで、「人間の自己決定の可能性」という観念を導いている。道徳の論証可能性は、道徳を構成する知識にはこのような推論が可能だということを意味する。

推論によって真偽が判定可能だということは、それは経験によらず、理性のみで知識を知り得るということをも実は意味している。[17] この点を理解するには、道徳が「関係の観念」であること、そしてこの種の観念がどのような性質を持つのかを知る必要がある。そこで、次節では知識を構成する材料としての観念の分類を見ることにする。

第二節　観念の分類

これまで知識の材料として単に「観念」と用いてきたが、この言葉はロック哲学における重要な専門用語でもある。ロックは観念について次のように定義する。

> 心が自らの内に知覚するもの、すなわち知覚や、思惟や、知性の直接の対象であるものの一切合切を、私は**観念**と呼ぶ。[18]

要するに、「観念」とは思考一般、心の働き一般の対象であり、そこには外的対象から得られるさまざまな感覚と、自らの心の内に見出される信念や情念、心の傾向性や心の働きそのもの、さらには抽象的な思考における概念と、そのすべてが観念という語の外延に含まれる。[19] 雪の白さや冷たさの感覚、「一足す一は二である」という信念、喉の渇きなどの欲求、怒りや悲しみ、心地よさといった情念、苦痛を避けたいという傾向性、そして推論や懐疑といった心の働き。これらはすべて「観念」の語のもとに括られる。ロックによれば、これらの観念をわれわれは生まれながらに持ち合わせることはなく、そのすべてを経験から得る。これがロックの経験論的観念論である。

「われわれは知識の材料たる観念をどこから得るのか」という」この問いに対して私は、一言で、経験からと答える。われわれの知識が基づき、知識が究極的に導き出されるのはすべてこの経験である。

外界の感覚可能な対象についてなされる観察、もしくは自分自身で知覚し反省する、自らの心の内的働きについてなされる観察が、われわれの知性に思考のためのすべての材料を供給するものである。[20]

われわれが知識の材料を得る経路は、外界の観察である感覚と、心の内の観察である内省の二つのみである。以下で説明するように、われわれはさまざまな観念を組み合わせて複雑な観念を作ることが可能だが、そのように作られた観念を分析した後に、これらのいずれかにそのルーツが帰着しないような概念や思念は、その内容が明らかではなく、議論に用いることができない。これは経験論的観念論の規範的な要請でもある。

ロックの観念論の持つ、もう一つ重要な規範的要請は、われわれが直接知覚できるのは観念のみであるという主張である。ここで認識論の問題に踏み込むことは本書の意図から外れるため避けるが、ロックの観念論には外界にある「事物そのもの」(「物」)と観念と心という「三項関係の枠組み」が存在している。[21]われわれは外界の事物を直接知覚できず、知覚の対象となるのは、事物を表象する観念のみである。冨田の言葉を借りれば、われわれが日常的に「物」と呼んでいるものは、「物」の観念だということである。[22]この点は、後に扱う実体の観念について重要であるため、ここで軽く触れておく。

さて、「観念」は多種多様な思考の対象をそのもとに含む、一般的で包括的な概念である。[23]そこで実際の議論にあたってはその下位分類がむしろ重要である。そこで、ロックの観念の分類を確認しよう。

観念は、それがどれだけの数の要素からできているかという点から、大きく単純観念(simple *Idea*)と複雑観念(complex *Idea*)とに分けられる。用語から察せられるように、前者は要素を一つしか持たず、

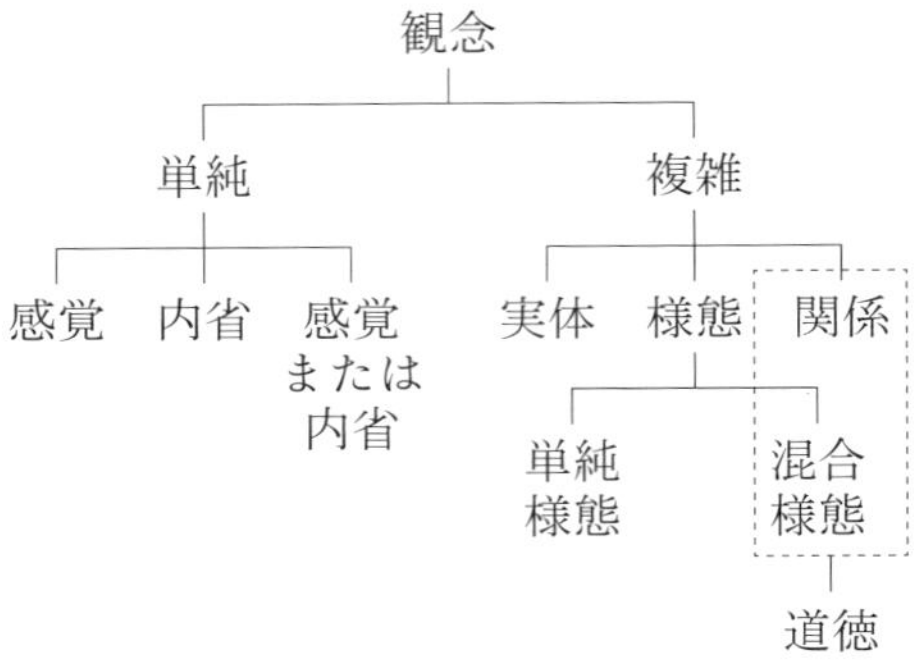

図2　観念の分類

後者は二つ以上の観念から成る。この複雑観念はさらに、実体（substance）の観念、様態（mode）の観念、そして関係（relation）の観念に分類される。様態の観念はさらに下位分類を持ち、それは単純様態（simple mode）と混合様態（mixed mode）に分けられる。（**図2**を参照）。

◉単純観念

単純観念は人間の持ち得る中で最も明晰判明な観念だとされている。それは「各個がそれ自身複合されておらず、心の中の**ただ一様な現れ**、ないし想念しか含まず、この観念を別個なものに区別することはできない」[24]と定義される。具体例をあげれば、白・黒・赤などの単純な色の観念や、パイナップルの香りや味の観念、ラッパから聞こえる音の観念、ザラザラとした手触りや、暖かさや冷たさといった観念など、限りがない。これらはすべて感覚から得られる観念である。また内省から得られるものとしては、意志や知性、記憶など心の働きに関する観念が単純観念とされる。単純観念の中にはこれらのいずれからでも得られるものがあり、快・不快、存在、一、延長、持続、力能などが数え上げられている。[25] これらはその内容においても、得られる経路においても雑多であるが、観念がたった一つの要素＝「一様な現れ」のみで構成されるという点で共通している。

単純観念はこれ以上分割できない最小の単位であり、知識を構成する究極の基礎という意味で、ロックの観念論の中で原子としての役割を担っている。この分割不可能性のために単純観念は定義することができず[26]、それが何かを説明するためには、「あの雪の色」のような例示か、その観念を得る手段を提示するしかない。単純観念を知る方法は、実際にそれを経験すること以外に方法がない。

◉複雑観念その一――様態の観念〈単純様態〉

単純観念がただ一つの要素から構成されているのに対して、複雑観念は複数の単純観念から構成される観念である。例えば、「雪」の観念を思い浮かべた時、「白さ」や「冷たさ」などさまざまな観念をそのうちに見て取れるだろう。このような、複数の観念から構成されているものが複雑観念である。この複雑観念にはさらに三つの下位分類がある。それは、実体、様態、そして関係の三種である。ここではまず、様態の観念から見ていくことにする。

様態の観念は事物のあり方、すなわち性質や状態、およびそれらの程度に関する観念である。例えば、「三角形」や「丸」といった形、「歩く」や「走る」といった行動のあり方などが様態の観念に分類される。ややわかりにくいが、ロックは次のように様態を定義する。

どれだけ複合されていようとも、その中に自分自身で存立するという想定を含まず、実体に依存する、すなわち実体の性状と考えられる複雑観念を私は**様態**と呼ぶ[27]。

「実体」というのは哲学においては複雑な背景を持つ言葉だが、その説明は後に譲り、ここでは実在する事物のことだとひとまずは考えておこう。その上で、様態とはその事物のとり得る姿だということである。形はそのようなものの典型だろう。この世界に三角形の観念は存在するが、三角形そのものは存在しない。存在するのは「三角形をした事物」だけである。「三角形」はそれが依拠する事物なしには、この世に存在しているとは言えない。ロックは定義に続いて「感謝」を様態の例としてあげているが、これもまたわれわれの行動の一定の様式を指している。感謝する（される）人間が存在し、一定の仕方で振る舞うことで「感謝」は実現する。この時「感謝」というものが幽霊のようにそのあたりを浮遊しているのではない。

「自分自身で存立するという観念が含まれていない」という条件は、様態の観念に自由度を与える重要な特徴である。「それ自身として存在する」ということを定義に含む実体の場合を考えてみよう。例えば、「雪」について、われわれは好き勝手にその定義を決めるわけにはいかない。そこから「冷たさ」や「一定の温度で溶ける」といった観念を抜くことはできず、勝手に「熱さ」などを足すわけにはいかない。それ自体として存在する事物の正しい観念を作る際、われわれは実際に存在するものにその範型を求めなければならない。しかし、様態の場合にそれがないということは、外界にある事物との対応を考えずに、心に持つ観念を自由に組み合わせて、観念を考案することができることを意味する。例えば、無限の数という観念を得るために、実際に無限の数を特徴として持つ事物を探す必要はない。卑近な例に落とし込むなら、幼い頃にしたヒーローごっこで、自分の技に適当な名前をつけたとしても、その技の観念には何の不合理も含まれていない。これは実在する実体の観念との非常に大きな違いである。われわれが様態の観念を持つためには、心の中で整合的に構成することができるということで十分なのである。

ここまで特に区別をせず、様態一般に共通する特徴を述べてきたが、様態の観念はさらに単純様態と混合様態とに区分される点には注意が必要である。とりわけ単純様態には他の複雑観念と決定的に異なる点がある。それは、他の複雑観念が互いに異なった種類の単純観念の組み合わせであるのに対して、単純様態の観念は同種の単純観念の組み合わせから作られる点である。ロック自身の言葉を借りるなら、「ダースやスコアのような、同じ単純観念の変量、すなわち付け加えの違いに過ぎず、他の単純観念が混じらないもの」、「非常に多くの別個な単位が加えられて一緒になったもの」と定義される。[28]

最もわかりやすい単純様態の観念は「数」の観念であろう。「五」や「七」や「一二」といった数の観念は「一」の単純観念を基本単位として、その変量として得られる。これと同様に延長、持続、運動、色、音、匂いなどの単純観念もそれぞれ一定の量を持った単位と考えることによって、単位に応じた単純様態が作られる。例えば、延長の様態としての形[29]や長さ[30]、持続の様態としての時間[31]、運動の様態として「歩く」や「走る」[32]をロックはあげている。これらはある一定の量の単純観念を単位とし、その単位の足し引きによって得られる単位の様態を表していると言える。また、感覚についても、同色の濃淡、味の濃い薄いといった単純様態が考えられる。ここで、数と形、延長が単純様態であることは注記しておくべきであろう。というのは、ロックが論証可能だと考えた数学と幾何学の知識の対象は、主として単純様態から構成されると考えられるためである。

◉複雑観念その二――様態の観念〈混合様態〉

次いで混合様態について述べよう。単純様態が同種の単純観念の量的な組み合わせであるのに対して、混合様態の観念は「異なる種類の単純観念をいくつか組み合わせて構成される」。[33] この種の様態は「揺るぎなく存在する、実在する存在者の特徴を示しているとは考えられず、ばらばらで独立した観念を心が一緒にしただけのもの」である。[34] ロックは混合様態の具体例としてわれわれの行為に関係する概念を数多くあげている。それには、感謝や殺人、義務、正義、勇気、酔い、嘘といった道徳に関係するものも含まれれば、フェンシングやレスリングなど道徳に中立的なものも含まれている。「われわれは何をしているのか」という問いはわれわれの行為の様態を問うているのであり、その意味で行為を記述する際に用いるのはすべて様態の観念だと言ってよいだろう。

この点は、ロック自身が展開している「殺人」観念の分析が参考になるだろう。彼はそれを次の一連の観念から定義している。すなわち、「意志すること・考えること・前もってもくろむこと・悪意すなわち他人によくないことを願うこと」・「生命すなわち知覚と自己運動」・「ある人間に見出される可感的単純観念の集合と、われわれがその人間の知覚と運動を終わらせるある行動の集合」である。[35] ここに見られる「意志すること」と「考えること」はわれわれの行為に共通する観念である。少なくとも意図的行為（有意的行為）には「意図」や「意志」の観念が含まれるため、必然的に混合様態の観念になる。道徳的な評価を行うために、行為者もしくは行為される相手の特性に言及する必要があるのなら、道徳的評価の対象となる行為はすべて混合様態の観念に属することとなる。

道徳的に重要な行為の観念を混合様態の観念とすることには問題がなくもない。その一つは混合様態の持つ恣意性の大きさだろう。これは混合様態の観念の最大の特徴であると同時に、[36] その欠点だと考えられるかもしれない。単純様態以上に、混合様態に関しては、心は外界の自然から範型を得ることなしに、自らの好むままに、どのような単純観念、複雑観念でも好きなように組み合わせることができる。[37] この組み合わせの制限は観念の整合性、すなわち矛盾した観念を含まないということだけである。さらにロックは、人には自分の観念に恣意的に名前をつける自由があることを認めているので、[38] 混合様態の観念は心の恣意性が最大限に行使される領域であると言える。

しかしそうなると、その恣意性ゆえに各人の間で同じ言葉が異なる観念を指し示している、といった事態が起こるだろう。このような事態は、理論上はあり得るが、ロックは現実的にはそれほど深刻ではないと考えているようだ。というのは、われわれは自らの属する共同体では言葉には共通の意義があるという想定を持っており、[39] もともと確定された語にそれと大きく外れた観念を対応させる者は、会話の中で観念と言葉の対応関係が誤っていることに気づくだろうと彼は考えたためである。また、人々は思想伝達という便宜のために混合様態に名前をつけるのであって、[40] 多くの人々が別々の観念を一つの名前に結びつけることはそもそもの目的に適っていないことになる。[41]

混合様態における名前は思想伝達のほかに別の重要な役割を担っている。それは、恣意的に集められた観念群を一つの観念としてまとめ、統一を与える役割である。[42] バラバラの観念を一つのものとして保持できるのは名前のおかげである。また、観念だけでなく名前が一般に使われるようにならなければ、その混合様態の観念は共同体に共通のものとして残らないだろう。

われわれの心の外に観念の範型を求めなくてよいという混合様態の恣意性は、逆に定義の十全性(adequacy)という利点をもたらす。ロックは「十全な観念」を次のように定義する。

> 心が当の観念を取ってきたと想定され、心が観念で意味表示しようと意図し、そして心が観念で指示する観念の範型（archetypes）を完璧に表象している観念を私は**十全**と呼ぶ。[43]

この引用を理解するには少し説明が必要だろう。まず、言葉と観念と範型の関係を理解する必要がある。それは、言葉はその話し手の心にある観念を意味として持ち、[44] 観念はそれがとられた元の事物を範型として表象するという関係である。[45] 言葉と観念にはこのような意味の指示対象があり、それは**図3**のようになっている。ここでの観念の十全性とは、この観念と範型の一致を意味している。

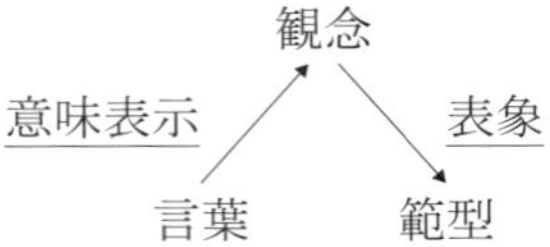

図3　言葉・観念・範型の関係

何らかの新しい観念を作る場面を想像して欲しい。例えば、生まれて初めて見た金塊から「金」の観念を作るとしよう。ここであなたは金塊を観察し、さまざまな性質を見出し、その観念を得るだろう。例えば、黄色に輝く、比重が非常に大きい、叩くと延びるなどなどである。あなたはこれらの観念を合わせて、あなたなりの「金」の定義を作る。この時、われわれが観念を取り出したのはこの元の金塊であるし、いまあなたが作った「金の定義」が意味しているものはこの金塊である。もしあなたが金塊に新しい性質を見出すなら、あなたはそれを定義に付け加えるだろう。この意味で金塊はあなたの「金」の観念の範型である。

「金」のような実体の場合、観念の範型は外在に存在する事物である。われわれはそこに観察される通りに自らの観念を構成しなければならない。しかしながら、混合様態の場合この制限がない。このことは、混合様態の観念の範型は、心が恣意的に作った観念それ自体だということを意味している。したがって、混合様態の定義は原理上十全であり、名前の適用の是非に際して定義以外の基準を必要としない。[46] というのは、混合様態の場合、例えばあなたが「フェンシング」という競技を初めて思いついたとするなら、あなたが観念を得る先はあなたが作った観念そのものであり、あなたが「フェンシング」の観念で意味しているのは、あなたが作った当の観念だからである。「フェンシング」の範型はまさにあなたが作った観念であり、他の誰かがあなたが作ったのとは異なる観念を「フェンシング」と呼ぶなら、修正すべきはその誰かが作った観念の方である。

観念の十全性には、観念の定義を枚挙という手法によって人に伝えることができる、という意味もある。[47] すなわち、ある観念を構成している観念を一つずつ数え上げて人に教えれば、相手は定義を正しく理解できる。したがって、様態の観念の場合、われわれが自分の言葉で意味する観念を正確に説明することで、議論における誤解を避けることができる。これも道徳の論証可能性にとって重要な特徴である。加えて、実在的本質と唯名的本質の一致という点も重要な特徴だが、[48] これについては次項で説明しよう。

◉複雑観念その三――関係の観念

次いで扱う複雑観念は関係の観念である。ロックは道徳的規則と行為の関係を「道徳的関係」と呼んでおり、道徳の論証可能性を理解するのに関係の観念の理解は外すことができない。また、同一性や因果性といった関係もまた自由や人格同一性を論じる際に重要となる。

関係とは二つの観念の比較から得られる観念であり、比較の仕方、比較の観点とされる。[49] そして関係の観念は、ある事物を考えた時に当該の関係に従って「その観念を別な観念のところへ連れていって隣に置き、元の観念から別な観念へと視線を移す」働きをする。[50] 具体例として「夫婦」という関係を考えよう。「夫婦」というのは、結婚した男性と女性という二つの観念を比べることで得られる観念であると同時に、これらの二つの観念をまとめて捉える観点である。われわれは「夫」の観念を考えるとすぐさま「妻」の観念を連想し、逆に「妻」の観念なしに「夫」の観念を考えることはできない。このように、二つの観念を結びつける観点が関係の観念と呼ばれるものである。[51]

逆に、このような働きを持たない観念を、実定的な（positive）観念と呼び、様態や実体の観念、それ自体として考えられた単純観念がそれに当たる。関係の観念は、言い換えるなら実定的観念がある比較の観点から眺められた際に得られる観念であり、ある関係の下に眺められた実定的観念には関係名が与えられる。例えば先の「夫」や「妻」がそうであるし、「親子関係」であれば、「父」は親子という観点から、ある男性に与えられる名前である。[52]

実定的な観念は、それ自体他への言及を含まないものの、関係名を与えられるか、関係の観念を部分として含むかすることにより、他の実定的観念と結びつきを持つ。因果性の具体例を用いてこの点を確認しよう。例えば、ビリヤードで白球が赤球に当たって赤球が動いたとしよう。因果性という観点から見たとき、白球には赤球の運動の「原因」という関係名が与えられ、運動した赤球には「結果」という関係名が与えられる。この時、単にビリヤードの球という事物（実体）の観念、もしくは球の運動という様態の観念を考えた場合、各々の中には因果性という関係は一切含まれていない。ビリヤードの球や運動の観念は原因や結果という観念を含まずに定義され得るからである。この点で、実体と様態の観念は実定的と呼ばれる。しかし、ひとたびビリヤードの球を「原因」もしくは「結果」という名前で呼ぶならば、白球には結果としての赤球が、赤球には原因としての白球の観念が併せて思い浮かべられるだろう。逆に、結果である白球を考えずして赤球を「原因」と呼ぶことはできないし、その逆もしかりである。関係を構成する二つ（もしくはそれ以上）の観念は互いに相い補う性格を持ち、片方は他方を観念の要素として含むことになる。この相補性の持つ概念上の必然性が関係の持つ観念の結合力であり、論証的知識における推論の一部はこの関係の結合力によって展開されることになる。

関係の観念は混合様態の観念同様、心が恣意的に作ることができる。そして、名前については、ロックは様態の観念と関係の観念との特徴を一緒にしているので[53]、関係を構成する観念も混合様態同様、名前によってその結合を保っている。したがって、関係の観念も混合様態の観念同様、定義については原理上の十全性を持つ。このことはもちろん、観念の内容が個人に相対的だということを意味しない。関係の観念についてはむしろ、新たに創作されることが稀で、共同体に定着した観念以外を用いることは少ないように思われる。しかしだからといって関係の観念の十全性が失われるわけではない。ロックによれば、関係の観念もまた、恣意的な観念の組み合わせが可能なために、実体や様態に劣らずそれが何を指示するかは曖昧になり得る[54]。だが、それは言葉の使用上の実践的な困難であって、関係の観念の定義を枚挙によって明晰にしながら人々の間で擦り合わせることを原理的に妨げるものではない。

◉ 複雑観念その四——実体の観念〈実在的本質と唯名的本質〉

最後の種類の複雑観念は実体の観念である。ロックはこれについて次のように述べている。

心は〔略〕感覚と内省から得た一定数の単純観念が恒常的に結びついていることにも気づき、これらが一つの事物に属すると想定する。〔略〕〔とはいえ〕先に述べたように、これらの単純観念がそれ自身のみで存立できる方法を想像できないので、われわれは習慣により、何らかの**基体**（*Substratum*）を想定し、単純観念はその中で存立し、そこから結果として生じると考える。それゆえに、これをわれわれは**実体**（*Substance*）と呼ぶ。[55]

例えば、われわれは「雪」を感覚によって経験するが、実際に知覚しているのは「白さ」や「冷たさ」といった、いくつかの単純観念の集まりだけである。ただ、「白さ」や「冷たさ」の観念はそれだけで存在することはできないように思われるため、これらを生み出し、これらの観念がばらばらにならないようにまとめている「何か」があると自然と考えてしまう。この「われわれの中に単純観念を生み出すことのできる性質を支えている何か分からないもの」[56]が狭義の実体、実体一般と呼ばれる観念である。この実体一般の観念は、いま述べたように、われわれの想定に依拠している。[57] したがって、それらを束ねている主体・本質の観念をわれわれは直接知覚することはできない。[58] この実体についての不可知性はロック経験論の大きな特徴である。

実体一般の観念に対して、個々の実体の観念は、実体によってまとめられている単純観念の集合に実体一般の観念を加えることで作られる。[59] 例えば、「白い」「冷たい」「丸い」といった単純観念の集合にそれらを結びつける実体の観念を加えたのが「雪玉」という実体の複雑観念ということになる。ここで、「白い」「冷たい」「丸い」は心の中に生み出された感覚としては単純観念だが、事物そのものにあって、われわれに当の単純観念を生み出すものとされるときは「性質」と呼ばれる。[60]

ロックによる事物の性質の分類は有名なので、ここで簡単に紹介しておこう。ロックは物体の持つ性質を三つに分類する。まずは「第一性質」(primary quality)と呼ばれるものだが、これは物体そのものが持つとされる、形、数、位置、運動などの性質である。次いで「第二性質」(secondary quality)は物体がわれわれに感覚を生み出す性質である。最後に、第三の性質と呼ばれるものは、例えば磁石が鉄を引き寄せるといった、物体同士の働きかけの性質である。

これらのうち、第二性質と第三の性質は、われわれに実際に知覚されている通りに実体に存在しているわけではない。これらの知覚は本来的には第一性質の持つ形や運動などがわれわれの心に働きかけることを通じて生じる。つまり、第二性質と第三の性質は第一性質に還元される。例えば、雪に見られる「白い」という性質は、雪の持つ物理的構造がわれわれの視覚と関係づけられることによってのみ存在する性質であり、われわれに見えている「白さ」がそのままの形で雪にあるわけではない。また、温められるなどして、雪の第一性質が変化すれば、「白い」という性質も失われてしまう。この点でも第二性質は第一性質に依存している。第三の種類の性質である、磁石の磁力もまた同じように考えられるだろう。

ここで重要なのは、実体の観念については、われわれに知ることできない観念が含まれているということである。例えば、われわれは実体同士の作用が生み出す単純観念の変化については知覚できるが、それを実現している第一性質がどのような構造になっているかを知ることはできない。[61] それゆえ、われわれは性質を束ねる「基体」、狭義の実体を想定する必要に迫られるわけだが、これは想定に過ぎず、知覚によってその具体的な観念を得ることはできない。この点で、実体の観念は原理上十全ではない。「雪」を構成する観念のすべて、特に性質を束ねている「基体」の観念をわれわれは欠くからである。この点は関係や様態の観念との大きな違いである。

観念の十全性の違いは、ある観念を当の観念にしているもの、すなわち観念の本質における差異となって現れる。例えば、金の本質、すなわちある物体を「金」に分類し、他の物体と区別するものは何だろうか。ロックはこれを問うにあたって実在的本質と唯名的本質とを区別する。実在的本質とは、「物が示すさまざまな在り方のもととなるもの」[62]であり、実体の場合、それは「単純観念の集合がそれに基づいて共在し、依拠しているはずの実在の構造」を指す。[63]これは、例えば「金」という物質の持つ物理的構造であり、「金」という観念を構成するさまざまな性質を生み出す（現代的に言えば）分子構造である。

対して、唯名的本質とは、ここでの「金」を定義する抽象観念の束、すなわち「ある種の名前が結びつけられる一定の抽象観念」[64]であり、個体をある種に分類する際の基準となる性質（力能）を指す。[65]したがって、金の唯名的本質は「金特有の色と重さ」、「展性と可融性」、「王水への溶性」を持つ「物体」ということになる。[66]これらの性質は、われわれが例えば雲母と金とを区別する際に実際に用いる基準であり、[67]ある事物を「金」と呼ぶ際に依拠するものである。これらは主として、第二性質および第三の種類の力能から成る。

重要なのは、ロックの観念論の枠組みでは、われわれは実体の実在的本質を知り得ないという点である。先に言及した「三項関係の枠組み」があるため、心は事物そのものを知覚できず、結果、実在的本質である狭義の実体についての具体的観念を持ち得ない。このために、実体の観念については、あるものを実際にそのものにしている実在的本質と、われわれが定義と分類に用いる唯名的本質が異なることになる。[68]

　これに対して、関係と様態においては実在的本質と唯名的本質は一致している。[69] というのは、これらの観念の場合、観念の範型は外界に存在する必要がないためである。心はこれらの種類の観念を自由に作ることができる。その場合、ある混合様態と関係の観念をその観念にしているものは言葉の定義となる観念そのものであろう。例えば、あなたが作った「フェンシング」の本質を規定するのは、あなたの定義する観念である。あなたは「フェンシング」をしようとしているのだが、目の前の行動とあなたの「フェンシング」の観念が一致しないとしよう。この時、われわれは目の前の行動に合わせて「フェンシング」の観念を変えるのではなく、あなたの作った観念に合致するよう行動を変えることで「フェンシング」が可能になる。これが「フェンシング」という様態の観念の使い方であるのなら、「フェンシング」の本質は外界の行動ではなく、あなたの観念だということになるだろう。そうならば、様態と関係の観念においては実在的本質と唯名的本質は一致することになる。

　この特徴は、道徳と実験科学との間の学問の方向性の差異に明確に現れている。後者の学問が実験によって物体の定義を外界の範型により近づけていく営みであるのに対して、[70] 前者においては人々の間で「**明晰判明で完全な観念を心に固定させ**（中略）**適切で恒常的な名前に結びつける**」[71] ことによって知識の向上が図られる。本章冒頭で、道徳は論証可能であり、自然科学の知識は蓋然的であると述べた理由は、まさにこの点にある。実体についての学である自然科学の知識は、実在的本質が不可知性であり、原理的に「基体」の観念を欠如するために、物体の定義は蓋然的であり、改訂に開かれている。[72] 対して、様態と関係の観念については、それらが十全な観念であり得、定義を閉じて固定しておくことが可能であるために、推論によって確実な知識を求めることができる。そして、ロックによれば道徳は様態と関係の観念から構成されるのである。

ここまでロックによる観念の分類とそれぞれの観念の特徴を述べてきた。道徳の論証可能性テーゼを理解するための道具立てとしては、ロックによる道徳概念の規定を残すのみである。次節では、道徳的知識は様態と関係の観念から構成されるという主張の意味を詳しく説明していく。

第三節　行為、法、サンクションの関係としての道徳

◉道徳的善悪と法

『人間知性論』における道徳の扱いを論じるには、道徳的善・悪から始めるのがよいだろう。というのは、道徳的善・悪はわれわれが道徳的行為として何をすべきかを明らかにし、またその判断の通りに行為するようわれわれを動機づけるものだからである。現代の倫理学では「善」「悪」は道徳的善、道徳的悪を指すことが多いが（例えば、「人に親切にすることは善い」「殺人は悪である」）、ロックは善悪を自然的なものと道徳的なものに区別する。まずは彼の善の定義から見ていこう。

（略）事物は快（Pleasure）もしくは苦（Pain）との関係においてのみ善もしくは悪である。[73] われわれが**善と呼ぶのは、われわれの内に快を引き起こしたり、増大させたりする、あるいは苦を減らす傾向のあるものである。もしくは、われわれが何か他の善を持つようにしたり、持ち続けさせたりする、あるいは何らかの悪を取り去ったり、ないままにしておく傾向のあるもの**である。逆に、悪と名づけ

るのは、**われわれの内に苦を引き起こしたり、増大させたりする、あるいは快を減らす傾向のあるものである。もしくは、われわれに何らかの悪をもたらす、あるいはわれわれから何らかの善を取り去る傾向のあるもの**である。[74]

ロックはまず善悪を快苦の観点から定義する。ここで「快」および「苦」は心地よい心的状態一般、不快な心理状態一般を指す。したがって、道徳とは関係のない行為であっても、それが快をもたらし苦を減らす限りで「善」と呼ばれる。例えば、空腹時に食事をとることや、読書にふけることも善である。同様に、苦をもたらし快を減らすものも、道徳と無関係であっても「悪」と呼ばれる。この限りで喉の渇きや飢えや、危険なスポーツをして怪我をすることは悪である。これらの道徳とは無関係な、現代では「自然的善（悪）」と呼ばれるものの余地がロックの議論にはある。

より一般的な善悪が快苦によって定義される以上、道徳的善悪もまた快苦の観点から定義される。

道徳的な善・悪は、立法者の意志と力能に基づいてわれわれに善もしくは悪をもたらす何らかの法（Law）と、われわれの有意的行為（voluntary Action）との合致あるいは不一致にほかならない。その法を守ったり破ったりするのに伴い、立法者の判決によってもたらされる善・悪、快・苦がわれわれの**賞・罰**と呼ぶものである。[75]

この定義には「（モラル・）リーガリズム」と呼ばれる考えが含まれている。[76] すなわち、道徳とは定められた規則（＝法）を守ることであるという考えである。ロックにとって道徳の問題とは、われわれがしようとしている（もしくは既になした）行為と、規則との一致・不一致の問題である。ただし、道徳の知識は規則の観念に尽きるのではない。道徳にはその規則を定める立法者の観念が必要であり、さらに立法者の権威によってもたらされる賞罰の観念がなければならない。道徳的善とは、つまるところ各種の規則を守ることでその種の立法者からもたらされる善（快の維持・増加および悪の減少）のことであり、道徳的悪とは規則を破ることで被る悪（苦の増加もしくは善の剥奪）のことを指す。

ここでロックが「賞・罰」と記したものは、より一般的には「法のサンクション」と呼ばれる。以下では誤解を避けるために「サンクション」を使用する。[77] さて、サンクションはロックの道徳論において重要な役割を果たしている。それは道徳による動機づけである。彼は次のようにも述べている。

義務が何であるかは法なしには理解し得ない。また、法は、立法者もしくは賞と罰なしには知られることがなく、想定され得ない。[78]

ある行動の規則を単なる指針ではなく、拘束力のある道徳的規則とするものは、法の持つサンクションである。もしサンクションが存在しなければ、道徳的規則はわれわれにとって「命令」ではあり得ず、われわれを動機づけることがない。[79] ゆえに、権威ある立法者がおらず、サンクションのない規則は「道徳的」規則ではあり得ない。ロックの動機づけ理論については次章のはじめに詳しく説明するが、彼によれば人間が道徳に従う理由は違反に際して与えられる道徳的悪に含まれる苦の観念にある。

ロックは、われわれの行為と道徳的規則（およびサンクション）との関係を「道徳的関係」と呼んだ。先に述べた通り、関係の観念とは比較の視点であり、「ある観念を別な観念のところへ連れて行く」観念である。これが意味するのは、道徳とはわれわれが自らの行為を眺める視点だということである。この視点をとる時、行為は、法と立法者、そしてサンクションの観念と結びつけられる。「人間をナイフで刺す」は、それ自体として完結する実定的な様態の観念であり得るが、これに「殺人」という関係名をつけることで、われわれは当の実定的観念に加えて、規則の観念（例えば「殺人は法律で禁じられている」）やサンクションの観念（例えば「殺人をすれば刑罰を受ける」）を思い浮かべる。「道徳は関係の観念だ」というのは、「道徳」がこのような観念の比較・推論を促す視点であるということを意味する。

ここまではロックの基本的な用法に則って、「道徳」を広い意味で理解し、「行為と法に関わるもの」という程度の意味で用いてきた。とはいえ、序章および第一章で述べたように、ロックは「道徳」をさらに三つの領域に区分している。事項ではこの詳細に迫る。

◉三種の道徳的規則

ロックは道徳的規則を「法」と呼んだが、これは国家が制定する法律に限定されるものではない。彼は道徳的規則として三種類の法を区別し、それぞれに特異な立法者とサンクションを考えている。第一のものは「神の法」（Divine Law）であり、第二が「国家の法」（Civil Law）、第三のものは「意見もしくは評判の法」（The Law of Opinion or Reputation）と呼ばれる。「人々は、自分の行動がこの内の第一の法に対して持つ関係によってその行動が罪であるか義務であるかを判定し、第二の法によって犯罪か犯罪でないかを判定し、第三の法によって有徳か悪徳かを判定する」。[80] 序章でも触れたが、これらの法は併存しており、還元の関係にはないため、同じ行為はさまざまに評価され得る。以下ではまず各法の基本的な特徴を押さえ、最後にこの論点をもう一度検討する。

まず、「神の法」は名前の通り、神が定める規則である。ロックは、それが知られる仕方から、啓示による法と自然法とに区別する。前者は、例えば新約聖書などで示される行動規範を指し、後者はわれわれが自らの理性を働かせることで発見する規範である。これらの内、『人間知性論』では自然法が重視されている。[81] ロックは理性的判断と矛盾する啓示を認めず、啓示の内容は理性のみによっても知られ得ると言う立場をとっている。[82] さらに、理性とも啓示とも一致しないような信仰は狂信（Enthusiasm）として区別され、いっそう退けられる。[83] しかし、これは『人間知性論』での立場であり、序章で触れた通り『キリスト教の合理性』では自然法へのコミットメントがやや和らいだという見方が多い。

神の法によるサンクションは、死後、来世において神によって与えられる。神の法を遵守する者には来世における最大限の永遠の快を与えられ、逆に違反する者には最大限の永遠の苦が与えられる。ゆえに、神の法のサンクションは永続的で、無限の重みと持続を持ち、われわれが獲得し得る中でも最大の賞罰である。[84] ロックはここで「パスカルの賭け」として知られる議論によって神の法の絶対性を主張する。すなわち、どれだけ来世の賞罰が存在する確率が低くとも、賞罰の無限の大きさを考えればわれわれは神の法に従わざるを得ないとロックは主張する。[85] 神の法こそが「道徳的方正の唯一にして真の試金石」[86] と言われるのはこのためである。

また、特に自然法はわれわれ人類に共通の能力である理性によって知られるために、法の客観性が保証される。ロックは三種類の法の中で唯一、神の法のみに客観性を認め、共同体ごとの相対性を持たないとしている。以上から、ロックが神の法に重要な地位を与えていることがわかるが、その一方で、われわれの多くが神の法に従っていないという事実も彼は理解していた。彼はこの点をサンクションが与えられる時間的距離によって説明する。すなわち、神による賞罰が与えられるのは死後という遠い未来であるため、人々は「来世における和解」という楽観的な希望を持ってしまい、法を破る誘惑へと駆られてしまうのである。[87]

第二の法は国家の法である。これも文字通り、ある国家に属する人々が従うべき法律である。法は国家の立法部における多数者の同意によって形成され、（社会契約論の観点から）契約と同意を通じて自らと他の国民を拘束する。[88]その際に機能するのはサンクションであるが、これは裁判と国家の力によってもたらされる。[89]国家の力とは、犯罪者にその報いを与える応報と、今後の犯罪を防ぐ抑止の観点から、犯罪者を処罰する権利と、個人の損害を補償させる賠償権を行使することにある。[90]ここで、サンクションとして刑罰のみを考えるのは誤りだということには注意しておきたい。われわれは国家の法を互いに守り合うことで、社会の中での安全を手にしている。国家が与えるサンクションの要点は、生命・自由・財を取り去ることだけでなく、これらを保護することにもある。[91]

それゆえに、国家の法の立法者と賞罰の与え手はその国の政府である（厳密に言えばロックの想定した国家においてはそれらを担う機関は分割されている）。遵守によって得られる善は、自然状態においては不安定な「生命・自由・財」の保護であり、違反によってもたらされる悪は刑罰にある苦ということになる。これらのうち、善を得るのは即座であるが、悪がもたらされるのには先に言及した時間的距離がある。

刑罰は、神のサンクションほどではないが、裁判を通じてなされるためにどうしても時間的距離が生じる。ゆえに、人々に罰せられないかもしれないという希望を与えてしまい、結果として責務の拘束力が弱まることがあり得る。

客観的な神の法に対して、国家の法は国によって相対的である。[92] 国家の法は国民によって作られるのだから、その国の気質や教育や風習の影響を強く受けるはずであるが、次に述べる第三の法に比べて、いっそう相対的で、責務への拘束力が最も弱いものと考えられているように見受けられるのは興味深い。というのは、彼は第三の法としての徳・悪徳の規則を「社会を一つに維持するのに絶対に必要」と述べ、[93] さらには神の法と第三の法とのおおよその一致を主張して第三の法の重要性を強調しているためである。

最後に第三の法、意見もしくは評判の法は、「風習法」(The Law of Fashion)とも呼ばれる。[94] これらは行為が徳であるか悪徳であるかを評価する規則である。例えば、浪費のような行動が悪徳と評価されることは、単なる行為の評価にとどまらず、周りの人々からの「私的な非難」(private Censure)[95] を受けることでもある。同様に、人に「有徳だ」と言われることは行為が道徳的に称賛されることでもある。このように、評判の法のサンクションの与え手は私人である。私たちの行動規範は国の法律に尽きるものではなく、個人は法律に反する可能性のある行動規範を時に内面化し、それに基づいて行為するとともに、それによって他人の行動を評価する。これが評判の法の基準であり、それをもとに表明される称賛・非難がそのサンクションである。

ここで、評判の法が個々人の持つ基準だからといって、その内容に個人間での強い相対性を想定する必要はないことに注意しよう。というのは、称賛と非難が徳と悪徳とに対応していることからわかるように、[96]

その基準は共同体においておおむね一致していると考えられていたからである。共同体内での内容の一致は、サンクションの持つ重みにも関係する。なぜなら、この種のサンクションは単体ではなく、個人的な称賛・非難の集積として機能するためである。その見かけからすれば、評判の法は三種類の法の中で重要度が最も低いように見えるかもしれないが、ロックはそうは考えていなかった。彼の考えでは、評判の法こそがわれわれの動機づけにおける第一のものである。「人類の大部分は、唯一というわけではないにしろ、この風評の法によって主として自らを律している」のであり、「仲間の風習と意見に背く人はその咎めと嫌悪という罰から逃れることができない」し、「自分自身の属す集まりで恒常的に嫌悪と糾弾を受けることに耐え得るほど頑固で鈍感な人は千人に一人もいない」とロックは述べている。[97] ここからうかがえる評判の法のもう一つの特徴は、サンクションのもたらされる時間的距離の近さである。このサンクションが周囲の人々による行為の評価にあるのなら、それがなされるのに裁判のような手続きを踏む必要がない。周りの人々による称賛と非難は即座に人の心に作用するのである。

　世評の法に重きを置くロックの態度は、評判の法と神の法との内容上の一致という点にも見られる。確かに、評判の法の内容は地域における相対性を持つことが認められている。[98] そして、道徳的規範は（ここでの用法とは異なり）しばしば宗教的規範と国家の法律と区別されるため、ここでの評判の法の相対性が道徳全般における相対性として読み込まれたとしても、それはさほど驚くことではないだろう。[99] しかし、ロック自身の考えはこれとは逆である。まず、彼にとっての道徳的正・不正の真の基準は神の法であり、相対性を持たない。加えて、徳と悪徳の規則は「大部分はどこでも同じ」とも述べている。[100] また、良心について「他の人々は、自らの国の教育、交際、習慣から、〔理性で到達するのと〕同じ心を持つようになる。

（中略）良心とは、われわれ自身の行為が道徳的に方正か腐敗かについてのわれわれ自身の臆見（Opinion）もしくは判断でしかない」と語っている。[101] これはわれわれが人々との交際を通じて、内面化する規範の擦り合わせを行い、内容において神の法と評判の法の一致が達成されることを示唆していると言えるだろう。

ロックが「道徳」という言葉で意味するのは、行為と法そしてサンクションの関係である。ゆえに、神の法、国家の法、そして評判の法はそれぞれの規則とサンクションを持つ限りで「道徳的」規則と呼ばれる。最後に確認しておくべきは、これらの三つの法は独立しており、互いに還元不可能だという点である。法の独立性には、規則の内容とサンクションの種類が根拠としてあげられるだろう。まず、三種の法は神の法のみが客観的、普遍的であり、他の二法については国や地域ごとの相対性が認められている。ロックは最終的な正しさの基準を神の法に求めているとはいえ、現実に存在する相対性を無視はしない。先の良心の引用にあるように、人は理性によって神の法とサンクションの大きさを認識しつつ、国家の中で暮らし、人々と交わることで、他人の行動規範に照らして、自らが内面化する行動規範を変化させていくと期待される。その内容が神の法になるか、国家の法になるか、評判の法になるかは個人の動機づけに関するダイナミズムによることが、ロックの経験論から推察できる（もっとも、十分に理性的な人は神の法を内面化することになるのだが[102]）。

法の還元不可能性は、サンクションの独立性からも明らかである。例えば、ロックは私人による称賛と非難は、国家のサンクションとは独立して行使されると述べている。

一つになって政治社会に入ることで、人々は自らの力のすべてを放棄して公共へと譲り渡し、結果として、その国の法が命じるところを超えてその力を国の市民に行使することができないとしても、一緒に暮らし、交わる人々の行為について、良いもしくはまずいと考える、すなわち是認したり否認したりする力を人々はなお保持している。[103]

三種の法によるサンクションはそれぞれの立法者によって別々に執行されると考えるのが妥当である。よって、例えばある人が盗みをはたらくなら、その人は周りの人々から非難された上に、逮捕されて刑罰を受け、さらに来世において神によって罰せられる、ということがあり得る。これらを例えば神の法に還元して、来世において神の裁きを受けるのだから、非難もされないし、刑罰も受けなくてよい、とするのはおかしな考えだろう。サンクションの独立性と基準の相対性を加味すれば、ロックにおいて「道徳」を構成する三種の法を自然法に還元してしまうというのは乱暴な議論である。

第四節　道徳の論証可能性

以上で、道徳の論証可能性テーゼを説明するすべての道具立てがそろった。まず、行為と規則に関連する様態の観念の特徴を確認し、道徳がそこに属す関係の観念がどのようなものかを見た。そして道徳的関係を構成している道徳的規則としての法、立法者そして立法者によってもたらされるサンクションの観念の内容を理解した。これらのことから、道徳の論証可能性テーゼは、理性による自然法の導出可能性ではなく、道徳を構成する三種類の領域すべてに成立する、体系的な道徳規則の構築可能性だということが明らかになる。以下、詳しく説明しよう。

まずもって重要なのは、道徳を構成する観念の十全性であり、観念それ自体が自らの範型となっているという特徴である。法に含まれる行為の観念は混合様態の観念である。サンクションに含まれる賞罰の観念は、善悪（快苦）の与え方の観念であるため、これもまた様態の観念である。この種の観念は、外界に範型が存在せず、われわれが恣意的に観念を組み合わせて作ることができる点は先に確認した。また、「道徳」は関係の観念であるため、これも外界の範型とは関係なくその視点としての観念を作ればよい。

このことは、現に存在しない行動について、例えば刑罰を設けてそれを禁止する規則を作れることを意味している。ロックは「間男」の例を用いて、このような状況を説明している。[104] 例えば、「間男」という概念がない時代に、ある人が自分の妻が他の男性と仲良く話しているのを見て、妻がその男性と、自分と同じように愛し合っているのではないかと疑心暗鬼にかられたとしよう。この時、妻と他の男性との間には実際には何もない。それでも、この人が自ら想像した観念に「間男」と名前をつけ、「間男をしたら百叩きにする」というようにサンクションを付け加えたなら、そこに「間男禁止」の規則は成立する。ロックは規則そのものに内在的な動機づけの力を認めていないので（動機づけは当人がサンクションを重視するかどうか依存する）、このような考えにおかしなところは何もない。道徳を構成する観念はいずれも現実とは独立して構築可能な観念なのであり、実際に人を動機づけるかどうかは別として、規則は不整合性を含まない限りで自由に作ることができる。道徳の体系というものを考える際に、現状の体系に固執する必要はまったくない。

さらに、様態と関係の観念が十全だということは、両者は構成要素としての単純観念の枚挙によって完全に定義できることを意味する。これにより、混合様態と関係の観念から成る道徳の領域では、その内部で観念同士の整合をとり、人々の間で正確に定義を伝達して意味の擦り合わせを行うだけで知識の向上が図られる（むしろ道徳における知識の向上とは意味の確認と擦り合わせそのものだとも言える）。現状では、人々の間で観念の定義が異なるため、道徳の問題で意見の一致が見られないかもしれないが、もし整合的な体系ができ、言葉の意味と観念間の関係を正しく把握されるなら、われわれは推論のみで道徳的命題の真偽を知ることができる。例えば、「殺人は犯罪である」という命題が真かどうかは、国家の法が殺人を禁止しているか、そしてその法律にサンクションは付与されているか、サンクションを与える権威ある立法者が存在するかなど、国家の法を構成する観念を調べることで確かめられるのである。これが本書で提示する道徳の論証可能性の意味である。道徳は経験とは独立に構築できる観念の体系であり、そのような体系に不整合が含まれていなければ、推論のみで体系から知識を導出できるというのが「道徳の論証可能性のテーゼ」である。そして、これは自然法に限定して成立する考えではない。行為、規則、立法者、賞罰の四点について観念が確定されれば、どの領域でも道徳は論証可能なのである。

本書の目的はロックの道徳哲学の領域を拡張することにある。そのための第一手として、従来自然法に特有と考えられてきた「道徳の論証可能性テーゼ」を再解釈し、自然法以外の二法にも適用可能であることを示した。しかしながら、このテーゼを単なる「体系の構築可能性」と理解した場合には幾つかの問題も同時に生じるだろう。その内の一つは整合性に関する問題である。論証可能性は「内部に整合性がなければ」という条件つきのものであった。しかしいま、サンクションの適用条件として自由と人格同一性を道徳哲学の中に持ち込んだ時、それぞれについての議論に対して伝統的に突きつけられてきた内的不整合の問題がよりいっそうクローズアップされることとなるだろう。ロックの道徳哲学が論証可能な体系であると主張するには、これらの不整合を取り除かなくてはならない。

もう一つは作られた道徳的体系の実装に関する問題である。われわれが（幼い頃にするように）好き勝手にルールを決めて何かの遊びを作ったとしても、その遊びを友達のみんなが遊んでくれるとは限らない。同様に、単に整合的なだけの道徳的規則の体系は、果たしてそれを採用するように人々を動機づけるだろうか。この点について明らかにしなければならない。本書の見通しを先に述べておくなら、まず特定の行動規範を採用するよう人を動機づけるのは、ロックの観点からは、サンクションの認識と規範の内面化である。また、特定の概念（本書では自由と人格同一性）が道徳の要素として採用されるかどうかは、その概念がまず整合的であることと、概念の採用がわれわれの実践に何らかの影響を与えるという意味での、規範的な役割を持つかどうかに依拠すると考える。以降で扱う概念が規範的役割を持つかどうかは最後の第七章において論じることになるが、次の第三章では、まずはロックの自由概念が整合的であることを証明しよう。

1 『人間知性論』VI. iii. 18. p. 549.
2 『人間知性論』I. iii. 1. p. 66, III. xi. 16. p. 516, VI. xii. 8. p. 643.
3 ただし、ロックは自然科学が道徳より「劣った」学であるとは主張しない。ロックは自然科学の有用性を積極的に論じている（『人間知性論』IV. xii. 12. p. 645）。
4 『人間知性論』IV. i. 2. p. 525.

5 『人間知性論』IV. ii. 1. p. 531.
6 『人間知性論』IV. ii. 1. pp. 530-1.
7 『人間知性論』I. iii. 1. p. 66, I. iv. 22. pp. 99-100, IV. ii. 2. p. 532.
8 『人間知性論』IV. ii. 2-3. p. 532.
9 『人間知性論』IV. ii. 14. p. 537.
10 *ibid.* ロックはわれわれの知識を観念に限定し、外界の事物そのものについては不可知論の立場を取るが、外界に何かが存在することと自体は直観として認めるのである。この考え自体は哲学的に異論のあるものだが、本書では扱わない。
11 『人間知性論』IV. xiv. 1. p. 652.
12 『人間知性論』IV. xv. 3. p. 655.
13 『人間知性論』IV. xv. 1. p. 654.
14 『人間知性論』IV. xv. 4. p. 656.
15 *ibid.*
16 『人間知性論』IV. xvii. 4. p. 673.
17 英語では推論も理性も“reason”の訳語である。
18 『人間知性論』II. viii. 8. p. 134.
19 ロックの観念論については長らく「知覚表象説」がとられてきたが、近年ではその見解は覆され、抽象的なものについての観念もまたロックの観念論には含まれるとされている。冨田：1991 参照。
20 『人間知性論』II. i. 2. p. 104.
21 冨田：2006, p. 42.
22 *ibid.*
23 観念は上位の類として事物（things）を持つ。事物は「観念」のほかに「事物そのもの」の二つの下位の種を持つ。
24 『人間知性論』II. ii. 1. p. 119.
25 本論文の最重要概念である力能の観念をロックが単純観念に分類していることには注意が必要である。本論では力能の観念を関係的に解釈しているからである。しかし、詳しく論証する紙面がないが、筆者の解釈を示すならば、ここでロックが言及している力能の観念とは他の単純観念の「変化の可能性そのもの」の観念（ヒュームの解釈では変化を促す作用そのものの観念）である。ロックが力能の例としてまずあげるのは「意志」の観念であるが、この意志（例えば「手を上げる」に含まれる意志）が単純観念であるのと同様の意味で、力能は単純観念である。しかし、単純観念そのものの知識と、その単純観念の実体への帰属の知識は異なる。本論で論じる力能の蓋然性と関係性は単純観念としての「力能の観念」そのものの持つ単純性・単一性ではなく、むしろ単純観念の入手法に関わる実体との関係性から生じるものである。したがって、ここでのロックの分類と本論の主張は矛盾するものではない。

26 ロックにとって、定義とはある観念の構成要素を枚挙することにほかならない。『人間知性論』III. iii. 10. p. 413 参照。

27 『人間知性論』II. xii. 4. p. 165.

28 『人間知性論』II. xii. 5. p. 165.

29 『人間知性論』II. xiii. 5. p. 168.

30 『人間知性論』II. xiv. 18. p. 187

31 『人間知性論』II. xiv. 23. p. 191.

32 『人間知性論』II. xviii. 2. p. 224. ここでの「歩く」「走る」は「行為」ではなく、運動速度の程度を意味している。したがって、これらは「4km/h での移動」「10km/h での移動」というように理解されるのが適当である。

33 『人間知性論』II. xxii. 1. p. 288.

34 *ibid.*

35 『人間知性論』II. xxviiii. 14. p. 358.

36 『人間知性論』III. v. 3. p. 429, III. v. 5. p. 430.

37 『人間知性論』III. ix. 5. p. 477, III. ix. 11. p. 481, III. xi. 9. p. 513.

38 『人間知性論』III. ii. 8. p. 408.

39 『人間知性論』III. ii. 4. p. 407.

40 『人間知性論』III. v. 7. pp. 431-2.

41 ロックの言語論の持つ公共性については、長尾：2007 を参照。

42 『人間知性論』III. v. 11. p. 435.

43 『人間知性論』II. xxxi. 1. p. 375.

44 『人間知性論』III. ii. 2. p. 405.

45 『人間知性論』IV. 21. 4. pp. 720-1. 冨田：2006, p. 31 参照。

46 『人間知性論』II. xxxi. 3. p. 376. 「原理上」と断ったのは、混合様態の「言葉」を他人から学んだ場合、他人の心にある観念を範型とする場合があるからである。この場合、本人の心の外に範型が存在するために、「その個人にとっては」当該の混合様態の観念が十全でない場合がある。『人間知性論』II. xxxi. 4. p. 377 を参照。ただし、これは81頁「複雑観念その四」で論じる実体の観念が持つ原理上の不十全さとは完全に別である。

47 単純観念もまた十全な観念であるが、単純観念は原理上定義ができない（『人間知性論』III. iv. 4. p. 421）。単純観念の内容は自らの経験によってしか把握ができない（『人間知性論』II. ii. 2. p. 119）。

48 『人間知性論』II. v. 14. pp. 436-7.

49 『人間知性論』II. xxv. 1. p. 319, II. xxv. 7. p. 322.

50 『人間知性論』II. xxv. 1. p. 319.

51 ロックの考える関係の観念をざっと見るなら、「創造、生成、製作、変更」といった因果関係をはじめとして、時間、場所、同一性・差異性、比率関係、自然関係、制定関係、そして道徳的関係があげられる。ちなみに、夫婦は制定関係にあたる。

52 『人間知性論』II. xxv. 1. p. 319.

53 『人間知性論』III. vi. 1. p. 420.

54 『人間知性論』II. xxviii. 19. p. 362.

55 『人間知性論』II. xxiii. 1. p. 295.

56 『人間知性論』II. xxiii. 2. p. 295.

57 『人間知性論』II. xxiii. 4. p. 297.

58 『人間知性論』II. xxiii. 1-4. pp. 295-7.

59 『人間知性論』II. xxiii. 3. p. 296.

60 ロックは「心に何かの観念を生む力能を、この力能が存する主体の性質」と明言している（『人間知性論』II. ii. 8. p. 134）。

61 『人間知性論』II. xxiii. 9. pp. 300-1.

62 冨田：2006, p. 80.

63 『人間知性論』III. iii. 15. p. 417

64 *ibid.*

65 『人間知性論』III. iii. 18. pp. 418-9.
66 『人間知性論』III. vi. 6. p. 442.
67 雲母は水中では砂金のようにキラキラと輝く。
68 『人間知性論』III. iii. 18. p. 418 ほか。
69 『人間知性論』III. iii. 18. p. 418.
70 『人間知性論』IV. xii. 9. p. 644.
71 『人間知性論』IV. xii. 6. p. 642.
72 『人間知性論』II. xxxi. 11. p. 382.
73 第一章ではより一般的な観点から「快楽」「苦痛」という訳語を用いたが、以降は「快」「苦」と訳す。これは両者が、下位にさまざまな区分を含む抽象観念を指す専門用語だからである。
74 『人間知性論』II. xx. 2. p. 229.
75 『人間知性論』II. xxviii. 5. p. 351.
76 ロックの自然法論にみられるリーガリズムについては、Sheridan: 2016 を参照。
77 「賞罰」が誤解を招くというのは、これらが「褒賞」や「刑罰」と結び付けられがちであり、以下で述べるような称賛や非難がこれにあたるかどうかには議論があるためである。また、後に述べる「国家による安全の保証」を「賞」と呼ぶのにも抵抗があるだろう。
78 『人間知性論』I. iii. 12. p. 74.
79 道徳的規則は命令であり、命題ではないため真偽がつけられないことをロックは明言している（『人間知性論』I. iii. 12. p. 74）。道徳的規則は立法者と賞罰の観念を通してのみ、真偽のつけられる命題となり得る。
80 『人間知性論』II. xxviii. 7. p. 352.
81 『人間知性論』II. xxviii. 8. p. 352.
82 『人間知性論』IV. xviii. 5. pp. 691-2.
83 『人間知性論』IV. xix. 7. p. 699.
84 『人間知性論』II. xxviii. 8. p. 352.
85 『人間知性論』II. xxi. 70. p. 282.

86 *ibid.*

87 *ibid.*

88 『統治論』II. 98. p. 332.

89 『統治論』II. 87. p. 324.

90 『統治論』II. 11. p. 273.

91 『人間知性論』II. xxviii. 9. pp. 352-3.

92 『人間知性論』I. iii. 9-10. pp. 70-2.

93 『人間知性論』I. iii. 10. p. 72.

94 『人間知性論』II. xxviii. 13. p. 357.

95 *ibid.*

96 *ibid.*

97 『人間知性論』II. xxviii. 12. p. 357.

98 『人間知性論』II. xxviii. 11. p. 354.

99 事実、ロックは『人間知性論』の第四版、第五版の改訂において、同時代人J・ロウドからの批判に対して、道徳的規則の客観性に対する弁明を加筆している。この点は、同時代人によってもよく批判されたようである。『人間知性論』II. xxviii. 11. note. pp. 354-5. 大槻：1972, p. 423も参照。

100 『人間知性論』II. xxviii. 11. p. 356.

101 『人間知性論』I. iii. 8. p. 70.

102 『人間知性論』II. xxi. 38. p. 254, 52. p. 267.

103 『人間知性論』II. xxviii. 10. pp. 353-4.

104 以下、『人間知性論』III. vi. 44. pp. 466-7を参照。

第三章

ロック自由論における内在的矛盾とその解消

本章の目的は、これまでロックの自由論（および自由意志論）に帰されてきた内的矛盾に対して、彼の議論の整合的解釈を提示することにある。この課題は、それ自体ロック哲学へ向けられた批判を解消するという思想解釈の問題であるとともに、前章で扱った論証道徳の帰結からの要請でもある。本論の最終目的は、『人間知性論』全体を道徳の書として読み解くことであり、そのためには自由と人格同一性の問題を道徳の問題として扱うことが必要なことはこれまで繰り返し述べてきた。しかし、この目的のためには、自由論には論証道徳の部分をなすものとして構成観念内の整合性が要求されるだろう（これは人格同一性論においても同様である）[1]。また、前章では、道徳的規則の整合的な体系が形成できるとしても、その体系が真の「道徳」の体系と言えるためには、その体系が実装可能でなければならないと述べた。その際、ロックの自由の定義が実装可能であると言うためには、その概念の整合性に加えて、概念の規範的役割が必要だということにも言及した。しかしながら、このことをロックの自由概念について主張するためには、彼の考える自由が現実には存在し得ないという批判に回答し、この自由の定義が規範的役割を持つ余地を確保しておくことが必要となる。以上がロックの自由論について解決しなければならない問題だが、本章では整合的解釈の問題を扱い、続く第四章で自由の実在問題を論じる。

本章では次の順に議論を進める。ロックの自由論を語るためには、まずもって彼の意志決定理論を理解しなければならない。そこで第一節では、彼の道徳心理学の基礎にある「欲求による意志決定理論」の概略を見る。次いで第二節では、自由論をめぐる議論に本格的に踏み込む前に、ロック自由論研究の現状を紹介する。続く第三節においてロックによる意志と自由の定義を、第四節で彼の自由論の内在的不整合の原因とみられている「保留原理」に関する言説を確認する。これらを基に、第五節ではチャペルによるロック批判を解説し、そこで明らかになった問題を第六節で自由意志実在論的なヤッフェの解釈を用いて解消する。最後の第七節では両極端にあるチャペルとヤッフェの主張の中庸を探ることで、本書の最終的な自由論解釈を示す。

第一節　ロックの意志決定理論

ロック道徳論の特徴の一つは、道徳的規則による動機づけの外在主義にあるとされるのが一般的である。[2] われわれは道徳的規則を認識したとしても、さらに言えば道徳的善悪（サンクション）の存在を認識したとしても、それだけで規則を守るよう動機づけられることはない。道徳的規則および善悪の認識以外の何らかの介在があって、初めて人は道徳へと動機づけられる。この外在主義が正しい解釈かどうかは第五章で検討するとして、本節では「最も大きな落ち着かなさを持つ欲求が意志を決定する」というロックの意思決定理論の基本部分と、その正当化理由として展開される自由意志概念論駁の概要のみを確認する。

ロックの意志決定理論は『人間知性論』第二巻二一章において、「力能について（Of Power）」の題名のもとに考察される。この章は第二版出版時に最も大きな改訂が加えられた章であり、初版では四七節だった章が第二版では七三節にまで加筆されている。章の主題は「自由」であり、無差別な選択を行う自由意志が否定された上で、意志の被決定性と、決定を受けた上での意志における自由が考察される。そして最後に、最大の幸福へと導く神の定める規則を提示しながら、われわれがそれに違反する理由が探究される。ただロックはこの加筆修正の中で意志決定理論を大きく転換したと考えられている。以下では第二版以降で展開された理論の詳しい内容と、それに伴う困難を見ていこう。

さて、第二章で、ロックは善悪を快苦に基づいて規定したことを確認した。ただ、善悪の観念はそれだけでわれわれをその獲得・回避へと動機づけるわけではない。ここで重要な役割を果たすのは、「幸福への傾向性」[3]と呼ばれる人間本性である。

告白するが、自然は人に幸福の欲求と不幸の忌避とを埋め込んでいる。これらは実際生得的な実践的原理で、(実践的原理がそうあるべく)われわれのすべての行為にやむことなく恒常的に作用し影響し続けている。(中略)これらは善への欲という傾向性であり、知性における真理の印象ではない。[4]

われわれは生まれながらに幸福を求め、不幸を避ける傾向性を備えている。第五章で詳しく説明するように、幸福もまた快・苦によって説明される。[5] したがって、「幸福への傾向性」とは、「快を求め、苦を避ける傾向性」ということになる。ロックは幸不幸に程度の差を認めるが、幸福の最大限のものは「得られる限りの快」であり、最大限の不幸は「得られる限りの苦」である。[6] しかし、この状態が現世で実現されることはない。そこで、ロックは最低限の幸福として「すべての苦から逃れ、誰もがなくては満足できないくらいの快が存する」状態がわれわれの考え得る最低限度の幸福だとしている。[7] したがって、われわれは現に苦を経験している時はそれを避けるように行為し、現に快を味わっている時は、その状態を継続しようと考える。[8]

しかし、われわれは現在心に存在する快・苦のみによって動かされているわけではない。われわれは将来の目標に向かって努力することができる。が、将来の目標がもたらす善は現在存在していない。そして現在存在しないものはわれわれの心に働きかけることがない。[9] そこでロックが導入するのが、現にない善への欲求が意志を決定するという理論である。

では、**われわれの活動**（*Action*）**に関して、意志を決定するものは一体何か、**という探求に戻ろう。（中略）〔それは〕目に見えるより大きな善ではなくて、人が現在その下にある、ある（そして大抵の場合は最も切迫した）**落ちつかなさ**（*Uneasiness*）である。これが次々に**意志**を決定し、われわれの実行する活動へとわれわれを向かわせるのである。この**落ちつかなさ**を、われわれは、実際そうであるように**欲求**と呼んでよいだろう。この欲求とは現に存在しない善を求める心の**落ちつかなさ**なのである。[10]

ここで落ちつかなさはある種の苦とみなされる。[11] そして、幸福とは「すべての苦から逃れて」いる状態なのだから、幸福への傾向性は落ちつかなさという苦を取り去る方向にわれわれを行為させる。逆に言えば、われわれの前にどのような善が提示されたとしても、その善がわれわれを「落ちつかなく」させ、苦を生み出さない限り、われわれは善へと動機づけられない。先に述べたように、現在心にあるものだけが行為への動機づけを行うため、単に心に描かれたものとしての善・悪は、それが欲求という形で落ちつかなさを生み出すまではわれわれを行為へと決定することがないのである。[12] 例えば、正直であることは徳であり、正直であれば称賛されるということを知るだけでは、「正直であれ」という規則を守るよう動機づけられるに十分ではない。というのは、称賛のもたらす快は未だ心に存在しないからである。われわれが称賛によって得られる快を必要とし、そこに落ちつかなさを感じ、欲求することで、初めて規則はわれわれを動機づけるのである。

欲求が意志を決定するという心理学は、行為の因果的決定論を示唆し、われわれ人間の自由をも否定するものとして、十七世紀では非難された。ロックに先駆けてこの見解を示したホッブズは代表的な非難の対象であり、ロックもまた同様に批判された。[13] ロックがこのように批判されるのは、ロック自身が「意志の自由」を否定する議論を展開した点にもある。確かにロックは「意志する自由」を否定した。しかし、ロックは行為主体として人間が自由であることを否定してはいない。[14] しかも、それはホッブズがしたように、意志における自由を否定した上で行為における自由を確保する、という戦術をとるわけでもない。ロックとホッブズの理論上の差異は、ロックに部分的に意志の自由を肯定させる、という帰結を伴う。これは、彼にまた一つの大きな困難を負わせることになるのだが、それは次章以降で展開されるため、ここでは彼の自由意志否定の議論のみを確認しよう。

ロックは「意志の自由」という観念が不合理だと考えられる理由を三つ提示している。一つは、「自由な意志」という言葉には意味上の不合理があるというものである。二つ目は「意志する自由」という概念には意志の無限背進という不合理が伴うというものである。そして三つ目に、無差別の自由としての意志する自由はわれわれの幸福の妨げとなるという実践的な理由があげられる。

さて、第一の理由は、「自由な意志」という表現は不合理を含むというものである。すなわち、「自由」という観念と「意志」という観念を結びつけることは不合理だという批判である。このことを理解するには、ロックの「力能」概念を説明しなければならない。これには81頁「複雑観念その四」で述べた実体の観念と、それを定義する性質の議論が関係している。先に論じたのは、物体の性質は第一性質、第二性質、そして第三の性質と三つに区分され、この内の後者の二性質は実際には実体には存在しないということだった。それらは実体の第一性質同士の関係によって生み出される単純観念の変化の可能性として捉えられるに過ぎない。このような単純観念の変化の可能性をロックは「力能」と呼んだ。

心は、(中略)、非常に恒常的に生じると観察してきたものから、類似の変化が、類似の活動物(agents)により、そして類似の方法で、将来なされるだろうと結論する。そして、ある事物の内の単純観念が変化させられる可能性を考え、またある事物の内にその変化を作り出す可能性を考える。そしてそのようにしてわれわれが**力能**と呼ぶ観念を手に入れる。[15]

力能の内、変化を生み出す可能性を能動的な力能、変化を受ける可能性を受動的な力能と呼ぶ。例えば、炎が金を溶かす時、炎は金を溶かす能動的な力能を持ち、金は溶かされるという受動的な力能を持つ。ここで、われわれは片方の事物だけをどれだけ観察したとしても、そこから力能の観念を引き出すことはできない。炎が金を溶かす力能を、炎のみを観察することによって得ることはできないということである。それは実体の第一性質をわれわれが直接観察できないことに依拠している。そうなると、個別の力能の観念は常に関係からのみ得られるということになる。実際、ロックはこの意味で、「力能とは関係である」とも述べている。[16]

ロックは、われわれの心に備わる意志や知性といった機能もまた力能だと考えた。[17] すなわち、われわれの心の中で知覚が成立する可能性が知性と呼ばれ、心の命令によって思考や身体の運動が変化する可能性が意志と呼ばれる。その上で、ロックは自由もまた同じ論理で捉えられる力能だと言うのである。詳細な定義をめぐる議論は本章第三節で扱うが、もし自由は力能だと言うことが正しければ、次のことが結論される。

自由は（ある力能でしかないのだが）行為者にのみ属するのであり、同じく力能である**意志**の属性であったり、変容であったりすることはあり得ない。[18]

ロックが「自由意志」という概念を否定したのは、「人の意志は自由か」という問いが不合理だからである。力能は実体たる行為者のみに帰される性質であるため、ある力能（自由）が他の力能（意志）に属することはあり得ない。力能を力能に帰属するということは、ある可能性を別の可能性に帰属するということであり、これは理解不可能な事態である。それは、「赤は固いか」や「磁力は水に溶けるか」といった問いが理解可能かどうかを考えれば明らかだろう。これがロックによる自由意志否定の第一の主張である。[19]

十七世紀の当時主流だったのは、人間には自由意志があるとする考えだった。ロックは後にG・ライルが「カテゴリー・ミステイク」と名づける論法によってこの主張を批判した。[20] しかし、問いを「意志することにおいて人は自由か」と変更するなら、すなわち力能の帰属主体を「人間」とし、意志を人間の行う活動と捉えるなら、この議論は適用できない。しかし、この問いに対してもロックは不合理だと論じる。

それは「意志することに関する自由」という考えからは、意志の無限背進という不合理が帰結するためである。これは意志と自由の定義を確認することから説明される。

ロックにとって意志とは「われわれの心のいくつかの作用や身体の運動を、開始するかこらえるか、継続するか終了させるかする**力能**」である。[21] われわれが意図的に行動する場合（ロックの用語を用いるなら有意的活動を行う場合）、われわれは意志によってその行動を生み出している。対して、自由とは「人が思考するか思考しないか、動かすか動かさないかを自分自身の心の選択、すなわち指示に従って行うことが可能」ということを条件とする[22]（以降で詳細に検討するため、定義についてはその一部の言及にとどめる）。「動かすか動かさないか」を「心の選択によって行う」ということは、それを意志することによって生み出すことを意味する。ここで注意すべきは、自由の条件には「意志すること」が含まれていることである。

この点を押さえて、「意志することにおいて人は自由である」という命題を考えよう。ここでは先の意図的行動の位置に「意志する」という活動が入ることになる（**図1**参照）。そうなると「意志する」（V_1）ということに関して自由であるためには、少なくとも、「『意志する』（V_1）ことを意志する」（V_2）ことが必要である。すなわち、意志が意志によって生み出されることが要請される。もし、「意志する自由」のために、意志が意志によって生み出されることが要請されるなら、「意志する」（V_2）はさらなる意志（V_3）によって引き起こされることが必要になるだろう。しかし、この意志（V_3）もまた意志によって引き起こされることを要請されるので、意志（V_4）が必要となる。このように論を進めて行くならば、われわれは「意志することにおいて自由」であるためには、無限の意志を想定しなければならなくなる。意志

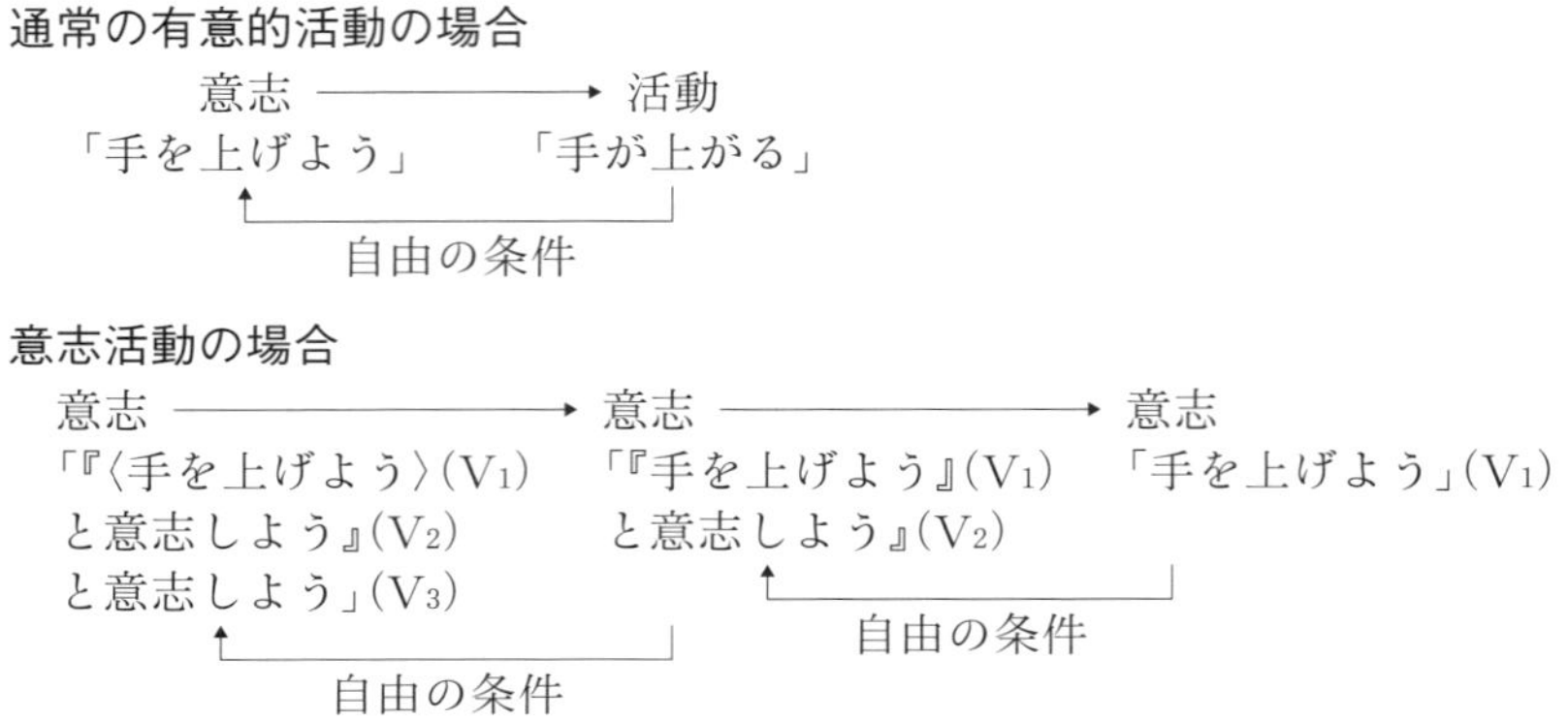

図1　意志と自由

の「無限背進」は不合理であり、それゆえに「意志することにおいて自由」であることは不合理となるのである。これが自由意志を否定する第二の議論である。

以上のような、言葉や概念といった形式における批判に加えて、ロックは実践的な理由からも自由意志を批判している。当時主流だったのは、トミスティックなスコラ哲学やデカルト派が主張した意志における「無差別の自由」であった。そこでは、人間には行為を原因なしに作り出す能力があると想定されていた。結果として、意志が生み出す活動、例えば手を動かすか動かさないかについては、差別がなされず両方の行為が等しく可能なものと考えられた。[23] しかし、道徳を例にとるならば、このような考えは、従うべき法とその賞罰を認識した後でさえ意志が決定されない「完全な心の無差別」であり、それは「知的な本性の持つ優位さと卓越性からほど遠い」として批判されるべきものである。[24] 神の法と賞罰とを理解し、最善の行為を判断したあとでさえ、意志は法の遵守も違反も等しく選択可能であるのなら、熟慮といった理性的活動や法の認識は無意味であり、それは法を守ることで得られる幸福を遠ざけることになる。それゆえ、デカルト派やスコラ哲学が設定したような無差別な意志の自由は、無意味なだけでなく、実践的な観点からも「狂人の自由」でしかない。[25]

以上のように、ロックは「意志は自由である」という命題や「意志することを意志する」といった考え、そして無差別な意志という概念を実践的観点から否定した。これだけを見るとロックは意志の被決定論者であり、次節で見るように、先行するホッブズのものとさほど変わらないという評価もやむなしの印象がある。しかし、実際は「意志することに関する自由」をロックは完全に否定してはいない。ロックは意志が欲求によって決定されながらも、それでもわれわれが意志することに関して自由な状況が存在すると述べている。それは、「目的として追求するのに遠くの善を選択する時」と状況を限定し、[26]「不適切な呼ばれ方とは思うが」と断りを入れるなど、これまでの議論に対する譲歩をみせながら、すべての「自由の源泉である」意志における自由をロックは認めるのである。[27]それを可能にするのは「心にある欲求の実行および満足を保留する力能」なのだが、[28]われわれもまた日常的に経験するこの力能の導入がロックの意志決定理論、ひいては自由論に大きな困難をもたらすこととなる。

本章の眼目はこの困難の解消にあるわけだが、本章の議論の研究上の位置づけと意義を理解してもらうために、ロックの自由論の研究状況を整理しておく。

第二節　ロック自由論の研究背景

『人間知性論』では、自由意志概念に見られる三つの不合理、すなわち力能を力能へ帰属させるという不合理、意志する意志の無限背進、そして無差別な自由にある実践上の不合理の議論の帰結として、「意志は意志以外のものに決定される」[29]という主張が導かれる。そして、欲求による意志決定理論はこの主張の実質を示したものである。ロックに先立って欲求による意志決定理論を唱えたホッブズは、意志の自由を否定し、人間の自由を行為における自発性の自由（freedom of spontaneity）に限定した。ホッブズは意志をある種の欲求だと捉えていたため、行為がその欲求によって決定される場合、そこには無差別の自由、現代的な表現をするなら他行為可能性（alternative possibility in action）は存在しない。というのは、（後に詳しく説明するが）ある行動が欲求によって因果的に引き起こされるのなら、実際生じた行動以外が生じる可能性は存在しないためである。

「欲求による意志決定」と自由意志の否定という二つの主張から、従来の自由意志問題の研究史では、ロックの考えはホッブズと同じものとされ、さして注目されてこなかったということは第一章で簡単に触れた。しかし、『人間知性論』を詳細に読めば、この読み方が誤りであることがわかる。ロックは、後に検討する「選択性条件」、ここで言う他行為可能性が自由には必要だと考えていたのである。この点でロックの考えは、デカルト派やJ・ブラムホールといったスコラ哲学の自由意志実在論者（リバタリアン）に近い。

ここにロックの自由論に関する解釈の緊張が存在する。欲求による意志決定を重視し、ホッブズ同様の両立論者とみなすのか、それとも他行為可能性を重視するデカルト派のような自由意志実在論者と捉えるのか。いずれにせよ、前者であればロック自身が主張する選択可能性条件を、後者であれば欲求による意志決定の言説を再解釈してみせる必要がある。これがロック自由論における内的不整合の問題である。

この困難は版の改訂にあたって生じたという見方が研究者の間では一般的である。『人間知性論』にはロック自身が改訂を加えたものとしては五つの版が存在し、自由論は第二版刊行時に大きく訂正されたことは序章および前節で触れた。それより前、すなわち初版で展開された自由論は、人間における行為の自由が主張されているとはいえ、いま述べた議論が初版から継続されている点や、善の観念による意志決定といった主張から、より意志決定論的性格が強いとされてきた。「快を増大し、苦を減少させるもの」という善の定義もまた初版から提示されており、ロックの初版での主張は快楽主義とみなされたため、当時非常に邪悪視されていたホッブズ説に類するものとして、ロックの意志決定論は初版公刊直後から多くの批判を受けることとなった（この見方が正しいかどうかは第五章で再度検討する）。このような状況の下で第二巻二一章は改訂されたのである。たったいま見たとおり、ロックは善の観念による意志決定の考えを退け、最も強い欲求が意志を決定するという形に変更した上で、さらには理性的判断によって欲求強度を変化させ得るという主張を導入した。これによって、逆の方向、すなわちロックの思想は理性主義的で、自由意志実在論的な性格を強めることになった。しかしこの時、自由意志の否定や意志の決定に関する主張がそのままに残されたため、意志の自由という点において、理性のコントロールを認めるデカルト的な自由意志実在論者の主張と、欲求による意志の決定という意志決定論が互いに矛盾するようになったというシナリオが一般的な解釈である。

では先行研究ではこのシナリオがどのように解されてきたのか、というところに話題は移るのだが、その前に幾つかの用語の意味を確認しておく方が便宜上好ましいだろう。というのは、近年のロック自由論の解釈はもっぱら、現代の自由意志論争で用いられる用語と思考の枠組みで語られているためである。まずは「決定論」(Determinism）である。決定論とは、「世界に生じるあらゆる事象は先行する原因によって決定されている」という考えで、正確には「普遍的因果的決定論」と呼ばれる。この考えのもとでは、

表1　自由意志論争における立場の分類

決定論 ＼ 自由と決定論の両立	肯定（決定論）	否定（非決定論）
肯定（両立）	両立論	——
否定（非両立）	ハード・デターミニズム	自由意志実在論

人間の行動や思考、意志もまた例外ではなく、それぞれにはそれを生み出す適切で十分な原因（群）が存在し、それらの原因（群）は結果としての行動や思考、意志を必然的に生み出す。したがって、決定論がもし正しければ、過去に生じた、もしくは未来に生じる出来事はすべて、生じるべくして生じたのであり、実際とは別の仕方で生じる可能性はないことになる。したがって、決定論と、われわれが自らの行動について実際の選択肢を持つこととは矛盾する。すなわち決定論が正しければ他行為可能性は存在しないことになるのである。

現代の自由意志論争においては、決定論をめぐって立場が二つに分かれる。それは決定論が真だとする「決定論者」と、偽だとする「非決定論」（Indeterminism）の立場である。ホッブズはこの意味で決定論者であり、デカルトやブラムホールらは非決定論者である。両者の最も大きな特徴は、意志を含めた人間の行動について、決定論者が他行為可能性を認めないのに対して、非決定論は自由意志の働きによって他行為可能性が担保されると考える点である（真正な他行為可能性は非決定論的出来事である）。ここで注意すべきは、決定論が即、人間の自由を否定しはしないという点である。ホッブズが人間の自由を認めていたことを思い出して欲しい。決定論が正しくても、人間は自由である。すなわち決定論と自由は両立するとするのが両立論の立場であり、ホッブズはこの立場である。その一方で決定論が真だと信じつつも自由は他行為可能性を必要とすると考える立場がある。これは「ハード・デターミニズム」(Hard Determinism)もしくは単に「懐疑論」(Scepticism)と呼ばれる。この立場は決定論が正しいがゆえに、本当の意味での自由は世界に存在しないと主張する、決定論的非両立論である。なお、「自由意志実在論」(Libertarianism)とは、非決定論的非両立論のことを指す。以上の立場を分類すると**表1**のようになる。[30]

以上を踏まえて先行研究に目を向けるならば、ロックを両立論者と捉える見解が圧倒的に多い。例えば、『人間知性論』の編者を務めたこともあるフレイザーがそうであるし、自由論において著名な作品を残したバーリンもそうである。また、パスモアやアーロンといった著名なロック研究者も両立論的解釈をとる。[31]近年では、第四章で扱うE・J・ロウも同様で、本章での主たる検討対象のV・チャペルもロックを両立論者とみなすところから議論を始める。これらのロックを両立論者として扱う人々は、おおむね彼の自由論は破綻していると考え、議論のいくつかを不整合なものとみなす傾向にある。例えばチャペルは、ロックは意志の決定論を主張しながらも結局は意志の働きが自由であるような事例を認めているとして、いくつかの議論を放棄すべきだったと結論している。

対して、ロックを自由意志実在論者とみなしているのは、最近ではJ・ダンやN・ジョリーである。しかし彼らは、ロックの議論の分析というよりはロックの宗教的なコミットメントを根拠に彼を自由意志実在論者とみなす。哲学的な根拠をもってこの解釈をとる研究者としてはP・シュールズと、本章でもとりあげるG・ヤッフェ、そして第五章で詳しく検討するT・マグリが挙げられる。また、わが国で数少ないロック自由論の単著を残している太田可夫もその一人である。彼らは欲求の保留を重視し、逆に欲求による意志の決定に関する主張を再解釈することによって、ロックが抱える内部矛盾を解消しようとしているが、その主張の多くはテキスト上に根拠を持たず、各論者の主張する理論自体も論者の読み込みが大き過ぎてロックの議論を歪曲しているように見える。本章では現段階で最も妥当な解釈を提出するために、両陣営で最も説得力のある議論を行っているチャペルとヤッフェの議論を土台にしながら、決定論的な意志決定の枠組みと自由意志実在論的な行為選択との擦り合わせのポイントを探る。

これでようやく、ロックの内的矛盾の解消へと議論を進める準備が整った。次節では、まずロック自身の自由の定義を確認した上で（第三節）、次いで第二版改訂の際に付け加えられた「欲求を保留する力能」の説明を見る（第四節）。次いで、これらの言説に対するチャペルの解釈を参考にして問題の所在を明らかにする（第五節）。これを受けて、今度は自由意志実在論の側からヤッフェがこの難点を乗り越える仕方を説明し（第六節）、最後に、チャペルとヤッフェの解釈それぞれの吟味、批判を通じて、両陣営の主張が調整され、ロック自由論のより整合的な解釈を提示する（第七節）。

第三節　自由の定義

◉意　志

解釈の是非を論じるためには、ロック自身による自由の定義を確認しておく必要がある。とはいえ、意志の無限背進の議論の際に触れたように、ロックの自由の定義には「意志」の観念が含まれている。そこでまずは、ロックの考える「意志」を正確に理解するところから始めよう。

意志はロックにとって力能の典型だと言ってもよい。先に111頁で確認した通り、力能とは実体的に存在する何かではなく、実体同士の相互作用から生まれた単純観念の変化を元にして想定される「可能性」に過ぎない。ロックはさらに力能の観念を活動によって変化を生み出す能動的力能と変化を受ける受動的力能に区別したが、「意志」は能動的力能という観念を最も明晰に与える心の働きだとされる。先にも言及した意志の定義を再度引用しよう。

> 心が持つこの**力能**、すなわち、個々の場合において、ある観念を考えることや考えないことを命じたり、身体のある部分の静止ではなく運動を選択したり、逆に運動ではなく静止を選択したりする力能が、われわれが**意志**と呼ぶものである。[32]

心は、例えば「手を上げよう」と思うだけで、「手を上げる」という身体的活動を生み出すことができる。これが「意志」と呼ばれる力能であり、他の事物[33]に単純観念の変化をもたらすという点では、われわれにとって最も身近な力能だと言えよう。この力能を行使することは「意志する」(willing) という活動でもある。これはロック自身によって「選好する」(prefer)、「選ぶ」(choice)、「命じる」(order)、「指示する」(direct) と言い換えられている。

ロック自身が注記しているように、意志は欲求と混同されるべきではない。彼の道徳心理学においては、欲求と意志は明確に区別されている。[34]「強いられて嫌々人を説得するも、実際にはその人が説得されて欲しくないと感じる」といった事例などをあげつつ、「われわれは意志した行為とまったく逆のことを欲求できる」という事実を彼は指摘する。[35] この点で、欲求は行動を引き起こす十分条件でない一方で、意志は

（外的な障害がない限りで）十分条件であり得る。意志は欲求以上に行動の実現に強く結びついた観念なのである。実際には何らかの妨害に遭い、実現されなかったとしても、意志する場合、活動の実現が目指されることがその特徴として含意される。それはわれわれが意志と相反する欲求を同時に持つことは可能だが、相反する意志を同時に持つことは不可能だという点から明らかであろう。

ロックの意志概念を正確に理解するには、これまで「活動」や一部「行動」と表記してきた"Action"の意味内容を確定しておく必要がある。というのは、『人間知性論』においてこの用語が用いられる仕方は現代のそれと異なるためである。現代では通常この単語は「行為」と訳され、人間に特有な活動を指すのに用いられてきた。ある出来事が「行為」と呼ばれるとき、そこには行為者性や意図、道徳的主体の存在、これらに基づいた責任の帰属といった概念が含まれる。しかし『人間知性論』において、ロックはいわゆる「行為のデフレ説」を採用し、Action の意味内容を物体や精神の運動や作用にまで切り詰めている。[36]したがって、書くために手を動かすことは、けいれんのために生じた手足の運動や、[37]ビリヤードの玉が突かれて動くことと同じ意味で Action と呼ばれるのである。その一方で、彼自身がそう断るように、Action には作為だけでなく、不作為も含まれる。[38]「何もしないこと」「していることをやめること」もまた、事物の働きもしくは運動の様態だからである。現代の用語法からすると奇妙に思われるかもしれないが、例えば人間の場合に限るが、「机の前でじっとしていること」は、取り立てて意識的にしていなくてもロックの用法では Action である。以下では、言葉の意味を明確にするために、人間にも人間以外にも等しく適用される運動や作用（およびその様態）を意味する時は「活動」と訳す（ここで重要なのは静止や不作用は含意しない点である）。対して人間によってなされるもので、作為と不作為の両方を含む場合には「行為」と翻訳することとする。[39]

言葉の説明をつけ加えるなら、意志の力能の行使、すなわち「意志する」という働きは有意（volition）と呼ばれる。[40] 有意は意志を心的活動として捉えた用語であり、ロウによれば、「～しようと試みる」という心の働きとして解釈される。[41] また、先に「選択」や「指示」と互換的だと述べたように、「～することを選ぶ」という働きとしても理解される。この選択に引き続いてある行為が生じる場合、それは「有意的行為」（voluntary action）と呼ばれ、行為は「有意的」（voluntary）であると言われる。逆に、有意という選択を伴わない行為、選択に反した行為は「非有意的行為」（unvoluntary action）とされる。以上が意志にまつわるロックの用語の定義である。これに基づいて、次は自由の定義に移ろう。

◉自　由

一部が繰り返しになるが、ロックは次のように自由を定義する。

> 人が思考するか思考しないか、動くか動かないかを自分自身の心の選択、すなわち指示に従って行うことが可能な限り、その限りで人は**自由**である。〔しかし〕実行と差し控え（performance or forbearance）が等しく可能でない時は何時でも、行うことと行わないことが、それを指示する心の選択に従って等しく生じない時は何時でも、彼は**自由**ではない。ことによっては、その行為は有意的であるかもしれないけれど。[42]

この引用によれば、人がある行為に関して自由である場合、そこには二つの条件がある。第一はその行為が「心の選択、指示に従って生じる」こと、すなわち有意的な行為であることである。仮にある事物が活動していたとしても、その活動がその事物の意志によって生じていなければ自由であるとはみなされない。自由は意志を持ち、思考する事物のみが持ち得る力能だからである。したがって、思考しないもの、すなわち単なる物体が自由であることはない。例えば、ラケットで打ったテニスボールは運動しているが、ボールはその運動に対して自由であるとはみなされない。また思考する事物であっても、その行為が心の選択の結果でなければ自由とはみなされない。これを自由な行為の有意性条件と呼ぶことにする。

自由のもう一つの条件は、行為を「実行することと差し控えることの両方が同等に可能」であることである。ロックは有意的行為と自由な行為とを明確に区別する。ホッブズとは異なり、単に行為が妨げられずに遂行されることをもってその有意行為を自由だとすることはない。ロックはこの点を以下の例で説明する。

> ある男がぐっすりと眠っている間にある部屋へ連れ込まれたとしよう。そこには彼が会って話をしたい人がいるが、その部屋はしっかりと鍵がかかっていて、彼には抜け出すことができない。彼は目覚め、非常に望ましい人の前にいることを知り、喜ぶ。彼は喜んでここに留まった、すなわち、立ち去ることより留まるのを選んだ。私は問うが、この留まるということは有意的ではないだろうか。私が思うに、だれもそう〔有意的〕でないとは思わないだろう。そして、彼はしっかりと鍵をかけられて〔閉じ込められて〕いたのだから、明らかに彼は留まらないということに関して自由ではなく、彼

表2　有意と選択による行為の分類

選択性＼有意性	○	×
○	（a）有意的・選択可能（自由）	（c）回避可能・非有意
×	（b）有意的・選択不可	（d）非有意・選択不可

は出ていく自由を持たない。[43]

これは、ロックの有名な「閉じ込められた男」の例である。この例において、彼が部屋に留まるという行為は、彼の意志の実現であるから、有意的であると言える。しかし、男には部屋の中に留まることはできても、留まることを差し控えること、すなわち外へ出ていくことはできない。したがって、男は自由ではないということになる。ロックのこの言説が正しいとするなら、意志に適った行為、すなわち有意性条件は自由の必要条件ではあるが、十分条件ではないということになる。有意的行為が自由とみなされるにはもう一つの条件がある。すなわち、行為を行うことも行わないことも両方が実際に可能であること、現代的な用語を用いるなら他行為可能性が必要となる。これを行為の選択性条件と呼ぶことにする。[44]

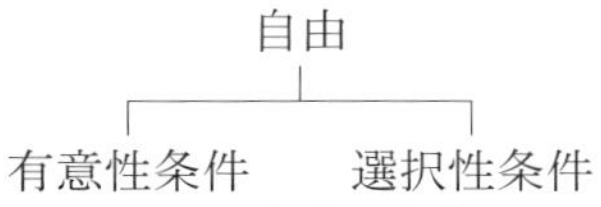

図2　自由の条件

ロックの考えでは、ある行為が自由であるためには有意性条件と選択性条件を共に満たす必要がある（**図2**参照）。対して、二つの条件のうち一つでも満たされなければそれは自由ではない。ロックは自由の反対概念として必然を定義しているため、自由でない行為は必然的行為ということになる。この考えに基づくと、自由な行為の領域は存外に狭いと感じられるかもしれない。二つの条件を軸に行為を分類するなら、（a）有意的でありかつ選択可能な行為（＝

自由な行為）、（b）有意的ではあるが選択不可能な行為（＝有意的だが自由でない行為）、（c）有意的ではないが回避可能な行為、（d）有意的でも選択可能でもない行為の四種に区別できる（**表2**参照）。ロックの自由の定義に従うなら、（a）以外のすべては必然的ということになる（ただし、ロックの思考枠組みには（c）のカテゴリーはおそらく存在しない）[45]。

この分類に基づくと、厳密には行為とは呼べないが、そもそも意志することができない物体の運動と静止は（d）のカテゴリーに含まれるため、すべて必然的である。また、意志することが可能な人間であっても、行為が意志に従っておらず、また行為の差し控えが可能でないときは、カテゴリー（d）に該当する。ロックがあげる例では、ある人が腐った橋をわたっている際に急に橋が壊れて落下する時、人は「落ちるな」と意志するとしても、落下という活動に関しては必然の下にある[46]。また、（b）のカテゴリーで、仮に有意的行為であったとしても、行為を行うことと行わないことが等しく行為主体の能力として備わっていなければ、そのものは必然の下にあると言われる。例えば、いまの落下の例で「このまま落ち続けよう」と意志しても、その運動が自由な行為になるわけではない。先の閉じ込められた部屋の事例もこれと同様で、「部屋から出ない」という行為の差し控えが自らの選択に適っていたとしても、その反対、すなわち「部屋から出ていく」が実際に可能ではないため、それは自由な行為とは呼べないのである。

以上がロックによる自由の定義である。これを文字通り受け取るなら、自由には選択性条件が欠かせない。しかしながら、本章第一節で説明された、欲求による意志決定理論を思い出そう。もし、われわれの意志がその時に最も大きな落ちつかなさを持つ欲求によって決定されているとするのであれば、われわれはいかにしてその行為を差し控えることができるのだろうか。ここに至って、選択性条件、すなわち他行為可能性の条件は、（鍵のかけられた部屋のような）単に物理的な障害がないことを超えて、実際の行為とは反対の行為を意志できたのか、という問題をロック自身に突きつける。もし欲求が因果的に意志を決定しているのであれば、「実際に行った行為の差し控え」は不可能になるように思われる。また、選択性条件にみられる他行為可能性は、ロックが不合理だと批判した、デカルト派やスコラ哲学の「無差別の自由」の中心的要素でもある。ロックによる自由意志否定論は、ブーメランのようにロック自身の自由論に返ってくる。[47]

第四節　欲求保留原理

ロックは欲求による意志決定理論を唱える一方で、われわれは心に浮かんだ欲求を我慢できるという経験的な事実にも訴える。すなわち、われわれは欲求の実現を差し控える力能を持っていると言うのである。ロックのこの考えは「欲求の保留原理」と呼ばれている。もし欲求が意志に及ぼす決定を保留できるのであれば、有意的行為が選択性条件を満たす可能性が開けてくる。しかし、それは同時に「意志することに関する自由」の余地をも生み出すため、自身の自由意志否定論と矛盾をきたすことにはなりはしないだろうか。この点を見る前に、まずはこの原理の詳細を確認しよう。

というのは、心は大抵の場合、経験において明らかだが、心に存する任意の欲求を実行し満足させるのを**保留する**力能を持ち、［一つひとつの欲求を保留していくことによって］次々にすべての欲求を保留する力能を持つ。そして欲求の対象を考え、すべての側面から検討し、他の欲求と考量する自由にある。人の持つ自由はこのことに存するのである。この自由を正しく用いないことから、あらゆる種類の間違い、過ち、そして失敗が生じる。（中略）それを防ぐために、誰もが自分自身日常的に経験するように、われわれはあれこれの欲求の遂行を**保留する**力能を持っている。これがすべての自由の源泉であるように私には思われる。（私は不適切だと思うが）このことに**自由意志**と呼ばれるものは存するように思われる。[48]

ロックは経験的な見地からわれわれに欲求を保留する能力があることを見て取った。そして、われわれはこの能力を行使することによって、対象となる行為についての熟慮を行うことができ、その結果としてわれわれはその行為を差し控える可能性を手に入れるのである。この力能によって自由の選択性条件が成立することに自覚的であったのか、ロックはこの能力を「自由の源泉」と呼んでいる。

しかしながら、意志が欲求の落ちつかなさによって決定されると言いながら、その欲求を保留できるということは、意志は欲求によって決定されないことを意味しないだろうか。ここで、ロックが欲求と意志との決定関係を否定したとするのは早計である。ロックは次のようにも述べている。

かくして、提示された善をしかるべく考察、検討することによって、その善の価値に正当に釣り合った欲求を生じさせる力能をわれわれは持っている。[49]

人は自らの行為に存する不快さや無差別を快さや欲求へと変えることができない、というのは誤りである。人が自らの能力の内にあることをしさえすれば、これは可能である。場合によっては適切な考慮によってこれがなされるだろうし、大抵の場合には実践、適用そして習慣によってなされるだろう。[50]

ここでロックが主張しているのは、いったん欲求が保留されたあとでさえ、われわれの意志を決定するのはあくまでも欲求だということである。われわれは無差別に行為を実行するのではなく、熟慮によって特定の対象に向けられた欲求の強度をコントロールするのである。われわれは行為の帰結をよく考え、熟慮の結果に従うことを繰り返すことによって、対象に釣り合った欲求を生み出せるようになる。漢方薬は飲み始めは苦くて不快かもしれないが、健康上の理由から使いはじめ、習慣になるとむしろ飲まないと落ちつかなくなる。[51] 熟慮と思考を通じて欲求の大きさを変化できるというのは、われわれにとっての経験的事実である。ロックは経験論の立場から選択性条件の成立の手段を示したと言える。

意志決定要因の落ちつかなさへの変更と欲求保留原理の導入は、『人間知性論』初版の議論に突きつけられた、「意志の弱さ」という問題への回答でもあった。初版における「善による意志決定理論」では、善の観念が意志を決定するため、ひとたび善だと判断されたことがなされないということはあり得ない。しかし、変更後の第二版の議論では、意志の弱さという事象をうまく説明できる。すなわち、われわれがより大きな善と考えつつもその行為を行えないのは、熟慮によって対象の善と釣り合うだけの欲求を形成できないからである。例えば、禁酒による健康は確かに善であるが、その善が欲求として人を落ちつかなくさせ、飲酒への欲求を上回らなければ、その人の意志は禁酒へ決定されない。かといって、われわれの意志は常に飲酒へ決定される訳ではなく、飲酒という行為を吟味し、検討することによりその欲求を弱め、健康という善を真剣に考えることでそれへの欲求を高めた結果、禁酒へと意志を決定することが可能になる。このようなわれわれにとっての経験的な事実が、ロックの提示した意志決定のプロセスなのである。

この説明によって選択性条件と欲求による意志決定理論との両立は可能になったかのように見える。しかし、ロック自由意志論研究の第一人者であるV・チャペルはここに決定的な不整合を見て取る。次節ではチャペルの議論を追うことでロックの問題点の真相を明らかにする。

第五節　チャペルのロック批判

ロック自由論における問題の所在については、これまで多くの研究者が誤解をしてきた。ロック自由論の真の問題点はチャペルによる分析を待って初めて明らかにされたと言っても過言ではないだろう。彼の自由論で問われるべきは、「意志は欲求によって決定されるのか、されないのか（保留できるのか）」といった行為を生み出す意志の無差別という表層的問いではなく、「保留へと意志を決定するものは何か」、「保留の解除するものは何か」という保留にまつわる問いである。最終的に、保留の解除を決定する要因はロックの思想の中に認められず、保留後の意志決定について自由意志実在論的な意志が確認できるため、有意決定論について語っているロックの言説はすべて『人間知性論』から取り除かれるべきだと、とチャペルは結論する。[52]

チャペルの議論を理解するにあたって、われわれは彼の解釈にある二つの基本的な前提を押さえておく必要がある。一つは、有意決定論も保留原理もそれぞれが、ロックが経験論的な内省から引き出した独立の理論だ、ということである。もう一つの注意すべき前提は、チャペルは結論としてロックの議論の中に自由な意志の働きが存在することを主張するものの、ロックを自由意志実在論者として解釈したわけではないということである。チャペルの解釈によると、ロックは自由な有意の存在を認めるとはいえ、あくまでも両立論に則った自由概念を採用しており、単に不整合な書き方をしただけなのである。この点はロックを自由意志実在論者として解釈するヤッフェと対照的である。

さて、ロックは『人間知性論』初版において、二つの議論を用いて意志することの自由を否定している。その内の一つは、意志の無限背進として先に言及した。もう一つはチャペルが「意志の不可避論」と呼ぶもので、「われわれは行為を行うにせよ、差し控えるにせよ、意志せざるを得ない」という議論である。二つの議論はロックの示した自由の条件に対応しており、「意志する」という行為は有意性条件も選択性条件も満たさないというのがロックの自由意志否定のロジックだと言える。これらの議論は第二版以降も引き継がれ、結果第二版での欲求の保留原理の導入に際して齟齬をきたすと指摘されることになるのだが、まずは先に言及しなかった選択性条件に関わる議論を確認し、それに対するチャペルの批判を見よう。

◉有意に対する選択性の否定

ロックは『人間知性論』第二巻二一章二三節において次のような議論を用いて、有意は選択性条件を満たさないと論じている。少し長くなるが、議論の全体が現れているためそのまま引用する。

意志すること、すなわち**有意**はある一つの活動である。そして自由は、行うか行わないかの力能に存する。**そこで、一度自らに可能な活動が現在すべきと思考に提示された時、人は意志することに関しては自由ではあり得ない。**その理由は非常に明白である。というのは、以下の事は不可避だからである。すなわち、その人の意志に依拠した活動は、存在するか存在しないかのいずれかである。そして活動の存在と非存在は完全に意志の決定と選好に従うのであり、その人はその活動の存在か非存在を意志することは避けることができない。その人が一方か他方を**意志する**、すなわち一方を他方より**選好する**のは絶対に必然的である。なぜならば、二つの内の一方が必然的に生じなければならなく、そして実際に生じた方はその人の心の選択と決定によって、すなわち**意志すること**によって生じるからである。というのは、もしその人が〔存在であれ非存在であれ〕それを意志しなかったならば、その事態は生じなかったからである。したがって、**意志する**という活動に関して、このような場合には人は自由ではない。自由は行ったり行わなかったりする力能に存するのだから、有意に関しては、現在すべき活動が思考に上った時、この自由を持たないのである。[53]

ロックはこの引用において「意志する」という行いについて袋小路構造を見出している。すなわち、ある活動を「行う」を選ぶにせよ、「行わない」を選ぶにせよ、「意志する」ことは避けられないことが結論される。自由であるためには、有意性条件と選択性条件の両方を満たしていなければならないため、もし選択性条件を有意が満たさないと証明されるなら、この議論だけで意志することの自由は否定されることになる。

この第二巻二一章二三節の議論の帰結を「われわれがある行為を行う際には意志することが不可避である」と解して、チャペルは「不可避論」(unavoidability thesis) と呼んで批判する。[54] というのは、「二つの内の一方が必然的に生じなければならなく、そして実際に生じた方はその人の心の選択と決定によって、すなわち意志することによって生じるからである」という部分は誤りだからである。すなわち、ある活動が心に提示された場合、われわれは意志しなければその事態を生じさせることはできない、というわけではない。

右手を上げることを例にとろう。右手を上げるには、「手を上げよう」という意志が必要である。ロックはここで、右手を下げたままでいるという事態を生じさせるにも「右手を上げずにおこう」という意志が必要である、と言っていることになる。チャペルの批判は、「右手を上げずにおく」という事態は必ずしも「右手を上げずにおこう」という有意を必要としないというものである。チャペルはここでG・W・ライプニッツの議論を援用している。

> 私は、ある者が自らの選択を保留し、これがとりわけ他の思考が熟慮を妨げた時に、非常にしばしば起こることだと考えたい。したがって、ある者が熟慮している活動は存在するか存在しないかのいずれかでなければならないのは必然ではあるが、それが必ずしもその者が行為の存在か非存在のいずれかを必ず決定しなければならないということになるわけではない。というのは、非存在は決定の欠如においても同じように生じ得るからである。[55]

ここでチャペルが指摘するのは、活動の非存在は必ずしも「行わないでおく」と意志することの結果として生じるわけではなく、熟慮の中断などによって、選択を決定することなしにでも生じ得る、という点である。例えば、ある人が散歩に出かけようかどうか迷っていたとする。しかし、行くか行くまいか熟慮している間にふと目にはいったテレビ番組が気になり、その番組を見続けてしまう、ということは十分にあり得る事態である。この際、その人は「散歩に行かない」と意志したわけではない（というのは、行為者に「散歩に行かない」という心的活動が生じたわけではないため）。このような事例においては、ある活動を行うか行わないかを意志することなしに、「活動が生じない」という事態が生み出され得る。ロックは「意志しない」という選択肢はわれわれにはない、と主張した。しかし、チャペルはこれにより、われわれにも「意志しない」という選択肢は残されているのであり、それは熟慮の中断や選択の保留によって日常的に可能になるとロックを批判する。したがって、「意志する」ことにも選択性条件が満たされる可能性があると考えられる。

この点は、保留原理を視野に入れればさらに明らかになるだろう。熟慮の中断によって「意志しない」ことが生まれる以上に、保留原理そのものがこの議論を掘り崩すだろう。というのは、保留原理に従えば、行為者は当該の行為を意志することを保留できる。これはある行為について「行うか／差し控えるか」のほかに「保留する」という第三の選択肢を生じさせるため、意志を保留することによっても当該の行為が生じないという事態が生じるからである。とすれば、ロックのいう「通常の状態」においても、ある特定の有意は回避可能になるのであり、この議論の結論、すなわち「意志するという行為は不可避である」という主張自体も否定される。

◉有意決定論

チャペルは選択性条件否定の批判に次いで、有意性条件についても批判している。有意、すなわち「意志すること」は自由の有意性条件を満たさないという主張を彼は有意決定論（volitional determinism）と呼ぶ。この考えは『人間知性論』第二巻二一章二五節から導かれている。これも、議論全体がわかるようにやや長めに引用しよう。

この〔「意志する意志は存在するか」という〕問いは、その問い自身の内に不合理さを非常に明白に含んでいるので、そのことによって、自由とは意志に関わるものではない、ということをわれわれは十分に確信できるだろう。というのは、人間に、運動もしくは静止、発言もしくは沈黙、どちらか好む方を意志する自由があるかどうかを問うことは、人間には自らが**意志する**ものを**意志**できるかと問うことであり、彼が喜ぶものを喜ぶことができるかと問うことだからである。これは、私が思うに、答えを必要としない問いである。そして、この問いを立てることができるという人は、ある意志の働きを決定する別の意志を想定せねばならず、さらにその意志を決定する別の意志を想定しなければならなく、そうやっていくと、**無限に**意志を想定しなければならなくなる。[56]

この意志の無限背進については第一節で言及した（114頁図1も参照）。もし「意志すること」が自由であるために、別の有意（「意志すること」）を要請するなら、その有意もまた別の有意を要請し、さらにその有意も……と、無限の有意が要請されるという議論である。これに対してチャペルは、この議論はロックが言うほど明白ではなく、意志の無限背進が帰結するのには三つの前提が必要だと分析する。一つは、意志するという活動を自由な活動としてみなすには活動が有意的でなければならない、というものである。これは有意性条件そのものである。二つめは、「意志は意志以外の何ものかによって決定されねばならない」という主張である。チャペルはこれを「意志の他律原理」(heteronomy principle) と呼ぶ。これは「意志する」という活動自体が自らの性質によって「有意的」となることはないことを示している。[57] これとは逆に「意志は自らを決定できる」とする考えを「意志の自律原理」(autonomy principle) と呼んでいる。[58] 最後は「自由な行為の継承原理」(inheritance principle) である。これは「自由な行為は、それを生み出す有意から自由を『継承』しなければならない」という原理である。[59] この原理は、単に意志した通りに行為を行うだけではその行為は自由な行為とはみなされず、別の「自由な行為」、すなわち「自由な意志」によって生じた場合に初めて、その行為は自由な行為とみなされるというものである。この点はロックの自由の定義から容易に引き出される。というのは、自由な行為は有意性と選択性を満たさなければならないので、自律的でない意志が自由であるためには、別の意志から有意性と選択性を受け渡される必要があるためである。これが自由の継承原理という考えである。

自由の継承原理については、ロック自身は明言していない。そこでチャペルは以下のような推論によってこの考えをロックに帰属させる。ある意志以外の行為を対象とした有意(一階の有意＝図1における V_1)が有意的であるには、有意 V_1 を決定する二階の有意 V_2 が必要である。この後、ロックは V_2 を有意的にする三階の有意 V_3、V_3 を有意的にする四階の有意 V_4 と想定していき、その結果無限背進に陥るという結論に至る。しかし、単に、一階の有意 V_1 の有意性を主張するだけならば、一階の V_2 があれば十分であり、V_3、V_4の有意は要請される必要がない、とチャペルは論じる。というのは、一階の有意V_1が有意的であるために、二階の有意V_2の有意性は必ずしも論理的に要請されないからである。したがって、二階の有意V_2にさらなる有意が必要だとすることは、二階の有意もまた自由でなければならない、とロックが考えていることを意味する。そして二階の有意が自由であることを要求するということは、ロックは「継承原理」を採用している、ということになるのである。したがってチャペルは、何かの活動を決定する際に、一つ以上の複数の有意を遂行する可能性をロックの思考に読み込んでいる。[60]

チャペルは、有意決定論が以上の三つの前提から引き出された論理的推論の結果とみなす。その推論をまとめるならば次のようになる。ある行為を意志する場合、もし、この「意志する」という活動までもが自由な活動だとするなら、自由な行為の有意性条件のため、その「意志する」という活動は別の意志の活動によって生じなければならない。すなわち有意的でなければならない（前提一）。また、意志は意志以外の何ものかによって決定されねばならない。加えて、先の「意志する」という活動は自らの性質において有意的な活動とみなされることはない（前提二）。したがって、「意志する」という活動（一階の有意）はもう一つ別の「意志する」という活動（二階の有意）によって生じなければならない。また、活動は「自由な意志」によって生み出された場合にのみ、自由な行為とみなされる（前提三）。したがって、二階の有意もまた自由でなければならない。二階の有意が自由であるためには、二階の有意もまた別の有意（三階の有意）によって生み出されなければならない。さらに、三階の有意も自由な活動でなければならない。したがって、三階の有意は四階の有意によって生み出されなければならない。以上の三つの前提がすべて真であるならば、無限に連続する有意が想定される。無限に連続する意志の想定は不合理である。したがって、われわれは自由に意志することはできない。[61]

チャペルはこの推論自体は妥当であるが、ロックがこれによって「意志する自由」の否定に成功しているとは言えないと論じている。チャペルによれば、第二巻二一章二五節の議論には二通りの読みがある。一つは、ロックの自説の諸前提から有意決定論が導き出されるというもの。もう一つは、対人論法を用いて、ライプニッツやヴァン・リンボルフら自由意志実在論者の「意志する自由」を否定しようとしたというものである。これら両方において、ロックの議論の前提には誤りがあるとチャペルは言う。というのは、前者に関して言えば、ロック自身が第三の前提、すなわち自由の継承理論を認めていない、という点があげられる。「意志する」という活動が自由でなければならない、というのは明らかにロックの主張に反している。そもそも継承原理とはロックが論敵とした自由意志実在論者に帰した主張である。チャペルはロックが自ら偽であると認めている主張を用いて推論を構成しているので、その推論はロック自身の説の前提において展開されたものではないと判断する。[62]

しかし、仮にロックがこの推論を対人論法として自由意志実在論者の「意志する自由」を論駁するために用いたのだとしても、この推論は効果を持たない。というのは、対人論法として有効性を持つには、この推論における前提のすべて、すなわち自由の有意性条件、意志の他律原理、自由の継承理論のすべてが論敵となっている自由意志実在論者の認めるものでなければならないからである。すると、今度は意志の他律原理が偽となる。自由意志実在論者は意志の自律原理を採るためである。ロックはこの推論において、自説の中から「意志する自由の否定」を演繹できたわけでもなく、自由意志実在論者を反駁できたわけでもない。結局、単に他律原理と継承原理が両立しないという事実の確認をしただけ、ということになる。

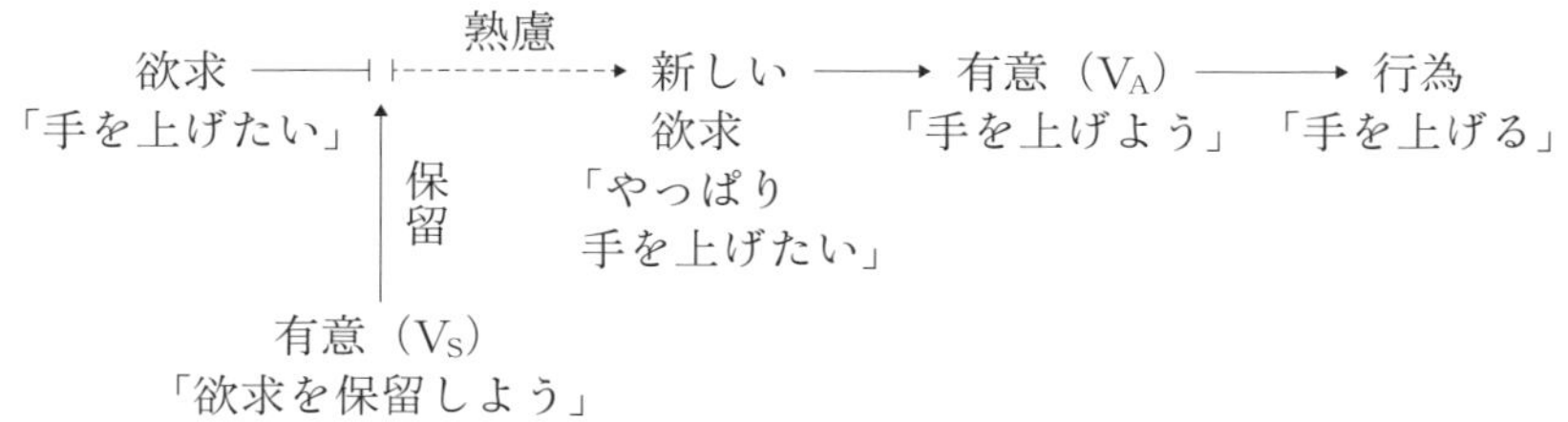

図3　欲求保留後の意志決定

チャペルはこのようにして、第二巻二一章二五節の議論はロックの意志の自由に関する主張において意味をなさないと結論する。これは、「ロックは有意決定論および、当該節の内容を放棄すべきだった」というチャペルの最終見解の理由の一つである。

◉有意決定論と保留原理

上の議論で「有意それ自体が有意的であることはない」というロックの有意決定論は否定されたわけだが、この結論と保留原理を組み合わせれば、それだけで自由な有意の存在が示せるわけではない。チャペルによれば、保留原理によってある有意が自由になる場合とならない場合が存在する。これを理解するには、いくつかの有意を区別する必要がある。第一は、欲求を保留しようという有意であり（これをV_Sとする）[63]、第二は保留後に何らかの行為を行おうとする有意である（これをV_Aとする。**図3**参照）。

前者の有意V_Sに関しては、それが自由でなければならないと考える理由はない（というのは、それが先行する別の欲求、例えば幸福への欲求によって決定されていても問題ないためである）。したがって、有意が自由になる場合とは、後者の有意V_Aが有意的である場合だということになる。チャペルは、意志は欲求によってのみ決定されるというロックのテーゼを考慮に入れながら、議論に「保留の解

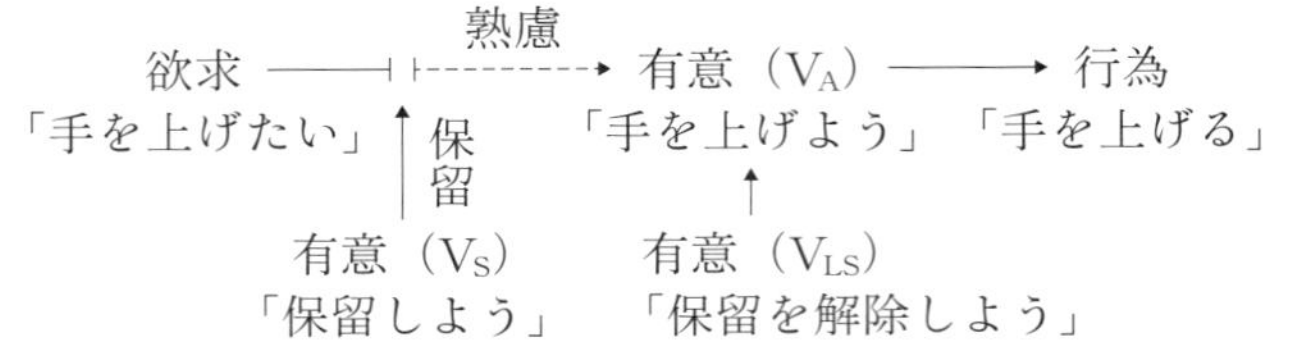

図４　保留原理の解釈（1）：有意が自由になる場合

除」という概念を導入する。そして、V_Aが有意的になるのは、この保留の解除を意志することによってであると論じる。彼の言葉を引用しよう。

> 行為者は個々の契機において自らの欲求を保留し、熟慮して、これこれが行うに最善であると判断をする。そして、**保留を解除しようと意志する**。言い換えるならば、釣り合った欲求が生じ、意志を決定するという仕事をするようにされるよう、保留を解除することを意志する。すなわち、単にそれ〔最善であるとされた行為〕が生じるようにするというのではなく、おそらくそれが生じるであろうと見越して、自然にその道程が行われるようにするよう解除を意志するのである。この保留を解除する有意は（中略）行為を生み出す有意を有意的にするのに十分ではなかろうか。[64]

ここで先の有意の区別に加えて第三の種類の有意、すなわち保留を解除する有意を設ける（これをV_{LS}とする）。V_SとV_A、V_{LS}は有意によって生み出す対象が異なるため、あくまでも別個の有意である。この三つの有意を考えた時、有意決定論が崩れるとチャペルが考えるのは、V_SがV_Aを保留することでV_Aの選択性条件を満たし、V_{LS}によってV_Aの有意性条件が満たされる場合である。この時、V_{LS}は保留の解除のみならず、V_Aをも直接の対象としていることになる。ここでは、V_{LS}は「保留を解除しよう」という有意ではなく、むしろ「保留をしていた行為を意志しよう」

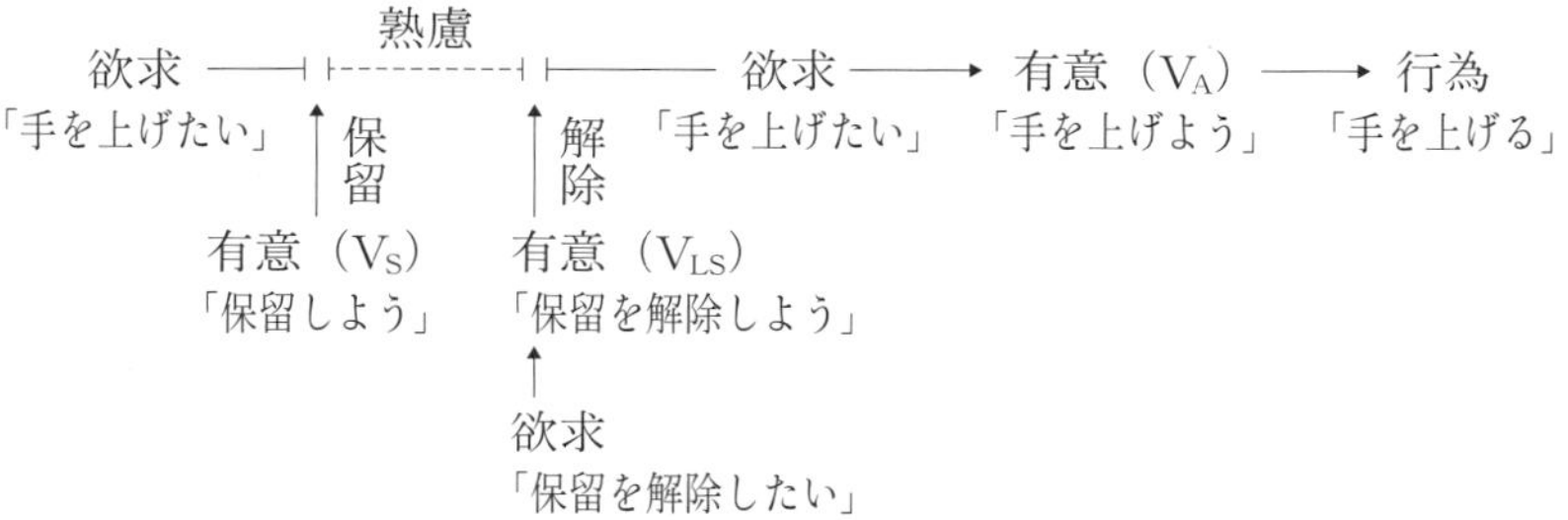

図5　保留原理の解釈（2）：有意が自由にならない場合

というV_Aを内容として含む別個の有意として考えられる（図4参照）。対して、有意決定論と保留原理が矛盾しないと考えられる場合も存在する。それは、V_{LS}がV_Aを直接生み出さず、V_Aはあくまでも欲求によって決定される、と考えられる場合である。ここで、V_{LS}は、V_Aを生み出すというよりはむしろV_Aに必要な手段を行う。V_{LS}は、例えるなら欲求という川の流れをせき止めている水門を「引き上げる」だけであり、V_Aを直接決定しているわけではない。V_{LS}は内容としてV_Aを含まず、あくまでもV_Aとは別対象への有意とされる（図5参照）。

結局、両者の違いは、V_AとV_{LS}との関係を直接の働きと見るか、V_{LS}が結果として行為に結びつく間接的なものと見るかにある。しかし、ある行為がどちらの側に当たるかを確たる証拠をもって示すことはできないだろう、とチャペルは言う。その理由としてチャペルは二つの根拠をあげている。一つには、ある行為が直接的な意志によるものなのか、ある意志の結果間接的に生じたものなのかの区別に関しては数多くの議論があるが、いずれも決定的なものは見つからないということである。そしてもう一つは、区別が明確にできたとしても、見方によってはすべての行為を両者の一方に恣意的に分類することができる、というものである。

例えば、「灯りをつけるためにスイッチを押す」という活動を考えよう。

通常、真っ暗な部屋で電灯のスイッチに手を伸ばす時、われわれが意志するのは「灯りをつける」ということである。対して「スイッチを押す」というのは灯りをつけるための道具的な活動である。ここでわれわれは実際にスイッチを押すことで灯りをつけているわけだが、事後に振り返って、われわれがどちらを意志したのかを決める明確な基準を作るのは難しい。これは、見方によって行為は多様に記述できるという「アコーディオン効果」の結果である。さらには、仮にこれらが区別できたとしても、それは、例えば目的性などの基準を設定することによってすべての行為をどちらか一方に分類するだけのものでしかないように思われる。

『人間知性論』にはこの区別を決定づける言質はない。この曖昧さはロックの有意決定説論と保留原則の間の関係については明確な根拠をもって語ることができないのではないか、という疑問をわれわれに抱かせる。このような疑問に対してチャペルは、第五版において付け加えられた以下の文章を引用する。

> 明白なことだが、自由はわれわれが**意志する**通りに行ったり行わなかったりする、何かを行ったり差し控えたりする力能に存する。このことは否定できない。しかし、このことは人の有意に引き続く行為のみを包含しているように見えるが、さらにこのように問われる。すなわち人は**意志する**ことにも自由であるかどうか。そしてこれには次のように答えられる。大抵の場合において、人間にとって、有意を差し控えることは自由ではない。彼は自らの**意志**を実行しなければならず、これによって提示された行為は存在するか、存在しないようにされる。しかし、人が**意志すること**に関して自由であるような場合が存在する。そしてそれは目的として追求するべき遠い将来の善を選択する時である。こ

ここにおいて人は、提示された事物が本当にそれ自体、そして帰結として自らを幸福にするかどうか検討し終わるまで、自らの選択の働きを保留して、提示された事物を行うか反対するかを決定しないでおく。[65]

チャペルはこの箇所をもって、ロックは最終的に有意決定論と保留原則との矛盾を自認し、有意の選択性と有意性の両方を認めるに至った、という結論を導く。そしてこの結論から、われわれはV_Sを行うことによってV_Aを同時に行い、その結果として行為が生み出されるというプロセスをロックがとっているとチャペルは判断するのである。結局、チャペルの解釈に従うならば、ロックは自らの自由論に対して問題を突きつけられるたびに、対症療法的に問題に回答していき、版を重ねるごとに整合性や理論の統合性を失っていったということになる。ロックは批判を受けるごとに、すなわち改訂を加えるごとに問題の新しい側面に気づきはしたが、全体の整合性にまでは注意が行き届かなかったのである。

◉チャペル解釈の意義

以上がチャペルの有意決定論批判であるが、本節の最後に、チャペルのロック批判を検討することによって、チャペルのロック自由論解釈への貢献を確認しておきたい。

チャペルの議論は分析的な手法を用いて、ロックの自由論を読解した数少ない議論の一つである。しかし、この批判が決定的とは言いがたい。例えば、以上の批判はロックが「保留と保留の解除」に対する有意を認めることを前提としているが、果たしてそれが正しいかどうかは不明である。また、それを認めたとしても、保留解除の意志が行為を行う意志を有意的にするかどうかにはさらなる議論が必要のように思われる。ただ、この点を差し引いてもチャペルが「自由な行為は熟慮の有意的な終了を必要とする」という論点を示したことには大きな意義がある。熟慮の終了は（ロックの「最も差し迫った欲求が意志を決定する」という見解を鵜呑みにして）、単に欲求の激しさの力学的な帰結だとする考えはいささか表層的だろう。意志の弱さの場合のように、欲求の激しさに負け十分な熟慮なしに行為が行われる場合があるが、ロックはこのような事態を認めているし、[66] また、時間的制約によって保留の解除がなされる場合もあるだろう。しかし、十分な時間的余裕があり、かつ、熟慮が十分になされた後に行為者を行為に踏み切らせるのは何であろうか。

両立論者は、多くの階層的欲求の連鎖によって決定がなされると言うだろうが、その場合、欲求と意志との無限遡行が生じる可能性がある。[67] しかし、チャペルが保留の解除の有意をもって行為の有意性を主張するのは、この無限遡行が存在せず、ロックはこの事例においてこそ非決定的な自由意志を要請することになったとチャペルが考えたからではなかろうか。つまり、十分な熟慮の末の行為は決定論的には例外事例ということになる。しかし、決定論の主張が例外を認めない普遍的なものであるならば、ロックは矛盾していることになってしまう。

多くの自由意志実在論者は、両立論者ロックが抱える矛盾を解消するために、根本的な前提である意志決定論を退けているわけだが、この点を誤解している。例えばチャペルが直接批判しているP・シュールズは「自由は最初に経験された欲求がすべて保留された時のみ可能になる」と論じ、保留の開始こそが非決定的になされるのであり、保留の開始に自由意志の存在を要請している。[68] しかしこれは誤りであろう。

ロックは必ずしもすべての欲求が保留可能だとは主張していないし、そもそも保留の開始に関しては、原因として「幸福に対する欲求」をあげている。[69] となると、テキスト上の根拠の薄さという批判を背負ってまで保留の開始に対して自由意志を主張するメリットは存在しないように思われる。しかし、真に考察されるべきは保留の開始ではなく、解除における自由意志の存在なのである。

チャペルの貢献は、ロックの真の問題を以下のように限定した点にある。すなわち、すべての行為が保留可能かどうかという形で「行為一般が回避可能性を持つか」と問うのではなく、われわれは保留後の行為に有意的で回避可能な有意を認めずには、行為を有意的に選択することができない（すなわち自由に行為することができない）という前提に立った上で、「そのような特殊な活動は存在するか」と問うのが真の問題なのである。そしてわれわれがチャペルから学ぶべきことは、ロックの議論を整合的に主張するために要請されるのは「われわれが自由であるためにはすべての欲求が保留されなければならない」という強い主張ではなく、「少数の例外的行為において非決定論的な意志決定プロセスが存在する」という弱いものだ、ということである。

第六節　ヤッフェの自由意志実在論的アプローチ

熟慮を終了させ保留を解除する際、解除の意志が行為の意志に対して直接的か間接的かという問題に関しては、チャペルの結論にはある程度のもっともらしさがある。というのは、間接的だと考える場合、熟慮後に行為する際に、一つの行為を行うために二つ（以上）の意志を持たなければならなくなるからである。このことは経験に反するように思われる。となると、われわれはチャペルに従って熟慮後の行為に限っては非決定論的、自由意志実在論的な意志決定プロセスを想定することとなる。しかし、これが有意決定論と矛盾することは先に述べた。本書の目的である『人間知性論』を道徳の書とみなす」という観点から自由論を道徳の一部門とみなす以上、その一貫性は第二章で示した論証可能性からの要請となる。ならば、チャペルが批判したロックの有意決定論と不可避論の議論に対して何かしらの擁護の議論を提出することは本論の務めであろう。このことに加えて、チャペル解釈に依ってでさえ、ロックがある意味では自由意志実在論者だと論じることになるのだから、チャペルが批判する自由意志実在論的解釈と同様に、テキスト上の根拠の薄さを補う必要がある。そこで本節では、ロックを自由意志実在論者として解釈するG・ヤッフェの研究を援用しながら、ロックの決定論的な主張をどのように自由意志実在論的に解するかを確認する。そして、このことを通じて、有意の不可避論と有意決定論の擁護を行おう。

さて、自由意志実在論的解釈の特徴の一つは、理性主義的な側面を持つということである。例えばシュールズは、理性によって十分に検討を加えられていない欲求から生じた行為は、それが外的障害なく遂行されたとしても、自由な行為ではないと考えている。シュールズにとって自由な行為とは、不可謬な理性によって導かれた行為なのである。[70] また、ヤッフェにとっての完全に自由な行為は二つの完成（perfection）を満たした行為である。それは、第一に「行為がわれわれ自身の選択（意志）によって生じること」であり、第二に「善の観念による選択（意志）の決定」である。この時、ヤッフェは「基本的にわれわれの意志は自由であるが、自由でない（すなわち決定されている）有意が幾つか存在する」という自由意志実在論的な解釈を提出している。[71] これらの解釈は、『人間知性論』のテキスト上にこれまで根拠が見出されなかつたという難点を持つ一方で、チャペルが結論したような矛盾を解決できるという魅力がある。つまり自由意志実在論的解釈を支持すれば、「欲求の落ちつかなさによって意志が決定される」という言説と、欲求を保留し熟慮することによって理性判断に従った行為を選択できるという考えとの矛盾を容易に解消できるのである。

そもそも「欲求を保留する能力がわれわれに存する」という考え自体はトマス・アクィナスや、ケンブリッジ・プラトニストのラルフ・カドワースといった決定論に反対する哲学者たちに由来している。[72]また、熟慮によって新たな欲求を喚起するという考えは実践理性を奉じ、ヒューム主義に反対する論者がしばしば展開する説である。このような事情からロックを自由意志実在論者として解釈しようという試みが出ることはそれほど驚くべきことではない。しかしこの路線の考えが成功するためにはいくつかの問題を解決しなければならない。以下では、チャペルの有意決定論批判への回答を中心に、ヤッフェの主張を見ていく。

チャペルのロック批判に対してヤッフェは二つの提案を行っている。一つは「決定」という言葉の再解釈であり、もう一つは新しい差し控え概念の提出である。まず前者であるが、ヤッフェは『人間知性論』第二巻二一章は内容を大きく二つに分けることができると分析する。これらのうち、後半の議論にあたる欲求の保留および熟慮による新たな欲求の創出という考えは自由意志実在論に親和的であるが、前半の意志の決定を論じている部分はなじまない。そこでヤッフェは次のように「決定」(decision, decide)の意味を解釈し直すよう提案する。

かくして、われわれが行為者の有意を**決定した**のは何か、と尋ねる時、われわれが心に抱く決定の意味には二つある。そしてこれらをしっかりと区別しておくことが重要である。すなわち、われわれは有意の直接の因果的決定要因を尋ねていることがあるだろうし、また、行為者がなす選択を確定するようなある事実（例えば、善はどこに存するかについての事実）について語っていることもあるだろう。ここでの区別は一方での**引き起こされる**と、他方の**依拠する**との区別であると考えることができる。[73]

ヤッフェによれば、「欲求による意志の決定」とか「保留によって可能になる善による意志の決定」といった表現に見られる「決定」は有意を因果的に引き起こすという意味ではない。欲求や善は単に行為の方向づけを行うのみであり、行為に対する因果的効力までは持ち合わせないのである。このように決定概念を解釈し直すことによって、ヤッフェは第二巻二一章二三節の問題は解決され得ると言う。なぜならば決定の意味を読み替えれば、自由な有意の存在は有意決定論と矛盾しないからである。これが正しければ、ロックの意志決定論は欲求と意志との間に因果的決定を含意しない形で理解できる。

さて、ヤッフェの第二の提案は、行為の差し控え概念に関するものである。ヤッフェが提示する差し控え概念とは次のようなものである。

次の場合、そして次の場合のみ、行為者は行為Aを差し控える。（i）行為者はAを行おうと考える。（ii）行為者は有意的にBを行う。（iii）Bを行うことはAを行うことと両立しない。[74]

ヤッフェはこの差し控えの定義から、欲求の保留、すなわち「意志決定を差し控えること」そのものが行為の差し控えであると論じる。彼は次のように続けて述べる。

ある行為が提示され、その行為を行うべき時が来た時、**保留**は行為と両立不可能な行為になる。したがって、**現在の行為**として提示された保留は有意的な差し控えになる。[75]

ヤッフェの考えでは、大概の状況において行為者は「選択しない」こと、すなわち意志決定の保留ができる。[76] むしろ、それができなければわれわれは有意的に行為を差し控えることができず、自由に行為できない。欲求の保留は「意志すること」の自由だけに関わるのではない。それは行為の自由を達成するにあたって必要不可欠の要素なのである。

ヤッフェの差し控え概念を採用するならば、『人間知性論』上のさまざまな困難は容易に解決できる。まず、『人間知性論』第二巻二一章二三節の矛盾および伝統的な批判は回避される。チャペルは決定論的な立場からこの議論が破棄されるべきと考えたが、[77] ヤッフェはこの議論を差し控え概念の変更によって救おうとする。ヤッフェがここで強調するのは「一度自らに可能な行為が現在すべきと思考に提示された時」という時間的限定である。「現在すべき」と時間的限定が加えられる時、われわれは熟慮を行う十分な時間を持たない。したがって、われわれは行為を差し控えるか、実行するかを選択しなければならない。とはいえ、この時でさえ「選択の自由」「意志の自由」が放棄されていないとヤッフェは主張する。というのは、差し控えは実行を熟慮している行為と両立不可能な「意志決定の保留」の延長として実行され得、保留が可能であることは意志することが差し控え可能であることを意味するからである。そして、ロックが選択性条件を論じた当該節からわれわれが読み取るべきは「われわれの意志の自由は、（中略）われわれが時間的に位置づけられ、時間的に切迫されているという事実によっては取り崩されない」ことだと論じる。[78] ヤッフェはこの事例において意志が決定されていたとしても、なお、ロックの自由意志実在論的立場は揺らぐことがないと言うのである。

また、この第二一章二三節に伝統的に向けられてきた批判も回避できる。代表的なのは、「活動の存在と非存在は完全に意志の決定と選択に従う」という部分に向けられたライプニッツの批判である。それは、何かをしようかどうかを考えている間にふとそのことを忘れてしまうことによって、意志することなしにも行為の非存在は生じる、というものだった。[79] しかし、これはヤッフェの差し控え概念を用いれば容易に解決できる。というのは、行うかどうか考えている行為と両立不可能なことをすることがすべて差し控えに当たるためである。たとえ、何らかの偶然によって熟慮が中断されたとしても（例えば、外出しようか迷っていた際に、友人からの電話に出たために外出できなかった）、それが熟慮の対象の行為と両立しないものならば、それは差し控えとみなされる。この結論は、Ｅ・Ｊ・ロウが指摘している「閉じ込められた男」の問題に対しても反論を可能にする。[80]

ヤッフェの差し控えについての発想は決定概念の変更と組合わせることによって、ロックを純粋に意志決定論者として考えた場合に生じる「差し控えの有意性」という問題をも解決する。ロックは有意性の条件を「有意の決定によって生じること」と規定しているが、差し控えという「行為が存在しない」事態は「行為を差し控える」という有意によって因果的に生じるわけではない。しかし、ヤッフェによれば、当該行為と両立不可能な行為への有意によっても差し控えが成り立つので、行為を差し控えさせた行為（提示された行為とは両立不可能で、実際に行われた行為）が有意的であれば、その有意をもって、提示された行為の不在をも有意的とみなすことが可能になる。これによって、行為の非存在の有意性を認めることができる。[81]

最後に、ヤッフェの解釈が有意決定論をどう扱うかを見よう。チャペルはロックの有意決定論の議論、すなわち『人間知性論』第二巻二一章二五節の議論を「推論自体は有効だが、無意味なもの」として退けた上に、保留原理との矛盾から議論全体の破棄を主張したのは前節で述べた通りである。チャペルが有意決定論の議論が無意味だと述べたのは、この議論はロック自身の前提によるものでもなく、対人論法としても無効で、ロックが行ったのは自由の継承原理と他律原理が両立しないことを示しただけ、という理由からであった。ここでロック自身が自由の継承原理を採用していないというのはヤッフェも同意する。しかし、対人論法として無効という議論は誤っている。チャペルはここで意志の他律原理を論敵である自由意志実在論者はとっていないことを指摘するが、本章第一節で触れたように、ロックは意志の自律原理の不合理を無差別の意志の否定という形で展開している。意志の無限背進の議論は、この無差別の意志はすでに否定されているという前提の上でなされるべきものである。そうであれば、自由意志実在論者は自分たちが意志の他律原理を採用していないと言い逃れができない。

さらに、選択性条件の問題、すなわち行為への有意が保留解除の有意の直接的対象となるか間接的対象になるか、という問題には「決定」概念の区別によって対応できる。ここで問題とされていたのは、行為への有意V_Aと保留解除への有意V_{LS}との関係であった。V_AとV_{LS}が別々の原因（それぞれに対応した欲求）によって決定される場合はV_Aが有意性条件を満たさないが、V_{LS}がV_Aを直接引き起こす、もしくは両者が同一の場合にはV_Aはこの条件を満たしてしまう。しかし、この点は自律的な意志概念を導入することによって問題ではなくなる。ヤッフェ解釈においては、保留の解除後の行為は複数の意志によって実行される複雑なプロセスではなく、「行為Aを行おう」という意志のみによって実行される単一の過程と解釈されることになる。この心理学的プロセスの単純化はヤッフェ解釈のメリットの一つであろう。

残りの問題は、チャペルのもう一つの主張、すなわち有意決定論批判の帰結としての、有意決定論にまつわる言説の破棄の要請である。ここにも決定概念の再解釈が効いてくる。われわれは、両立論的な欲求による決定概念から因果的効力を差し引き、実行される行為の種類の提示という役割のみを残すことによって、欲求による意志決定と意志の自律原理を両立させることができる。欲求の提示した行為を自律的な意志が生み出すという解釈をとれば、意志決定において複数の欲求を想定するという複雑さを回避できる。われわれは保留を解除する際に、単に「行為Aをしたい」という一つの欲求を持つだけでよい。このことは、「行為ごとに対応する原因として、すなわち行為を因果的に決定するものとして、別個の意志が想定されなければならない」という両立論の前提の不都合を示しているとも言える。

しかしながら、このような形で、欲求による意志の決定理論と自律的な意志決定とを両立させると、今度は、第一節で論じた「無差別の意志の批判」と自律的意志決定の概念とが矛盾をきたすおそれが生じる。しかし、それは欲求に残された行為提示の役割によって回避される。もしも、ヤッフェ解釈の前提するのが、「知性の後におかれた無差別」であったなら、矛盾が生じよう。しかし、欲求の保留およびその解除、そして欲求による行為の提示という道具立てを前提とした自律的意志は「知性の前におかれた無差別」すなわち選択性を含意しはするが、知性の後の無差別は含意しない。保留後に意志決定する欲求は「Aを行うべし」と行為を指示しており、それはもはや無差別とは明確に区別されるべきだからである。

第七節　二つの解釈の中庸

前節で確認したのは、チャペルの提示した保留から保留解除に至る決定論的な構造を妥当とし、チャペルの言う意味での自由な有意の存在を認めつつも、それによって生じる有意決定論の破棄という問題をヤッフェの「決定」と「差し控え」概念の読み直しによって解決する、というものであった。ただこの際に、ヤッフェの自由意志実在論的解釈を完全にそのままの形で導入したのでは、チャペルの提示した決定論的基本構造を著しく害することになる。そこで、ロックの自由に関する思想をより整合的に理解し、かつ『人間知性論』でのロックの言説をできるだけそのままに維持するためには、ヤッフェの議論に以下で述べるような制限を設けることを提案する。

まずあげられるのは、非決定論的な事象をチャペルの示した「保留を解除する有意」のみに限定する、ということである。ヤッフェの「われわれの行為は概ね因果的に決定されておらず、例外的に因果的に決定された行為が存在する」というのはロック解釈としてはあまりにもラディカル過ぎる。ロックは「人が意志することに関して自由であるような場合が存在する」[82]と意志における自由を認めてはいるものの、「大抵の場合において、人は有意という働きを差し控える自由にない」[83]とも続けている。また、次のようにも言っている。

われわれの人生の途上において、目覚めているあらゆる瞬間に次から次へと継起する膨大な数の有意的行為を考えると、それらがなされるまでに考慮されたり意志へ提示されたりする行為はほんのわずかしかない。そしてそのような行為においては、私が示したように、意志することに関しては、心は作用するかしないかの力能（ここに自由は存する）を持たない。[84]

この引用は『人間知性論』初版の段階から見られるもので、ここに見られる経験的な洞察をロックは最後まで捨てることはなかった。それを踏まえるなら、選択性条件の成立を行為一般に拡張すべきではない。また、ヤッフェは第二巻二一章二三節の有意不可避論に関する言説を「時間的制約のある場合」と限定することで救おうとしたが、彼は最終的にはこの事例を含め、行為一般における欲求の因果的効力を否定した。しかしそうなると、例えば、第二巻二一章一二節および三八節で述べている「激情による不可避な行為」[85]や「決定するのが早すぎたために失敗した行為」[86]への言及および、ロックが第二版で改訂を行った理由の一つである「意志の弱さ」という現象が説明できなくなるだろう。これらの事例において行為は明らかに欲求が持つ因果的効力によって決定されており、ロックもそのような事例を認めているとする方が妥当である。

ただ、非決定論的な有意の存在の仮定を保留解除に限定したとしても、欲求の因果的な効力をその事例においては否定することになる。この点が、ロックによる「無差別の自由」批判[87]、すなわち熟慮の結果によって意志が決定されないことを不合理だとする議論を掘り崩すおそれがある。しかしこれは前節で述べたように杞憂である。因果的な決定を行わないまでも、熟慮を通じて生き残った（もしくは新たに生じた）

欲求は行為の方向性を決定し、行為の理由としての意味までを失うわけではないからである。また、この点でヤッフェの解釈を支持するために、次のロックの言説を引用しよう。

意志を決定するものは何か、という問いに対する真かつ適切な答えは心である。というのは、あれやこれやの個々の方向に指示する一般的な力能を決定するのは、その所持する力能を個々に応じて行使する行為者そのものにほかならないからである。もしこの答えが不十分なら、「**意志を決定するのは何か**」という問いの意味は、それは明らかであるが、個々の事例において心を動かすのは何か、ということだろう。(中略)そしてこれに私は答えるが、同じ状態や行為を継続するための動機は、その状態に現在満足していることであり、変化への動機は、常にいくらかの落ちつかなさである。[88]

ここで重要なのは「意志を決定するものは何か、という問いに対する真かつ適切な答えは心である」という部分である。意志は力能であり、力能は実体のみに帰属可能だとロックは考えたというのは本章第一節で確認した通りである。ならば、その力能を行使する、すなわち意志を決定するのは力能の帰属主体である心=行為者であるということが、ここからうかがえる。「欲求が意志を決定する」という考えはこの答えに満足しない人に対する補足でしかない。

ロックが自由意志を否定し、意志の決定を説いた背景には、道徳論における言葉の乱用を防ごうという意図がある。つまり、自由に行為を決定するという主体性を意志から剥奪することがロックの意志決定論の狙いであった。その証明を終え(自由意志否定の議論は第二巻二一章二八節までで完了している)、「自由」が行為者のみが持ち得る力能であることが確認され、さらには行為の決定要因が行為者自身だということがこの引用までには確定されている。その上で、提示された欲求の役割はあくまでも「動機」として理解するのが妥当だろう。この推論が正ければ、この引用をもって、欲求を意志の因果的原因ではなく、行為の認知的な指針、行為の説明理由として解釈するテキスト上の根拠だとすることができる。

　この時、さらに注意すべきは、決定概念を読み替えた際の意志概念である。ヤッフェの考える意志とは、自由意志実在論的なものであり、それは心の中に生じる欲求や行為の観念、善の観念から任意に行為を選択し得るものと解釈していいだろう。しかし、いくら熟慮後の意志決定に自由意志実在論的な想定を盛り込もうとも、意志は欲求による決定を受けているのだということを忘れてはならない。それが因果的であれ、行為の指針の提示という形であれ、意志は決定を受けるのであるから、自由意志といえどもその概念は自由意志実在論者が一般に想定する「無差別の自由」ではあり得ない。非因果的にではあれ、欲求の決定を受ける意志とは、欲求という形で提示された行為に関して、「する／しない」のいずれかを引き起こすだけの力に限定されるだろう。この修正した説はなお「無差別の自由」批判と親和的であるし、ロックの意志の定義、すなわち「われわれが持つこの力能、すなわち、個々の場合において、ある観念の考察、またはその考察を控えることを命じたり、身体のある部分の静止ではなく運動を選択、そしてその逆を行ったりする**力能**がわれわれの**意志**と呼ぶものである」[89]をより適切に表現していると言える。

　チャペルとヤッフェの議論に以上のような限定を加え、彼らの解釈を再構成することができれば、ロックの自由論にヤッフェ以上の整合性を与えることができる。この時、「すべての事象は先行する事象に決定される」という主張をとらないという意味で、ロックは自由意志実在論者である。それは決して「あらゆる行為は非決定的な自律的意志によって決定されている」と考える一般的な自由意志実在論をそのまま踏襲しているのではない。人間の行為を理解する際のロックの基本路線はあくまで決定論である。ただ、われわれが自由に行為し、責任の主体となるためには、熟慮の終了に限定して、行為を非決定的に生み出すことできる点を認めているだけなのである。そして少数ではあれそのような事例を認めることによって、初めて行為における有意性と回避可能性が担保されるのであり、自由な行為が可能になるのである。ただそうなると、われわれの行為の内、自由な行為は非常に限られたものになる。しかし、それは大きな問題ではない。一般的な自由意志実在論者と異なり、ロックのサンクション論では、責任帰属のためにあらゆる行為が（実際に）自由である必要がない。この点は最終章の第七章で再度確認されるだろう。

第八節　本章のまとめと位置づけ

本章では、両立論的な意志決定理論と自由意志実在論的な保留原理の対立としてロック自由論の問題が導入された。そして、チャペルとヤッフェの解釈を基にして、この問題の解決に臨んだわけだが、実はここには奇妙なねじれとも言える現象が存在している。すなわち、チャペルに従ってロックを両立論的に解釈した場合には両立論に親和的な意志決定論が退けられ、逆にヤッフェに従って自由意志実在論的解釈を施すことによって、決定論的な言説が救われているのである。前節で示されたように、われわれは『人間知性論』を丹念に読み込めば、結局は決定論的な言説も自由意志実在論的な言説もともにテキストから引き出すことができる。ロックはわれわれが日常的には欲求の決定に従って、熟慮を伴うことなく行為している一方で[90]、機械論的世界像と道徳的責任の非両立を強く信じていた[91]。本章ではこのようなロックのテキスト上の言質を最大限に正当化する方向で解釈を構成した。それは、チャペルとヤッフェの議論構成から両者の結論を取り除き、議論の道具立てのみを受け入れることで、両立論的な解釈と自由意志実在論的な解釈の両者を折衷させることになった。

本章での議論によって、ロックが自由の定義としてあげた二つの条件、すなわち有意性条件と選択性条件が等しく有効となる哲学的な基盤が示されたかと思う。しかし、示されたのはあくまでも二つの条件が正当な条件として認められる哲学的な可能性に過ぎない。そこでは、二つの条件、とりわけ選択性条件が実践上、道徳に関わる仕方でどのように扱われるかが示されていない。これは序章で触れた概念の実装の問題である。そこで次章では、ロックの示す「有意的ではあるが自由ではない行為」が実際には存在しないとしてロックを批判したロウの議論を取り上げよう。ロウは現代の行為論に基づいて当該行為の存在を否定し、ロックをホッブズ流の両立論へと回収しようとしている。次章で目指すのは、ロウ解釈を批判することで当該行為の実在性を確保し、ひいては逆説的にではあるが、選択性条件がロックの自由論の中にしっかりと場所を得ていることを再度確認することである。

以上の議論は123頁「自由」の項で紹介した「閉じ込められた男」の例の実効性をめぐってなされる。そこで、次章では単にロウの議論に対して反論するだけでなく、批判の後にロックの議論が現代においてどのように扱われ得るかを確認するために、「閉じ込められた男」の例を基にして展開される現代の理論、とりわけD・デネットおよびH・フランクファートの議論との比較を行う。これによって、ロックの自由概念が道徳を実践するにあたってどのような機能を持つかの足がかりを得ることができる。

本書の目論見通り、自由論が道徳の議論の一部をなすのであれば、われわれは単に理論的に自由の二条件が成立する可能性だけではなく、道徳を実践する上で二つの条件が意味ある仕方で機能することが示されねばならないだろう。この時、本章の議論の中で、有意性条件が意志の働きによって、選択性条件が欲求の保留によって、それぞれ独立の経験的な地盤から示された点は価値あることなのだが、実際にこれらの条件がどのように機能するか、とりわけサンクション論とどのような接続が見られるかは最終章の第七章を待たねばならない。というのは、自由の力能の機能の仕方は次章の実装可能性の証明とともに、第五章の動機づけ理論、第六章での人格同一性概念の役割確認といった議論が必要だからである。ゴールはやや遠くにあるが、もうしばらく自由に関する議論を続けよう。

注

本章は佐々木：2004b を基に加筆・修正を加えたものである。

1 人格同一性論の整合性については第六章で扱う。
2 ただし、『人間知性論』初版の段階では、ロックはこの立場をとっていない。『人間知性論』[1st ed.] II. xxi. 29 p. 248 footnote 参照。詳しくは第五章で議論する。
3 『人間知性論』II. xxi. 52. p. 267.
4 『人間知性論』I. iii. 3. p. 67. ロックは生得的原理の批判者として名高いが、ロックが否定したのは生得的な公理・公準、道徳的規則といった命題的知識であり、傾向性については生得性を否定しない。
5 『人間知性論』II. xxi. 42. p. 258.
6 *ibid.*
7 *ibid.*

8 『人間知性論』II. xxi. 29. p. 249.

9 『人間知性論』II. xxi. 37. p. 254.

10 『人間知性論』II. xxi. 31. p. 251.

11 欲求を苦とみなすのは善と悪との場合で異なる。「われわれが現にない何かの善を欲求すれば、その分だけわれわれはこの善のために苦しむのである」（*ibid.*）。これに対して、現にある悪はそれ自体が苦痛であり、欲求を伴うとされている（*ibid.*）。

12 『人間知性論』II. xxi. 37. p. 254.

13 大槻：1974, pp. 438-9.

14 むしろロックは、自由は実体としての人間に属すとして積極的に肯定する。『人間知性論』II. xxi. 21. p. 244 参照。

15 『人間知性論』II. xxi. 1. p. 233. ここではagentsを「活動物」と訳している。通常"agents"は「行為者」と訳出すべきだが、本引用箇所の文脈では物体もagentsに数え入れられているため、活動物と訳出した。

16 『人間知性論』II. xxi. 19. p. 243.

17 『人間知性論』II. xxi. 5. p. 236.

18 『人間知性論』II. xxi. 14. p. 240.

19 ここでは「意志が自由か」という問いが不合理だとされているのみで、まだわれわれ「人間」が自由であることは否定されていないし、「意志すること」について人間が自由かも否定されてはいないことを注意しておくべきである。

20 Gilbert Ryle（1900-1976）ライルは「機械の中の幽霊」のフレーズで有名だが、ロックの主張からさらに踏み込んで、デカルトやロックが採用する心身二元論を批判した。

21 『人間知性論』II. xxi. 5. p. 236.

22 『人間知性論』II. xxi. 8. p. 237.

23 Bramhall: 1655, sec.30, Decartes:1644, p. 347.

24 『人間知性論』II. xxi. 48. p. 264.

25 『人間知性論』II. xxi. 50. p. 265.

26 『人間知性論』II. xxi. 56. p. 270.

27 『人間知性論』II. xxi. 47. p. 263.

28 *ibid.*

29 これはロックが無限背進の議論を展開した『人間知性論』第二巻二一章二五節（II. xxi. 25. p. 247）の表題である。

30 現代自由意志論上の立場を「普遍的因果的決定論は正しいか」および「自由と決定論は両立するか」という二つの問いによって分類する仕方はKane: 2002に依っている。

31 この分類はSchouls: 1992に依る。

32 『人間知性論』II. xxi. 5. p. 236.

33 ロックは心身二元論をとるため、心と身体は別個の実体だと考えられている。

34 例えば、ホッブズは意志を「相対する意欲（appetites）の継起の内の最後のもの、そして行為を行うことの直前にあるもの」（Hobbes: 1654, p. 37）として欲求と意志とを区別した（ここでの「意欲」は行為に向かう「欲求」と行為を避ける「嫌悪」の総称である）。

35 『人間知性論』II. xxi. 30. p. 250.

36 Rickless: 2016 参照。本章注16も参照。

37 『人間知性論』II. xxi. 9. p. 238.

38 『人間知性論』II. xxi. 28. p. 248.

39 なお、本書で用いられる「行動」は人間（もしくは動物）の身体的活動を意味している。

40 Volition の訳語に関しては大槻訳に従って「有意」の訳を当てた。現代哲学を考慮すれば「意志作用」の訳が一般的であると思われるが、本論の解釈では実体に対する不可知論の立場から、実体間に及ぼされる影響という、実体的な作用観をロックに帰属させることを保留しているため、「作用」という言葉を避けた。ロックは事物間の「作用」を直接知覚できず、ただ観念の変化のみをもって作用の存在を知るという立場については田村：1996も参照。

41 Lowe: 1995.

42 『人間知性論』II. xxi. 8. p. 237.

43 『人間知性論』II. xxi. 10. p. 238.

44 有意的ではあるが自由ではない事例として「閉じ込められた部屋」の事例は不適切であるという批判がある（Jenkins: 1983, Lowe: 1986, 太田：1985）。その主な理由は「男には部屋を出ていく欲求がなかった」というものである。しかしここでは「見知らぬ部屋に眠っている間に連れ込まれた」というロックの想定を好意的に解釈し、男の心理状態として、驚きとこの奇妙な状況に置かれたことに対する違和感といった常識的な感情を読み込みたい。すなわち、男に「部屋を出たい」という欲求

45 を想定することにする。（c）のカテゴリーは現代的に言うなら「ランダムな行為」と言える。しかし、ロックが粒子仮説の採用によって、外的世界について決定論を支持しているとするなら、このカテゴリーは存在しない。また、現代的にはランダムな行為・運動は必然的ではないため、「自由の反対は必然」というロックの主張を文字通りに捉えるなら、ランダムな行為・運動という考えは除外されてしかるべきだろう。

46 『人間知性論』II. xxi. 9. p. 238.

47 ホッブズのように、自由を外的障害の不在にまで縮小し、他行為可能性をその条件から除外してしまえばこのような問題は生じない。ホッブズは表2の四分類を二分類に縮小する。ロックの自由論をホッブズの説と区別して特徴づけるためにはこの縮小に反対して選択性条件を保持する必要がある。第四章でこの例を詳しく検討するのはそのためでもある。

48 『人間知性論』II. xxi. 47. p. 263.

49 『人間知性論』II. xxi. 46. p. 262.

50 『人間知性論』II. xxi. 69. p. 280.

51 ロック自身は「タバコ」を例としてあげている。当時、タバコはアメリカ大陸から輸入され始めたばかりで、薬として用いられた。*ibid.* また、大槻：1974. p. 403（訳注一六五）参照。

52 Chappell: 1994, p. 87.

53 『人間知性論』II. xxi. 23. p. 245.

54 Chappell: 1994, p. 91.

55 Leibniz: 1981, p. 181（quoted in Chappell: 1994, p. 91）.

56 『人間知性論』II. xxi. 25. p. 247.

57 ロックにおいても有意がそれ自体の性質により有意的であり得ると認める論者もいる。Jenkins: 1983 参照。

58 自律的意志とは、ロックの同時代人ではライプニッツやブラムホール、ヴァン・リンボルフら、自由意志実在論者の採る意志の原理である。これは、活動の選択を意志自体の働きが決定するというもので、これには無差別の意志が前提される。

59 Chappell: 1994, p. 94.

60 *op. cit.*, pp. 93-4.

61 *op. cit.*, p. 94. この議論は自由の（ホッブズ的な）両立論的定義を元にしても成立するように、有意性条件のみに着目していると推察される。しかし、同様の議論は選択性条件に着目しても同じ結論に至るはずである。

62 *op. cit.*, p. 95.

63 保留が行為者の意志によってなされるものかどうかを明確に示す言説は『人間知性論』にはない。しかし、チャペルは「ロックは決して明言してはいないものの、確実に保留は有意的であることを主張していた」と論じている（Chappell: 1994, p. 99）。

64 Chappell: 1998, p. 35.

65 『人間知性論』II. xxi. 56. p. 270. 傍点強調はチャペルによる。

66 『人間知性論』II. xxi. 64. p. 276.

67 というのは、われわれがすべての欲求を保留している以上、行為への欲求D_Aが保留されている時、「保留を解除したい」という欲求D_{LS1}もまた保留されているはずであり、このいわば二階の欲求を解除するためには「D_{LS1}の保留を解除したい欲求D_{LS2}が存在しなければならない、と無限の保留と欲求の階層を想定せねばならないからである。

68 Schouls: 1992, pp. 148-9.

69 『人間知性論』II. xxi. 51. p. 266.

70 Schouls: 1992, p. 118.

71 Yaffe: 2001, p. 389, note8.

72 ロックは王立協会を創立したジョン・ウィルキンズを通じて、ケンブリッジ・プラトニストの影響を強く受けたと考えられている（新井・鎌田：1988, p. 17）。

73 Yaffe: 2000, p. 36.

74 Yaffe: 2001, p. 378.

75 *op. cit.*, p. 380.

76 *op. cit.*, p. 376.

77 Chappell: 1994, p. 104.

78 Yaffe: 2001, p. 386. Leibniz: 1981, p. 181 も参照。

79 Leibniz: 1981, p.181.

80 ロウの議論に関しては次の第四章を参照。

81 Yaffe: 2001, p. 381.

82 『人間知性論』II. xxi. 56. p. 270.
83 *ibid.*
84 『人間知性論』II. xxi. 24. p. 246.
85 『人間知性論』II. xxi. 12. pp. 239-40, II. xxi. 38. p. 256.
86 『人間知性論』II. xxi. 67. p. 279.
87 『人間知性論』II. xxi. 48. p. 264, II. xxi. 50. p. 265.
88 『人間知性論』II. xxi. 29. p. 249.
89 『人間知性論』II. xxi. 5. p. 236.
90 『人間知性論』II. xxi. 24. p. 246.
91 『人間知性論』I. iii. 14. pp. 76-7.

第四章

有意的でありながら自由ではない行為は可能か

前章では、ロックの自由の二条件、すなわち有意性条件と選択性条件の内、とりわけ選択性条件が欲求による意志決定論といかにして両立するかという問題を扱った。ここでの焦点は、ロックの想定した道具立ての中でいかに内的整合性が保たれるかにあった。これを受けて、本章ではまだ整合的であるに過ぎない道具立てが現実的に適用可能かを吟味する。様態の観念については、心の中で好きなように範型を構成できるとしたが（75頁「複雑観念その二」の項参照）、それが整合的であることと、現実に実装可能であることは別である。例えば、新しく考案した遊びのルールが、ルールの体系として整合的であったとしても、そのルールに対応する行為が現実に存在しなければ、その遊びは実現しない。本章では、ロックの自由の定義の現実への適用可能性を示し、次いで他の理論と比較することでロックの理論の利点を探求する。具体的には、123頁「自由」の項において提示した「閉じ込められた男の例」の検証によって、ロックの示した三つの行為の区分を擁護することが第一の目的となる。また、そこで擁護されたロックの行為区分を現代の自由意志問題の議論（とりわけ「閉じ込められた男の例」に由来を持つH・フランクファートの議論）と対照させることで、その哲学的意義を確認したい。これはロックの「閉じ込められた男の例」を責任論の文脈から眺める試みである。

ロックの行為の分類は有意性と選択可能性という条件に従って次の三つに区分される（125頁の表2を参照）。すなわち、第一に自由な行為（a)有意的かつ選択可能な行為）、第二に有意的でも、選択可能でもない行為（d)の必然的行為）、第三に有意的ではあるが選択不可能な行為（b)の必然的行為）の三つである。前章で保留原理によって選択性条件を担保したのには、この三つの区分を維持する意味もあった。しかし、それは自由意志実在論的解釈に基づいてのものである。ロックの立場を従来通り両立論として理解するなら、この立場は保持されない。というのは、例えばホッブズの古典的両立論では、有意的行為は自由な行為と同一視されるためである。ロックの理論をこれと類比的に考えるなら、第三の分類の「有意的でありかつ自由でない（必然的）行為」が認められなくなる。本章で批判役として扱うＥ・Ｊ・ロウをはじめ、ロックを両立論者として解釈する研究者は、「ホッブズとロックの自由の定義は異なるが、それは言葉の上のものに過ぎず、実質的には変わらない」というような評価を下してきた。そこでは、両立論の立場からは想像不可能な「有意的だが自由でない行為」の存在は否定される。選択性条件は実質上の意味を持たない、もしくはロックの誤りであると解釈されてきたのである。

人間の自由についての両立論をとることには現実的な側面もある。本書第一章四節で確認したように、自由意志実在論が主張する自律的な意志には理解不可能な部分があるためである。因果的原因を持たず、その働きの内に自らを生み出す作用を想定する出来事というものを、われわれは通常の因果関係から理解することはできない。また、行為が、例えば欲求や性格上の傾向性といった原因によって因果的に決定されないということは、行為がランダムであるという不合理も帰結される。これらの点を踏まえると、自由意志実在論的解釈を読み込むことは、ロックの理論に非現実的な印象を与えることにもつながるだろう。

ロックの選択性条件が責任帰属においてどのような役割を果たすかについては、最終の第七章において詳しく論じるが、その前にこの条件を有意味にしている「有意的ではあるが自由でない行為」が現実的に理解不可能ではないことを示しておく必要があるだろう。

本章ではロウの議論の批判を通じてこれを行う。ロウを扱うのは、この問題について唯一論理的かつ詳細な考察を行っているためである。ロウは「手を上げる」という行為を例にとって「有意的かつ自由ではない」の条件を分析し、そのような行為が存在しないことを証明した上で、「閉じ込められた男の例」を批判する。本章のあらすじは以下のようになっている。まず、ロックの自由論における「閉じ込められた男の例」の位置づけを再度確認する（第一節）。次いで、ロウの批判を見ることで、「有意的ではあるが自由ではない行為」が存在しないとするロジックを確認する（第二節）。そして、ロウの批判の検討を通じて、「閉じ込められた男の例」がロックの定義する自由概念に則った意味で、「有意的かつ自由でない」と認められることを確認する（第三節）。最後に、この例の現代的適用としてフランクファートの「フランクファート型事例」を検討することを通じて、ロックの自由論を帰責の問題と関連づける（第四節）。

第一節　自由論における「閉じ込められた男」の例の位置づけ

ロックの自由の定義は前章三節で確認した。そこで示されたのは、行為が自由であるためには、ある行為が意志の決定に従って生じること、そして行為の差し控え（forbearance）も同様に可能でなければならないということであった。ここには有意性条件と選択性条件という二つの条件が必要とされている。以下の議論において重要なのは、ホッブズら両立論者と反対に、ロックは行為が必然的であるならばそれは自由ではないと考えたという点である。ロックは必然を自由の否定によって定義する。

> 思考、すなわち、思考の指示に従って活動したり、差し控えたりする力が全く欠けている時はいつでも、**必然**が生じる。[1]

ここでの前半、すなわち「思考の指示に従って活動したり差し控えたりする力」とは自由を意味しているため、自由と必然が対立概念であることがわかる。また、以下で扱うロウが必然の定義としてあげている箇所を引用しよう。

〔ある活動の〕実行と差し控えが等しく人に可能でない時はいつでも、行うことと行わないことが、それを指示する心の選択に従って等しく生じない時はいつでも、（行為は有意的であるかもしれないが）彼は自由ではない。（中略）行為の実行と差し控えの内の片方でも、行為者が自らの有意に従って生み出すことができないならば、その場合、彼は自由ではない。すなわち、行為者は必然の下にある。[2]

ロックの必然の定義は自由の二つの条件の否定から構成されていることがここからわかる。すなわち、ある行為について、有意的でないか、差し控えが可能でないかの一方が成り立っていれば、その行為は必然的ということになる。これを展開すると、行為一般は、自由な行為と必然的な行為にまず区分される。前者は有意的かつ差し控え可能な行為であり、後者は有意性か選択性のいずれかを欠く行為である。必然的行為はさらに選択性のみを欠く行為と双方を欠く行為に分類される。[3]「有意的ではあるが自由ではない行為」は必然的な行為の下位分類にある、有意性は満たすが選択性を欠く行為ということになる。

ロックは必然を自由の対立概念として捉えたが、ホッブズのような両立論をとる場合、ある行為が自由であることと必然的であることは矛盾しない。むしろ、機械論的世界像を認める両立論者にとって、必然でない行為はむしろ存在しない。[4]有意性が必然性と矛盾しないことはロックも認める通りである。したがって、ロックの定義からもホッブズの定義からも「有意的かつ必然的な行為」は存在する。ロックとホッブズが対立するのは、「有意的かつ自由でない行為」がホッブズの定義では認められないのに対して、ロックの定義では認められるという点である。

この点を逆から眺めれば、本章の眼目は、「自由な行為」を「単に有意的であるだけの行為」に還元しないという点にある。これこそが、ロックの自由と必然の定義を正当化し、埋没してきた両立論の潮流から彼を救い出す最大のポイントだからである。具体的には、「閉じ込められた男の例」における行為者が「ロックの見解に反して自由であった」という議論に反論することが、本章の第一の目的である。

「閉じ込められた男の例」は第三章の「自由」の項において引用（124頁参照）を示したが、設定をいま一度確認しておこう。[5] ある男がぐっすり眠っている間に、見知らぬ部屋に運び込まれた。その部屋のドアにはしっかりと鍵がかけられており、男が物理的な力で外に出ることはできない。しかし、その部屋には男が年来非常に会いたがっていた人物がいる。男はドアに鍵がかかっていることを知らず、その部屋にいることに不安も覚えたが、目の前の人物と語らうためにその部屋に留まった。

以上の設定に基づいて、以下では、この例に対するロウの批判を見ていくことにする。

第二節　ロウによるロック批判

E・J・ロウは一九八六年の論文と一九九五年の著書において、ロックの自由論の内、自由意志実在論的要素を否定し、ロックを両立論者として解釈する方法を考察している。本章では、この二つの文献に基づいて、ロウの行ったロック批判を検討していく。

ロウのロック批判は、有意と行為の関係を分析することから始まる。ロウは有意的行為を「〜しようとする」(try to do)という志向的内容を持つ心的要素と「有意によって生じる結果」に分析する。この有意という志向的な心的要素と、その結果としての行為は因果的な関係にあり、有意的行為とは心的要素が身体(もしくは精神)における観念の変容を因果的に生み出すことであるとされる。[6] 例えば、「手を上げる」という有意的行為を考えてみよう。この場合、「手を上げようとする」(try to rise one's arm)という心的要素が有意であり、「手が上がる」というのがその結果というように分析される。

ここで注意したいのは、前章の「意志」の項で述べたような「行為のデフレ説」(122頁参照)をロウはロックに読み込んでいないという点である。用語の意味内容の問題だが、ロウは現代的な行為論における行為概念をそのまま引き継いでいるため、有意の結果から生み出されるものを「行為」と呼ぶことに慎重である。というのは、彼の理解では「行為」とはいわゆる「意図的行為」(これはロックにおける「有意的行為」にあたる)のことであり、有意はそれ自体が「行為」の一部とされるためである。このような前提で「有意が行為を引き起こす」ということは、有意が有意を引き起こすという自己決定的(self-determining)事象を連想させるため、誤解が生じ得る。[7] ロックが決定論の立場に立っていると考えるロウにとって、すべての事物・事象は自分以外の何ものかによって決定されなければならないという前提は重要である。[8] そこで、自己決定的な事象、すなわち自律的な有意を想起させる表現を避けるため、有意的行為において有意が引き起こすのはあくまでもその「結果」としての「出来事」だと彼は注意を促すのである。

ロウはさらに、有意と結果の因果性という点から、ロックの言う行為の「差し控え」は有意によって引き起こされる結果そのものとしては考えることができない、と論じる。というのは、「差し控え」というのはある行為の「非存在」であるため、本来事象ではない「非存在」は有意によって因果的に生じると言うことはできないからである。「差し控え」それ自体を行為として認めることはできず、ある一定の行為を念頭においた時にのみ考え得る「ある行為が生じないという状況」でしかあり得ない。[9]「差し控え」は「ある特定の行為を意識的にしない」という意味でのみ、行為であり得る。

以上のような想定の下で、ロウは「手を上げる」という行為を例にとって、ロックの「有意的行為」「自由」「必然」を次のように定式化する。

定式一〔有意的行為〕　行為者Aが有意的に自分の手を上げるのは、次の場合かつ次の場合に限る。すなわち、Aが自分の手を上げようと意志し、Aが自分の手を上げようと意志することがAの手が上がるということを引き起こした場合。[10]

定式二〔自由な行為〕　行為者Aは次の場合そして次の場合に限り、自分の手を上げることに自由である。すなわち、(i) Aが手を上げるよう意志した場合には、彼が有意的に手を上げることに成功し、(ii) Aが手を上げないように意志した場合には、有意的に手を上げることを差し控えることに成功する場合。[11]

定式三〔必然的行為〕　行為者は、次の場合そして次の場合に限り、必然的に自分の手を上げる。すなわち、Aは手を上げ、かつAは手を上げるか上げないかについて自由でない場合。[12]

以上の三つの定式を踏まえるなら、ロックの「有意性は必然性と対立しない」という言明は、定式三と定式一の連言を意味していることになる。これを定式化すると以下のようになる。

定式四〔有意的かつ必然的行為〕　行為者Ａは、次の場合そして次の場合に限り、有意的にかつ必然的に自分の手を上げる。（a）Ａは手を上げるよう意志し、かつＡの手を上げる意志がＡの手が上がることを引き起こすが、（b）たとえＡが手を上げないよう意志したとしてもやはりＡは自分の手を上げる場合。[13]

ロウは定式四で示されるような事態は存在しないと考える。というのは、四の（a）と四の（b）が同時に真になるためには、手を上げることに関して二重に因果的決定がなされなければならないからである。つまり、（a）において行為者の手を上げる有意と、それと別個に（b）において行為者の有意なしに行為者の手を上げるような因果的要因が存在しなければならない。このような事態を実際に考えるにはＳＦ的な想定が必要であるとロウは言う。例えば、脳に脳波を測る装置がつけられていて、それをある科学者が監視しているとしよう。もし、科学者がＡの手を上げる有意を感知した場合には通常通りその有意に手を上げさせる。しかし、手を上げない有意を感知した場合は、運動野に電気的刺激を与えて手が上がるようにする。このような状況が想定されるなら、定式四が実際成立すると考えられるかもしれない。

しかし、ロウによれば、実はこの場合でさえも四の（b）は満たされていない。というのは、ここではＡが手を上げると述べられているのであって、先の想定では、Ａが手を上げない有意を持った時には、むしろ行為者Ａではなく科学者がＡの手を上げるというのが妥当だからである。仮に、先の想定を変更して、科学者が脳に電気的刺激を送って手を上げさせるのではなく、Aに手を上げる有意を持つようにさせるとしても、問題の解決にはならない。というのはその場合、Aの中に相反する有意が同時に存在することになるからである。以上のことから、ロウは、「ロックの考えた『有意的かつ必然的行為』はよくて極めて稀な、悪くて存在不可能なもの」と判断する。[14]

次いでロウは「閉じ込められた男の例」を検証する。彼の結論は、先に述べた「差し控え」の適切な理解に基づくなら、この事例は定式三の「有意的であるが自由ではない行為」ではなく、定式一の自由な行為の事例になるというものである。もしこれが正しければ、やはり定式三の事例の存在が否定されるため、「有意性が必然性と対立しない」というロックの主張は支持されない。

ロウはこの事例で男が何をしているのかを明らかにするために、以下のように問いを詰めていく。まず、ロックが「閉じ込められた男の例」において「有意的でありかつ必然的である」と想定した行為は何だろうかと問う。先に見たように、それは「部屋に留まること」である。しかし、このことで実際に意図されていたのは何だろうか。「部屋に留まること」とはある種の「差し控え」である。しかし、先に確認した通り、行為の差し控えは「行為が生じないという状況」でしかありえず、それが行為とみなされるためには対置される能動的な結果が必要である。そうなると、われわれは「男は何を差し控えたのか」と問わねばならない。ロウによれば、ここで「部屋を出ること」と答えるのは誤りである。なぜなら、男は部屋から出ることができないからである。ロウは実行不可能だと行為者にわかっている行為は差し控えることができないと言う。

しかし、実行不可能なことをするのを差し控えると言うことは適切であり得るだろうか。私は二十メートルの地割れを飛び越えることができないとしよう。ならば、このことが、私が行うのを差し控えるような何かであり得た、などと言うことは不合理のように思われる。私は、当然のことながら、そのような地割れを飛び越えようと試みる（attempt）ことを差し控えることはあり得る。しかし、その時、そのような地割れを飛び越えようと試みることは、愚かなことではあるけれども、私が実行不可能なことではない。[15]

われわれは実行不可能なことを差し控えることはできなくても、それを試みることを差し控えることは可能であるとロウは述べる。その意味で、男がここで差し控えたのは、実は「部屋を出ようと試みること」だったと言える。つまり、男は「ドアのところに行って、それをあけようとしなかったのであり、ドアをあけようとすることに失敗したのである」。[16]以上を踏まえると、男は部屋を出ようと試みるならそれを試みることは可能であり、試みをせずに部屋に留まろうとするならそれも可能である。これは定式二の成立を意味するため、その男は自由であることになる。となると、「閉じ込められた男の例」は定式三の「有意的かつ必然的な行為」の事例ではなくなってしまう。

第三節　ロウの議論の検討

◉差し控えの定義について

ロウの議論は一見非常にもっともらしく見える。しかし、これに対しては、二つの点で疑義を差し挟むことができる。一つは、議論の後半で機能している彼の「差し控え」の定義に対してであり、もう一つは前半の鍵となっている二重因果性について向けられる。以下、それぞれを見ていこう。まずは「差し控え」概念の検討から始める。

ロウは、有意と結果の因果関係から、ある行為の非存在それ自体を行為として考えることはできないとした。行為の非存在は、ある行為が提示された時に、それを「敢えてしない」ということでしか語り得ないためである。それ故、ロウは「閉じ込められた男の例」における「部屋に留まる」という事象を「部屋から出ることを試みる」ことの差し控えであると考え、その結果、「部屋に留まること」は自由な行為だと主張するに至る。以下ではこの議論への反論を試みる。

「行為の非存在は提示された行為を敢えてしないということでしか行為とは考えられない」というロウの主張はもっともである。しかし、ここで「提示された行為」を実行可能な有意的行為に限定する点には疑問を挟む余地がある。というのは、この限定のために有意的な「差し控え」は常に自由な行為になってしまうためである。われわれが何らかの状況の非存在を意志する時、ロウの前提によりそこに対置されるのは「何かをしようと試みること」である。すると「試みること」はいつでも可能なのだから、行為の差し控えは常に自由になる。しかし、われわれが何か行為を「差し控える」と言った場合、それが常に自由であると言えるだろうか。例えば、先の事例で「地割れを飛び越えろ」と命じられたらどうだろう。そしてそれを試みることは自らの死を意味するとしよう。このような、試みることすら不可能なことを命令されるというのはあり得る状況であるが、それを差し控えるのは果たして「自由」だろうか。この点は責任帰属の問題と併せて考えるならば一層深刻である。例えば、世界の飢餓や貧困問題を解決するために給与の半分を寄付するよう頼まれたとしよう。自由な行為には責任を問われるとするなら、あなたはこれをしないことに対して責任を問われ得る。どのような実行不可能な行為であれ、それを試みることは可能であるのだからこのように考えていくなら、われわれは自らには解決不可能な問題に対して無限に責任を問われることになってしまう。差し控えに対置される行為を実行可能な行為に限定し、「試みること」を差し控えに対置させることにはこのような実践的な問題がある。

また、男が部屋を出られないことを知っていたとしても、われわれはその行為が不可能なゆえに、行為を差し控えるということは十分考え得る。ロウの例を用いるならば、誰かにその地割れを飛び越えるよう促された時に、それが不可能であるが故に、「跳び越える」という行為を差し控えることはあり得るだろう。この時、行為者の心に提示されるのは明らかに「跳び越えるか」「差し控えるか」であり、「跳び越える試みをするか」ではない。結局、ロウによる「差し控え」の定義は、そもそも差し控えが自由であることを前提にしている。そうなると、ロウは「差し控え」とはそもそも自由な行為であるがゆえ、「差し控え」をもってして「有意的ではあるが自由ではない行為」とは言えないと主張していることになる。

われわれに提示される行為が、実際には実行不可能であるのに、単にそれが知られていないだけという場合もあるだろう。ロウの主張を「実行不可能とわかっている行為は差し控えることができない」と読みかえてみよう。例えば、「閉じ込められた男の例」の状況設定を次のように改変してみよう。すなわち、男は寝ている間に鍵のかかった部屋に連れ込まれ、目をあけると同時に相手を見つけ、出られるかどうかを確認する前に留まった。ここにおいて、男は当然部屋に鍵がかかっているかどうかは分からない。この場合に、提案されている行為は「部屋を出ようと試みるかどうか」ではなく「部屋を出ること」だとするのにはもっともらしさがあるように思われる。男が「部屋から出る」ということを差し控えたのであれば、男は「部屋に留まる」と意志した場合にはそれが可能であり、「部屋から出る」と意志したとしても部屋に留まることになるのだから、ロウの定式四の（a）と（b）が成立する。したがって「閉じ込められた男の例」はロックの言うとおり有意的かつ必然的行為の事例であると言えるだろう。

ロウが「実行不可能なことを有意的に差し控えることはできない」と考える背景には、有意性への因果関係の強い読み込みがあるように思われる。しかし、有意的な不作為には有意とその結果に因果的な関係が見られないため、「できることを敢えてしない」ことに何らかの因果関係を読み込み、それをもって不作を有意的とみなすというのがロウの発想なのかもしれない。

これについて、単に実行不可能なことをしないだけでは有意的な差し控えとは呼べない、という考えには同意できる。というのは、そうなるとあらゆる実行不可能なことが有意的差し控えとなってしまい、その領域が無限に拡大してしまうからである。しかし、例えば、前章六節で紹介したヤッフェの差し控え概念を用いるなら、ロウのように「実行可能な行為を敢えてしない」という見方によらずとも、「有意的な差し控え」という考えを適切に理解できる。すなわち「提示された行為と両立不可能な行為を有意的に行うこと」をもって有意的差し控えとするなら、有意と不作為の因果性の問題は回避できる。[17]

この考えに従えば、単なる不作為と、何らかの形で行為者に提示された行為を「行わないでおく」ということを明確に区別できる。ロックにとって、心に提示される行為は欲求の形で提示される。この際、われわれは欲求に想定される落ちつかなさを我慢しなければならない。ここに、不作為の場合であっても、「欲求の保留」という形で有意が因果的に働く余地をわれわれは見て取れる。有意性の因果関係にこだわったとしても、このように考えることで不作為の有意性は主張できる。

ロウの議論の根底には「有意的な不作為」という考えに対する違和感があるように思われる。それゆえに、有意的に「部屋に留まること」は彼の言う「行為」とはみなされないと考えたのだろう。ここには有意と不作為との因果関係の不在に対する懸念があり、これを解消するために「不作為」を実行可能な行為の差し控えと理解したという思考プロセスが見受けられる。しかしながら、ヤッフェの解釈をとれば因果関係の問題は解決し得るし、また、実行可能な行為に不作為の対象を限定することの不合理性も示された。これによって「部屋に留まること」は「部屋を出ること」の差し控えであって、われわれはそれを意志することができると言うことが可能になる。以上のことから「閉じ込められた男の例」が「有意的ではあるが自由ではない行為」の一事例であることが示された。

◉二重の因果性の問題

ロウに対する疑問のもう一点は、差し控えではなく、作為に関するものである。彼は、能動的行為が「有意的かつ必然的行為」となるためには「実際生じるには行為と有意に二重に因果関係が働かなければならない」と主張し、そのような行為はSF的で「よくて極めて稀な、悪くて存在不可能なもの」と結論した。

ロウのこの主張自体には同意できる。問題にしたいのは、ある行為について二重に因果的効力が働くような事態は現実としては起こり得ないとするロウの態度である。

一見するなら、単に「手を上げる」という単純な状況、単純な運動に関しては、ロウのようにSF的な想定をしなければ起こり得ないかもしれない。しかし、それは「因果的効力」の意味をどのように考えるかに依存する。第一に、ビリヤードの前玉が後玉にぶつかって後玉を動かす、といったような「ある事物を運動に必然づけるもの」として因果的効力を考えることができる。これはおそらくロウの念頭にあったものに最も近いと思われるが、この場合にせよ、ある行為者の運動が二重に決定されている事態は容易に想像できる。例えば、動く歩道を歩くこと、流れるプールを流れに沿って泳ぐことがこの事態として想像できる。これらの事態においては、行為者が移動しようとしているのと同じ方向に、外的環境から移動の力が加わっている。第二に、因果的効力を「ある事物をある事態に必然づけるもの」と考えるならば、この例は無数に存在する。ロック自身があげる「足が麻痺しているが、好んでそこに留まる人」がそうであるし、しばしば現代の自由意志論争の議論で用いられる「右回りしかできない自動車で右回りしかないコースを回る」もこの例に入る。第三に、心理的な因果性を考えるならば、「元々しようとしていることを命令される」という場合には、本人の意志と命令の両方が行為の動機づけとなって意志を決定するだろう。このように、行為に二重の因果性が入り込むことは決して日常的に起こり得ないことではない。

このような「二重に因果的効力が働くような事態」をロウが見逃す理由は彼の行為観にあるように思われる。その内容は、本節冒頭の「有意的行為」の意味説明、すなわち「有意」の因果的結果を「行為」ではなく、その「結果」としているところから間接的にうかがわれる。より直接的には、定式四の有意的かつ必然的行為の条件（b）において、「たとえAが手を上げないよう意志したとしてもやはりAは自分の手を上げる時」という表現にそれを見てとれる。ここでなぜ非有意の場合にも「有意が結果を生じさせなければならない」とロウは考えるのだろう。それは、彼にとって「行為」とは、行為者の有意によって因果的に引き起こされる出来事を意味するからに違いない。行為者の有意によって引き起こされない出来事が行為とみなされないのであれば、行為者の有意以外の原因によって当該結果が生み出される事例は行為のカテゴリーから排除される。二重の因果性の事例では有意以外の十分な原因が想定されるために、その結果はロウにとっては「行為」とはみなされないのである。

しかし、この「行為」の解釈はロック自身の定義と異なっている。ロックはロウの現代的行為感ではなく、「行為のデフレ説」を採用している（本章注8を参照）。それは次の引用で示唆される。

> われわれが観念を持つことができる Action にはただ二つの種類があるのみである。すなわち、思考と運動である。[18]

ロックにおいては、有意的行為の結果が行為者の有意によって因果的に引き起こされようが、されまいが、そこに運動もしくは思考が存在しているなら、それは「行為」と呼ぶことができる。したがって、例えば流れるプールにおける「水中である特定の方向に移動する」という運動が、有意のみによって生み出されていなくても、それだけを理由として「行為」の枠から排除されることはない。ロックの行為の定義はそもそも二重の因果決定を認める仕方で構成されているのである。

結論として、ロウは定式四の導出において誤りを犯している。彼は定式一と定式三から定式四を導いた。その際、定式二（定式三は定式二の否定）における「Aが手を上げないように意志した場合には、有意的に手を上げることを差し控えることに成功する時」の否定は「たとえAが手を上げないよう意志したとしてもやはりAは自分の手を上げる時」とはならないだろう。正しくは「たとえAが手を上げないよう意志したとしてもやはりAの手が上がる時」となるべきである。

以上のことから、ロウが「手を上げる」ということを例にして行ったロック批判は妥当ではない。ロウは「有意的かつ必然的行為」は「極めて稀であるか、不可能である」と述べたが、このように考えれば、日常的、経験的に起こり得る行為であり、しかもそれはロックが示した不作為の場合に限らないのである。

第四節　フランクファート型事例としての「閉じ込められた男」問題

前節までの議論によって、ロックの行為区分は十分に現実に存在し得るものであり、単に有意性のみを満たす行為は自由と同一視されないことが示された。こうして実在の余地を認められた「閉じ込められた男の例」だが、これとまさに同じ状況が思考実験として現代の自由意志論争においても盛んに論じられている点は興味深い。これらの現代的議論をここで見ておくことは、ロック自由論の現代的意義を問うのに有益なだけでなく、本書の目的である責任論の文脈でロックの自由論を再解釈するのにも重要な視点を与えてくれるだろう。

おそらく現代の議論の中で、ロックの自由と必然の概念の内実を最も適切に捉えているのは、D・デネットであると思われる。デネットは「閉じ込められた男」の例を「局所的宿命」(local fatalism) という言葉で表現している。局所的宿命とは、「ある状況でどれほど当該の問題を解決しようと努力し、熟慮をしたとしても、決まった因果的連鎖の筋書きから当人をそらすことができない状況」と定式化される。[19]デネットはその例として、金門橋から身を投げる男、知らずにある部屋に閉じ込められる男、意志の弱さ、依存症による自己欺瞞などをあげている。前章で確認した通り、意志の自由が欲求の保留と、理性による欲求の制御にあることを考えれば、デネットの局所的宿命という考えは、ロックの主張する必然の概念を適切に表現していると言えよう。

デネットの局所的宿命の概念は、物理的強制や、重度の依存症や洗脳などといった心理的強制の事例において、われわれがなぜ行為者に行為の責任を問わなかったり、責任を減じたりするのかをよく説明している。局所的宿命の状態にある行為者は、どのように理性を駆使しても(そこには欲求のコントロールも含まれる)、その状況に変化を加えることができない。この当該状況へのコントロールのなさが、行為者への責任帰属を免除させたり、軽減させたりする根拠となっている。物理的強制や依存症、洗脳といった事例を責任の免除・軽減の理由とするのは両立論的な理論によくある議論なのだが、実は両立論の文脈ではなぜこれらがわれわれの責任帰属にそのような影響を与えるのかを説明することが難しい。特に依存症や洗脳の場合、行為者は自らの欲求に従い、しかもそれが実現されているため、ホッブズのような古典的両立論ではそれは完全に自由な行為とみなされるからである。これに対して、デネットの論法は、行為が理性的であるかどうかや、行為者の意志によって決定されているかどうかといった要素を責任帰属の基準とした両立論的なものではない。ここで依拠しているのは、ロックが「行うことも差し控えることもともに可能であること」とした他行為可能性であり、当該の状況での因果的連鎖に枝分かれがあるかどうかである。[20]

デネットの局所的宿命論で示した責任帰属についての直観、ひいてはロックの自由論が責任論において持つ意義は、H・フランクファートの議論と対比させることで明らかになる。フランクファートは「フランクファート型事例」(Frankfurt style example) と呼ばれる思考実験を提示することで、現代自由意志論争に一石を投じ、議論の流れを大きく変えた。そして興味深いことに、この事例はまさにロックが「閉じ込められた男の例」として提示した状況なのである。

フランクファート型事例の思考実験は、多くの哲学者によってさまざまなバリエーションが考案されているが、その意義は行為への責任帰属には他行為可能性が必要ないことを示す点にある。まずは、やや抽象的にも過ぎるフランクファート自身による例を見てみよう（より具体的な例は後に紹介する）。

> ある人（これをブラックとしよう）がジョーンズにある特定の行為を実行してもらいたいと思っているとする。ブラックは自分の思いどおりにするためにはどのようなことでもする準備がある。しかし、彼は不必要に自らの手をあかすことをしたくないとも思っている。そこで、彼はジョーンズが何をするか心を決めるまで待ち、自らが望むこと以外の何かをジョーンズが決心することが明らかにならない限り、彼は何もしない（ブラックはこの種の判断をするのに長けている）。もしジョーンズが何か他のことをしようと決心しそうなことが明らかになると、ブラックは自分が望むことをジョーンズがしようと決心し、実際にそれをすることが確かになるように有効な処置を講じる。ジョーンズが

はじめにどのような選考や傾向を持っていたとしても、ブラックは自分の思いどおりにする。[21]

このような状況設定で、実際にはブラックによる介入、すなわち「有効な処置」がなかった場合のジョーンズの責任をフランクファートは問う。この事例において、ジョーンズには（ブラックの介入があるために）実際にしたのとは別の仕方で行為する可能性が存在していない。それでもジョーンズは自らの判断でその行為をし、かつブラックは実際には何ら介入をしていないのだから、ジョーンズは責任を問われるべきだろう、とフランクファートは結論する。

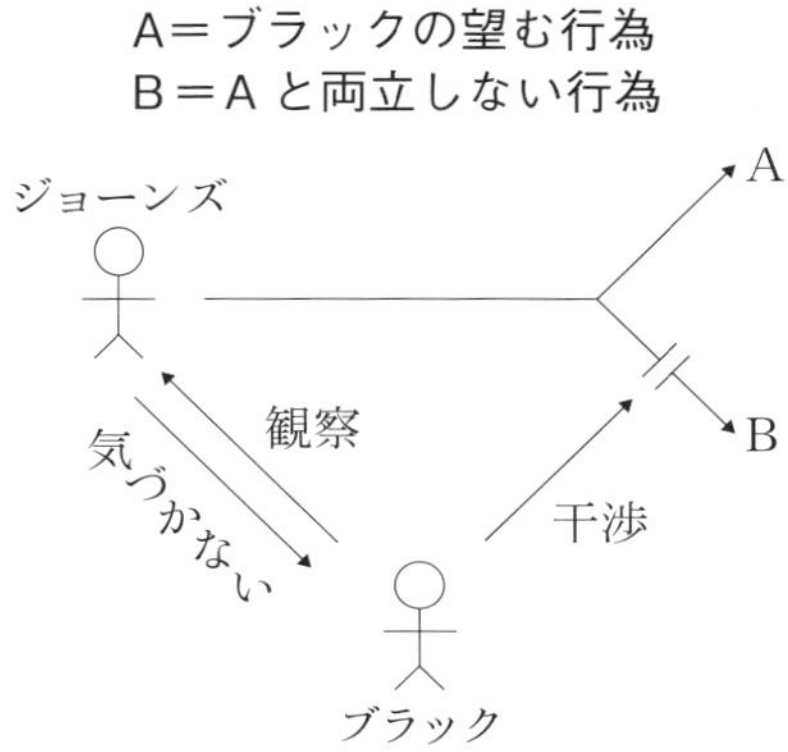

図1　フランクファート型事例

フランクファート型事例については「特定の行為」および「有効な処置」の種類によって、さまざまなバリエーションが生み出された。フランクファート自身は「有効な処置」として、脅迫であったり、薬物であったり、脳に行動を操作する装置を取りつけるなど、とにかくジョーンズがブラックの思いどおりになるようなあらゆる手段を考えていた。ここでは、二十世紀責任論の立役者の一人、J・M・フィッシャーによる「脳波の操作により特定の政党に投票させる」という事例によって、この議論の理解を深めたい。

ジョーンズは投票用紙記入所にいて、ゴアに投票するかブッシュに投票するかについて熟慮している、としよう。（中略）

真剣に考えたあと、彼はゴアに投票することを選び、普通の仕方で自分の投票用紙に印を付けて実際にゴアに投票する。ジョーンズには知られていないのだが、民主党で働いているリベラルな脳外科医のブラックは、ジョーンズの脳にある装置を埋め込んでいて、その装置はジョーンズの脳の活動をモニターしている。もしジョーンズが民主党員〔ゴア〕に投票することを選ぼうとすれば、装置はモニターを続けるだけで、いかなる方法でもその〔意志決定の〕プロセスに介入しない。しかしながら、もしジョーンズが（例えば）共和党員〔ブッシュ〕に投票することを選ぼうとすれば、その装置はある介入を引き起こす。そしてその介入によって脳に電気的な刺激が与えられ、その刺激によって民主党〔ゴア〕に投票しようという選択を生み出す（そして、結果として民主党に投票させる）。[22]

さて、フランクファート型事例に対するフランクファート自身の見解は、ジョーンズには責任が問えるというものである。フランクファート自身がこの答えは「直観に照らして正しい」と述べているが、あえて理由を述べるならば、ジョーンズが行ったことはブラックがジョーンズに対して何もしていない時と何も変わらないから、と答えられるかもしれない。このフランクファートの答えが示唆するのは、われわれが責任の帰属において重要視するのは、（行為の決定の前に熟慮をしたなどの）コントロール、すなわち「どのような仕方で行為するか」であり、そこに選択の可能性が実際に存在していたかどうかではないということである。

しかし、われわれはフランクファートの言う直観をそのまま鵜呑みにしてもよいだろうか。確かに、彼に共感する人は実際数多く存在するだろう。しかし、もしフランクファートが選択性条件を責任帰属の文脈から除外することを目的として、フランクファート型事例を考案したのであれば、その直観はすでに両立論的な責任観というバイアスがかかった論点先取であろう。現実におけるわれわれの直観は多様である[23]。責任帰属条件についてもわれわれには複数のパースペクティブがあるかもしれない。フランクファートが「直観」に訴えたとしても、それは彼の直観に過ぎないのであって、それが必ず正しいとは言い切れないだろう。

一哲学者の「直観」が必ずしも普遍的ではないという立場を受け入れるなら、フランクファートと対立するデネットの局所的宿命論に隠された、ある洞察に気づくことができる。それは、熟慮などによる行為のコントロールは、それによって他行為可能性が生じる限りにおいて、責任帰属にとって有用だというものである。この洞察はさらに、他行為可能性を必ずしも要請しない、熟慮のような両立論的なコントロールがなぜ責任帰属の基準として採用されるのかといった問いを投げかけるだろう。

この問いがさらに直観レベルでの争いを引き起こすにせよ[24]、挙証責任が両立論の側にあるように思われる、さらなる問題にこの論点は光をあてる。それは、重度の依存症や精神疾患、洗脳による行為がなぜ両立論において責任の免除・軽減の対象となるかという問題である。自由意志実在論においては、「これらの要因は他行為可能性を排除するか、困難にするため」と答えれば十分である。しかし、(当人なりの)熟慮の余地を十分に残すこれらの例が、両立論でなぜ責任の免除・軽減の理由となるかは明らかではない。他行為可能性が不在という点では、例えば洗脳によって銀行強盗をする人はフランクファート型事例と同様である。後者では責任が問われ、前者では問われないとされるものは何なのだろうか。

これに対して、デネットであれば他行為可能性に基づいた局所的宿命という考えを用いてこの違いを説明できる。すなわち、洗脳の被害者はいくら自らの力で熟慮したとしても、それが行為レベルの結果に反映されないためである。局所的宿命という発想は、他行為可能性（特にその不在）の持つ責任の免除・軽減という規範的な役割を明らかにする。対して、両立論には責任帰属に対して何らかの影響を及ぼす要素が直観以外に見当たらない。この点はフランクファートの結論に反して、他行為可能性概念を責任論の文脈にとどめておくことの大きな意義である（他行為可能性の持つ規範的役割の詳細については本書第七章で論じる）。

本節の最後に、第七章での議論を見据えて、フランクファート型事例が「閉じ込められた男の例」に及ぼす化学反応を見ておこう。「閉じ込められた男の例」は、ロックの自由の二条件による行為区分を最も如実に示す好例である。しかもそれは、フランクファート型事例と同じ構造をとり得る。例えば、第三節で述べたように、部屋に鍵がかかっているかどうかを男が知らずに部屋に留まることを選んだ場合がまさにそうである。そして、ロックの行為区分はフランクファートではなく、デネットの局所的宿命と結論を共有する。

フランクファート型事例をめぐる議論によって、ロックの行為区分の妥当性を責任に関する直観によって評価するという方法にわれわれは気づかされる。これは「閉じ込められた男」は自由かどうかを単に争うよりも建設的に見える。ただし、直観に訴えるというレベルでは、責任帰属の判断においても、フランクファートとロック＝デネットのいずれが正しいのかを結局は確定できない。フランクファートのように両立論をとれば、閉じ込められた男の行為は明らかに責任ある行為とみなされ、例えば、男が別の誰かと会う約束を忘れてその部屋に留まったとすれば男は非難される。しかし、デネットやロックの見地からは、部屋に留まるのは必然だったと言える。したがって、仮に行為の有意性に対して何らかの責を負う場合があるにせよ、全面的な責任を男が負うことはない。男の「約束を守らない」という判断は非難されるかもしれないが、「約束の場所に到着しなかった」という事態に関しては非難されてはならない。

このような直観の対立はまた別の議論へと発展する。例えば先に述べたように、デネットの側からは他行為可能性概念が果たす規範的役割の重要性を論点にできるかもしれない（そして行為区分を一にするロックもまたこちらに与することが可能だろう）[25]。フランクファート型事例の検討は、ロックの議論をこのような責任論の文脈で眺める格好の視点を与えてくれる。われわれは論点を形而上学から責任論へと移すことによって、水掛け論を避け、より実りのある議論を展開することが可能になる。そして、それが可能になるのは「閉じ込められた男の例」とフランクファート型事例の構造的同型性にある。

付言すれば、「閉じ込められた男の例」と局所的宿命の考えは、自由意志実在論者の責任帰属方法にも疑義を提する。問題は自由意志実在論者の「行為の心理化」にある[26]。自由意志実在論者が帰責の条件とするのは、「意志する自由」である。ここで、もしも「意志する」という行為が心の内の働きに留まるなら、意志することは閉じ込められていても可能なのだから、男は自由であることになってしまう。これは、ロウが「部屋から出る」を「部屋から出るよう試みる」と読み替えたのと同じ帰結を引き起こし、自由意志実在論者はその意に反して両立論者と同様の帰結を支持することになってしまうのである。他行為可能性を支持する自由意志実在論者が内的な意志の行為にこだわるあまり、身体への物理的制限の持つ重要性を見落とすというのは皮肉としか言いようがない。ロックの「閉じ込められた男の例」は現代的責任論の文脈においたとき、このような興味深い洞察を与えてくれる。

注

本章は、佐々木：2003を加筆・修正したものである。

1 『人間知性論』II. xxi. 13. p. 240.

2 『人間知性論』II. xxi. 8. pp. 237-8.

3 有意性のみを欠き、選択性を満たす行為はロックの行為論には存在しない。第三章注45を参照。また、125頁の表2および関連する説明、同節「意志」の項における「行為」という用語の説明も参照。

4 ホッブズの定義では自由は次の通りである。「私がそれを行うと意志すればそれを行い、差し控えると意志すればそれを差し控えるというのが、私があることをするのに自由であるということである」(Hobbes: 1654, sec. 3, p. 16)。また、必然は「他であることが不可能であること、他のように生じることがあり得ないこと」と定義される (Hobbes: 1656, sec. 1, p. 73)。

5 この設定は最も妥当な形にアレンジしてある。第三章注44（161頁）も参照。

6 Lowe: 1995, p. 120.

7 第三章五節「有意決定論」の項（135–139頁）における意志の他律原理の説明も参照。

8 本書では、ロックは「行為のデフレ説」を採用していると解釈するため、「有意が行為を引き起こす」という表現が必ずしも自己決定的な行為を意味することにつながらない。「行為のデフレ説」については、本書第三章三節「意志」の項（122頁）およびRickless: 2016を参照。

9 Lowe: 1995, p. 123. 自由意志実在論的立場からこの考えを退けることに関しては本章三節（178頁）で行う。また、150–151頁のヤッフェの議論も参照。

10 Lowe: 1995, p. 122.

11 *op. cit.*, p. 129.

12 *ibid.*

13 *op. cit.*, p. 130.

14 *op. cit.*, pp. 130-1.

15 *op. cit.*, p. 131.

16 *ibid.*

17 Yaffe: 2001, p. 378. 本書第三章六節（150－151頁）も参照。

18 『人間知性論』II. xxi. 4. p.235.

19 この時、action が思考と運動のみ、という考えは物体間の作用を考えた場合には奇妙に思われるかもしれない。しかし、それはロックが想定していた粒子仮説によって説明される。粒子仮説とは、すべての物体は目には見えない微小な粒子の組み合わせでできている、という考えである。そして物体の性質はすべて物体を構成する粒子の組み合わせ方、運動に還元される。例えば、炎が金を溶かす力能は、炎を構成する粒子が金を構成する粒子群に衝突することによって、その粒子間の結びつきが弱まる、というように説明される。これが物体間の作用が運動だということの意味だと思われる。

20 Dennett: 1984, p. 104.

21 ロックの自由と必然の概念がデネットの局所的宿命の概念とパラレルに考えることが可能であるなら、ロックの議論もまた、デネットの議論同様に、責任帰属の文脈で説明力を持つと考えることができるだろう。この点は本書第七章において詳細に検討する。

22 Frankfurt: 1988, p. 6.

23 Fischer: 1999, pp. 109-10.

24 道徳的直観の多様性については佐々木：2011 および Sommers: 2012 を参照。

25 この論点は、責任帰属における他行為可能性の役割についての挙証責任がどちらの立場にあるのか、という問題を含意している。本書では、自由意志問題を扱う文献でしばしば言及されるように、他行為可能性に基づく選択がわれわれの自由概念にとって自然だという点を出発点にしている。Pink: 2004, Smilansky: 2000 を参照。

26 フランクファートの側からは、自由意志実在論にある形而上学的な理解不可能性が指摘されるかもしれない。本書では、この理解不可能性は概念の規範的役割によって解消されるという見方をとる。詳しくは第七章で論じる。行為の心理化については、Pink: 2004, pp. 25-26 を参照。

第五章

ロック哲学における動機づけの力
——幸福、欲求、そして落ちつかなさ

前二章の議論によって自由論の内的整合性および定義の実在可能性が示されたので、本章ではロックの意志決定理論に焦点を当て、幸福や欲求といった意志決定過程を構成する諸要素の本性を再検討しよう。第三章で見たように、本書の解釈では熟慮の後の欲求の保留解除という事象に限定して、ロックの動機づけ理論に自由意志実在論的な意志決定を認める。本章の目的はこの解釈が自由論だけでなく、意志決定理論の中でも優勢であることを確認することである。具体的には、両立論的解釈の前提となっている欲求の持つ因果的効力を否定することで、従来ホッブズと類比的に語られることの多いロックの意志決定理論の独自性を示す。また、これを通じて、現代的な行為論の文脈でロックの議論を検討することの危うさを指摘したい。

ロックの意志決定理論に関しては、先の第三章二節「ロック自由論の研究背景」で示した解釈上の対立、すなわち両立論的解釈と自由意志実在論的解釈との対立を反映させた論争が存在する。[1] 前者は「欲求による意志の決定」に関する言説を重視し、欲求による意志の一意的決定を主張する。これに対して、後者は欲求による意志決定の言説を主要なものとはみなさず、行為者自身の手による自由な意志決定という側面を強調する。いま述べたように、本章の標的は両立論的解釈である。この解釈における標準的理解に従えば、意志決定の過程において欲求には行為を引き起こす十分な因果的効力としての動機づけの力が認められ、そのような欲求同士の力学によって意志決定の仕組みが説明される。そしてこのような想定のもとでどこまでロックの意志決定理論が整合的に説明できるか、というのが両立論的解釈の戦略である。これに対して本章では、「何かが動機づけの力を持っている」という前提を離れて、動機づけの力を持たないものを一つずつ確認していくことで、両立論的解釈の分析枠組みに疑問を投げかける。本章の議論は解釈にまつわる最終的な判決を下すものではないが、論争解決のための一里塚にはなるだろう。

本章の結論が示すのは、他の心的要素と独立に、欲求にのみ十分な因果的効力としての動機づけの力を認めるという発想はロックの議論の枠組みの中ではとることができない、というものである。かといって、意志もしくは行為者が独断的に行為を決定すると考える自由意志実在論的解釈を積極的に擁護するような、説得力ある議論を提出することはここではしない。いま述べたように、本章の目的は解釈の最終決着ではなく、今後の議論の方向性を示すことだからである。そのために、（ロック自身は明示的に言及しない）動機づけの力という現代的な概念をそのままの形でロックの議論の中に位置づけることは困難であることを示すことによって、現代的手法の持つ問題点を明らかにしておくことは必要な過程であると考えられる。

本章ではこれらのことを、この分野の第一人者T・マグリの解釈を検討することで行う。[2] 彼は動機づけの力という独自の観点から、ロックやヒュームの道徳論を分析し、国際的に高い評価を得ている。彼は動機づけの力と判断との関係に着目し、現代分析哲学における「判断に対する動機づけの内在／外在主義」という分析枠組みをロックに適用する。判断内在主義とは、「何かが善である」という判断がそれ自体として動機づけの力を持つ立場を指す。対して、判断そのものには動機づけの力は認められず、他の動機づけの力を持つ要素と組み合わされなければ、判断が意志を決定できないとするのが外在主義である。マグリはこの枠組みを用いて、ロックの意志決定理論の中には「欲求のみが動機づけの力を持つ」という外在主義的な考えと、「善としての幸福が動機づけの力を持つ」という内在主義的な考えが混在していると分析する。この外在主義的な部分には両立論的解釈の基本的主張が、そして内在主義的な部分には自由意志実在論的解釈のそれが共有されている。本章では、両解釈およびマグリの分析の妥当性を「何が動機づけの力を持たないのか」という観点から検討するが、最終的に、ロックの言説を丁寧に読み解くなら、いかなる心的要素も単独では十分な動機づけの力を持たないということを示す。それを通じて、両立論的な動機づけ理論を批判するとともに、マグリの議論に代表される、道徳心理学の現代的な分析枠組みを古典的思想に当てはめることの問題性を指摘したい。

動機づけの問題を扱う際には、判断や信念、欲求、性格など「どのような種類の心的要素が動機づけの力を持つのか」と問うのが一般的である。ロックの動機づけの理論についても同様の研究手法がとられてきたが、本章では「あるものは動機づけの力を持たない」ということを確証していくことでロックの主張を吟味する。このような手法をとるのは、ロックの主張の中には内在主義と外在主義が混在しているとみなされているためである。このような状況では、両者の主張をまずは正しいものとみなし、双方の主張する要素がともに動機づけの力を持ち得るという前提からはじめて、検証を通じてその力を否定していくという手法の方が妥当のように思われる。というのは、一般的な手法は水掛け論に終わってしまう可能性があるためである。もしこの手法によってもっともらしい議論と結論が導かれるなら、それは意志決定理論一般に対しても新しい分析手法を提案できたと言えるかもしれない。[3]

さて、以降では次の順で議論を進める。第一節では、ロックの主張する意志決定過程の基本的な構造を確認する。第二節では、マグリの分析を見ながら、ロックの意志決定理論の中で動機づけの力がどのような位置づけをなされているかを見る。そして第三節ではマグリ説をロックのテキストに沿って検討することで、動機づけの力の最終的な位置を確定する。

第一節　意志決定の基本構造

われわれの意志がどのような過程を経て決定されるかについては、本書の第三章でおおよそ明らかにされている。熟慮に基づいた有意的行為を例とするなら、まず何らかの欲求が生じ、次いでその欲求がいったん保留される。その上で、比較考量により欲求された行為の結果を考える過程が始まる。その中で新しい欲求が生み出される（もしくは検討された欲求が生き残る）。ここで保留が解除されれば、最終的に行為を生み出す意志がその新しい欲求によって決定され、その意志に従って行為が生み出される。[4] これについてのロックの言説をいま一度確認しておこう。

では、**われわれの活動に関して、意志を決定するものは一体何か**、という探求に戻ろう。（中略）〔それは〕目に見えるより大きな善ではなくて、人が現在その下にある、ある（そして大抵の場合は最も切迫した）**落ちつかなさ**である。これが次々に**意志**を決定し、われわれの実行する活動へとわれわれを向かわせるのである。この**落ちつかなさ**を、われわれは、実際そうであるように**欲求**と呼んでよいだろう。この欲求とは現に存在しない善を求める心の**落ちつかなさ**なのである。

（『人間知性論』2-5 II. xxi. 31. pp. 250-1. 最後の「落ちつかなさ」の強調は第五版で加えられた。[5]）

両立論的解釈を支持する研究者たちはこのテーゼに基づいて、欲求を構成する「落ちつかなさ」に動機づけの力を認め、これによって欲求と「意志する」という行為が因果的関係にあるとしてきた。[6] しかしながら、ロックは欲求意志決定テーゼを主張すると同時に、V・チャペルが「保留原理」と呼ぶ考えを導入する。[7]

というのは、心は大抵の場合、経験において明らかだが、心に存する任意の欲求を実行し満足させるのを**保留する**力能を持ち、〔一つひとつ欲求を保留していくことによって〕次々にすべての欲求を**保留する**力能を持つ。そして欲求の対象を考え、すべての側面から検討し、他の欲求と考量する自由にある。（『人間知性論』2-5 II. xxi. 47. p. 263）

欲求を保留するというこの力能をロックは「すべての自由の源泉」と呼び、「このことに自由意志と呼ばれるものは存するように思われる」とも述べているため、ロックは最終的には「意志の自由」というものを認めたのだと解釈する研究者も多いことは本書第三章でも触れた。[8]そして、両立論的解釈をする研究者にとっては、これはロックの意志決定理論に内在する大きな矛盾であるとみなされた。逆に、自由意志実在論的解釈をとる研究者には、保留原理はいわゆる伝統的な自由意志概念をロックの中に見出せる証拠だと考えられた。両立論的解釈は、この保留原理の導入によって、欲求に読み込まれていた動機づけの力の位置づけに大きな変更が迫られることになると指摘する。次節では、この変更とは正確にはどういうものだったのかをマグリの分析を借りて確認したい。

第二節　マグリ説における動機づけの力

マグリが論文「ロック、欲求の保留、そして未来の善」[9]において目指しているのは、未来の善に対する現在の判断と動機づけの力との関係性、言い換えれば、善の判断に対する動機づけの力の内在／外在の観点からロックの議論を分析することである。『人間知性論』第二巻二一章が初版から第二版にかけてロックの手により大きく加筆・変更されたことは先にも述べた。マグリはこの変更を経てなされたロックの意志決定理論の変遷を動機づけの力の位置から読み解こうとしている。すなわち、初版における内在主義から第二版以降における外在主義への移行である。しかしながら、マグリの分析に従えば、ロックの意志決定理論はそれほど単純ではない。保留原理のために、ロックは第二版以降において初版の内在主義とは異なった特殊な形の内在主義的考えを、外在主義という一般的な構造の中に密かに持ち続けることになる。以下では、初版の内在主義、第二版以降の外在主義、そして第二版以降も内包される内在主義という順に、マグリの議論を追いながらその中身を確認する。

◉第二版における変更——初版の内在主義と第二版以降の外在主義

さて、初版におけるロックの立場は善の観念に動機づけの力を認める内在主義の立場だとされる。[10]この立場は大きな問題を抱えている。それは、時間的に遠くにある善が意志を決定することの困難さである。同じ大きさの立方体であっても、一方が十メートルほど遠くにあるなら、それは手前にあるものより小さく見える。同様に、同じおいしさのりんごであっても、片方はいますぐ食べることができるが、もう一方は三日後でなければ食べられないとなると、われわれの多くは三日後のりんごの価値をより低く見積もるだろう。このように、未来の善の見え方が時間的距離に応じて変わることをロックは初版の段階から認めていた。[11]マグリはこれを、善を快苦によって定義する快楽主義と結びつけ、[12]時間に相対的に変化する見かけの快苦と現在の快苦を一定の基準の下で比較するには概念的な困難があると指摘する。[13]この困難の解決はロックにとって一貫した問題意識を形成しており、マグリによれば、ロックの意志に関する複雑な議論の目的は「自身の哲学一般および行為の哲学の枠組みの中で、実際の善と見かけ上の善を区別し、事柄と行為の持つ価値についての正しい判断を確立することにどれほど確たる根拠が与えられるか」を示すことにあるとまで言われる。[14]

この目的に応えるために、ロックは第二版での改訂を経て外在主義へと考え方をシフトさせる。この転換に大きな役割を果たしているのは、意志決定プロセスへの「欲求」の要素の導入である。第一節で引用した通り、ロックによれば、欲求とは「現に存在しない善を求める心の落ちつかなさ」であり、[15]その中でも「最も圧力が強く」(the most pressing)、「最も顕著な」(topping) ものが意志を決定する。[16]これが第二版で導入された新たな意志決定理論であった。動機づけの力の位置づけを善の観念から欲求へと移すことにより、善の観念（判断）はそれだけでは意志を決定できなくなる。これがマグリの外在主義である。そこでは善の観念と意志や行為の関係は偶然的なものになり、「特定の善の観念が意志や行動に影響を与えることはあっても、それはその観念がそれに見合った形で落ちつかなさと欲求を生じさせる場合に限られる」ようになる。[17]

マグリによれば、欲求による意志の決定は二つの場合で区別されなければならない。一つは身体的であれ心的であれ苦痛の除去を欲求する場合であり、もう一つは心に現前しない快を欲求する場合である。これらの内、外在主義の典型とされるのは後者である。というのは、マグリの言う通り、苦痛の除去の事例では苦痛そのものが「欲求と行為への源泉」となり、欲求される善（すなわち苦痛の除去）と動機づけの力は「互いに連結され釣り合う」とロックは述べる一方で、現にない快を欲求する場合には、必ずしも欲求している快の大きさに見合った欲求が生じるとは限らないとされているからである。[18] この時、「現にない快」という善と、欲求の持つ動機づけの力とは乖離している。したがって、欲求される善と意志決定の関係は偶然的である。これは外在主義の典型的な形である。

ここでの欲求に備わる落ちつかなさは「内在的で直接的な動機づけの力」を持つとされ、落ちつかなさの持つ「個別の不快な感情」が、感情の不快さゆえに直接的にわれわれを行為へと向かわせる。マグリは『人間知性論』の第二巻二一章三一節[19]を参照しつつこのように述べる。

> 動機づけの力が落ちつかなさに内在的なのは、落ちつかなさそれ自体が不快な感情であり、われわれが避け、なくすよう決定される感情だからである。同じ理由で、この種の動機づけの力は直接的である。[20]

これに続けて、落ちつかなさは心の中で他の出来事や心的状態と因果的に連結されており、最終的に落ちつかなさと行為の間でなされる動機づけとは「因果的な関係」なのだと解釈される。[21] このように、欲求の中にある落ちつかなさという感情のみが、意志やひいては行為を因果的に決定する力を他とは独立に備えるのであり、善の観念に従って行為が生み出される場合でさえ、落ちつかなさの感情が心に生じていて初めて行為が導出される、というのがマグリがロックの理論に読み込む外在主義の姿である。

◉保留原理と第二版以降の内在主義

ロックの意志決定理論の大枠が前項で論じたような外在主義的なものであることは、ロックを両立論的に解釈する多くの研究者が同意するところである。しかしながら、そうなると問題となるのはこの外在主義と保留原理との関係である。マグリはこの関係をどのように分析しているのであろうか。

「保留原理」とは、個別の欲求の実行を保留し、その間に欲求によって意志が行為へと決定されることがないようにしておく力能をわれわれは持っている、という考えである。[22] 以降の議論のために注目すべきは、保留の能力そのものではなく、保留の間になされるプロセスである。それは、「行おうとしていることの帰結としての善悪を検討し、眺め、判断する」過程であり、[23] この検討を通じて「善の価値に釣り合った仕方で欲求を高める」働きである。[24] これらの心の働きによって、われわれは目先の小さな落ちつかなさに意志を決定されることなく、未来のより大きな善を獲得するよう意志を決定できる。換言するなら、落ちつかなさの力学による偶然的決定から、実質的な善の判断による理性的な意志決定へと、決定の仕組みを推移させることができるのである。本章ではこのような意味を読み取って、保留原理を「保留と考量の原理」と言い換えることにしよう。

ここで考察しなければならないのは、保留と考量の原理を導入した上での動機づけの力の位置づけである。一見したところ、この導入は前項で紹介した外在主義とは抵触しない。というのは、「保留と考量」

はあくまでも善の観念と釣り合った欲求を生み出すプロセスなのであって、直接意志や行為を決定する力を善の観念に与えるものではないからである。しかしここで、マグリはロックの意志決定理論に決定的とも言える問いを投げかける。それは、「保留と考量の実行を動機づけるものは何か」という問いである。[25] マグリをはじめ、多くの両立論的解釈にとってこの問いが重要なのは、保留と考量の原理が欲求の持つ動機づけの力を一時的に無効化している以上、保留の動機づけが欲求の力学によって適切に説明されないのであれば、「欲求が動機づけの力を持つ」という主張の意味がわからなくなってしまうからである。しかしながら、さしあたり有力な候補に見える善の観念も、「最も圧力のある落ちつかなさ」も保留と考量を動機づけることはない。というのは、まず、先の外在主義によれば善の観念はそれだけでは動機づけの力を持たないために、保留と考量を動機づけるには不十分だからである。また、（保留と考量によって得られる）未来の善を求める欲求は目の前の落ちつかなさに比べれば非常に小さいので、[26]「現在最も圧力のある落ちつかなさ」は、保留の目的とは真逆に、目の前の行為にわれわれを導くからである。

ロックの抱える問題をこのように分析した上で、マグリは従来の解釈ではまったく注目されてこなかったものにこの問いの答えを見出す。それは、「幸福への欲求」である。[27] マグリは次のロックの文章を引用する。

> われわれは、最大の善として真の幸福を選択し、追求する必然性によって、個々の事例において欲求の満足を保留するよう強いられるからである。（『人間知性論』2-5 II. xxi. 51. p. 266）

知的存在者の本性の持つ幸福への傾向性および性向は、幸福を誤解したりつかみ損なったりしないように彼女らに配慮させる責務であり、動機である。（『人間知性論』2-5 xxi. 52. pp. 266-7）

この引用に従って、マグリは「知的存在者としての責務」としての「幸福への欲求（傾向性）」が「保留と考量」へと意志を決定すると解釈する。そして保留と考量の原理が適用される意志決定に関しては、特殊な形の内在主義が成立しているのであり、これが前項で述べた外在主義と抵触すると論じる。保留と考量の原理と外在主義の不整合は、この原理導入後の動機づけの力の位置を確認することで鮮明になる。マグリによれば、この場合、落ちつかなさが非内在的で間接的な動機づけの力を持つことはあり得る。「しかし」、と彼は続ける。

いまやその動機づけの力は、不快な状態としての落ちつかなさが持つ因果的影響に依存するのではなく、〔落ちつかないという〕この性質と、より高階にある、一般的で、（ある特定の意味で）必然的な欲求――すなわち幸福への欲求――の満足との対照（contrast）に依存する。[28]

換言するならば、保留と考量の後に（新たに生じた）個別の善への欲求が意志を決定する場合には、その欲求は自身に内在的な性質によって意志を決定するのではなく、高階にある幸福を参照し、幸福の部分と認められ、幸福から動機づけの力を受け取らなければ、意志決定という仕事を遂行できないということになる。したがって、「そのような〔欲求という〕経験が生じたというだけでは、動機づけとしては十分でない」ということになるのである。[29]

ここで参照される「幸福」とは、「快、すなわち善の最大化のための構造」だとされている。[30]「最大化」という条件を付け加えているのは、これによってわれわれは客観的な視点から未来の善と目の前の善との比較が可能になるためである。[31] 保留と考量という行為が意味を持つのは、この客観的な基準があるからであり、保留と考量を行うようわれわれを動機づけるのもこのように解された幸福への欲求があるからである。[32] 結果、保留と考慮の原理導入後のモデルでは、あらゆる動機づけの力が幸福への欲求から派生することになる。ここでは欲求が「推論によって生み出された心情」(reasoned attitude)と呼ばれているように、動機づけの重点は考量によって伺いをたてられる幸福の観念に移行されてしまっているのである。かくして、幸福という善のみが内在的な動機づけの力を持つことになり、その他の心理的要素が持つ動機づけの力はすべて幸福の持つ力からの派生物となる。結果、幸福への欲求はロックの意志決定枠組みの中で、唯一内在的な動機づけの力を持つ因子となり、ロックの自然主義的な心理学の中で唯一「自然主義的ではないもの」とみなされる。[33] これがマグリの解釈である。

第三節　何が動機づけの力を持たないのか——マグリ説の検討

前節のマグリ解釈は次の二つの主張にまとめることができる。一つは保留と考量の原理が機能していない場合であり、そこでは欲求に備わる落ちつかなさが、それ自体として持つ動機づけの力によって意志を決定する。これは自然主義的な「善の判断についての動機づけの外在主義」である。そこで働く原理は、複数の欲求が押し合いをする圧力の中で「最も圧力の強い」欲求が意志を決定するという、現代道徳心理学では「欲求の水力学モデル（hydraulic model of desire）」と呼ばれるものである。もう一つは保留と考量の原理が導入される場合であり、そこでは幸福への欲求のみが非自然主義的な、内在的な動機づけの力を手にする。そして、それ以外のあらゆる心的要素は内在的な動機づけの力を持たず、単に派生的な力を持つだけである。そのため、欲求は単独で行為を決定する十分な因果的効力を失う。

以上のマグリの解釈は一見、本章のテーマである「何が動機づけの力を持たないのか」という問いへの十分な答えになっているように思われる。すなわち、保留と考量の原理の導入後では、幸福への欲求以外のあらゆる心理的要素が内在的な動機づけの力を持たず、単独では行為への十分な因果的効力を持たない、ということである。しかしながら、この答えは十分ではない。そこで以下では、彼の解釈をいっそう深く検証、補完することで、本章での最終的な解答を提示したい。

◉幸福概念の再検討

まず検討すべきは保留と考量の原理導入以前の幸福概念の立ち位置である。マグリはこの段階では、心に現存する欲求同士の水力学的機構によって意志と行為が決定されると考え、そこに幸福への欲求が積極的に関与するとは見ていない。しかしながら、ロックの幸福に対するいくつかの言及を見ると、欲求がそれ自体で動機づけの力を保持するというマグリの考えは疑わしく、むしろこの段階でも幸福への傾向性との関係によって意志は決定されているように思われる。例を二つほど引用しよう。

というのは、われわれが何らかの**落ちつかなさ**の下にある限り、われわれは自らが幸福であったり、その途上にあったりすると理解できないからである。誰もが結論し、そう感じるように、苦と**落ちつかなさ**は幸福と整合しない。（中略）そしてそれゆえに、当然のごとく、われわれの**意志**の選択を次の行為へと決定するものは苦の除去が常なのであり、苦が残されている限り、苦の除去が幸福への必要な第一歩なのである。（『人間知性論』2-5 II. xxi. 36, p. 254.）

（前略）われわれが苦を忌み嫌うのは、ほんのわずかな苦がわれわれの快のすべてを消滅させるほどである。（中略）われわれはとにもかくにも現にある悪を取り除こうと欲求することになり、この悪には現にないものはいずれも匹敵できないとわれわれは考えてしまう。なぜならば、現にある苦の下では、われわれは自身が最低程度の幸福に与ることもできないとわかるからである。（『人間知性論』4-5 II. xxi. 64. p. 276.「現にある苦の下では」は初版から第三版にかけては「苦があり続ける間は」である。）

これらの引用からうかがえるのは、欲求がそれ自体で動機づけの力を持つというよりは、「幸福の障害となっている苦としての落ちつかなさ」という、幸福との関連から意志を決定する欲求の姿である。確かに、われわれは自分の本当の幸福とは何かを意識することなしに、大した思慮を働かせず意志決定をする場合があるし、そのような意志決定のプロセスをにおわせるロックの言及はいくつか存在する。[34] しかしながら、そのような場合でさえ、落ちつかなさが意志を決定するのは、苦としての落ちつかなさがある限りわれわれは幸福ではあり得ないからであり、欲求が単独で動機づけの力を持っているからではない。マグリは第二巻二一章三一節[35]に言及しつつ、欲求そのものが動機づけの力を持つ理由を「それ自体が不快な感情であり、われわれが停止するもしくは避けるよう決定される感情である」と述べている。[36]しかしながら、幸福への傾向性抜きに「不快な感情」というだけで欲求が意志を決定する事態はロックの考えの中には見出しがたい。[37]

この解釈のずれの原因はマグリがロックの幸福概念に過剰な読み込みをしている点にあるように思われる。先に200頁で示した通り、マグリの問題関心は、ロックの意志決定理論の枠組みに「実際の善と見かけ上の善を区別し、事柄と行為の持つ価値についての正しい判断を確立する」ための基準を見出すことにある。そして、マグリはその基準を幸福概念に見出すのだが、そこでのマグリの幸福概念とは「快の最大化」であった。[38]たしかに、目の前の善と未来の善の比較を行うためには何らかの基準が必要であり、客観的な基準の候補として「最大化」という条件を導入するというのはわかりやすい解釈である。しかし、ロック自身の幸福の定義では「快の最大化」というよりも「苦痛の消去」という観点が強調されているように見える。

となると、**幸福**とは、その極限はわれわれが与ることができる最大の快であり、**不幸**とは最大の苦である。そして、**幸福**と呼ぶことができるものの内で最も低い程度のものは、それなしには誰もが満ち足りることができない程度にすべての苦痛から免れ、快を現に感じることである。(『人間知性論』4-5 II. xxi. 42. p. 258. 冒頭の「となると、**幸福**とは、その極限はわれわれが与ることができる最大の快であり、**不幸**とは最大の苦である」という記述は初版に見られる（『人間知性論』1 II. xxi. 29. p. 248n）。「そして、**幸福**と呼ぶことができるものの内で最も程度の低いものは」以下は第二版において追記され、第四版において引用したように修正された。）

「幸福と不幸とは両極端の名前であり、その極まるところはわからない」とも言われている通り[39]、ロックの考えでは、われわれは現実世界では最大限の幸福の観念を持ち得ず、ただそれが来世において神によって与えられることのみを知る。[40] また、

告白するが、自然は人に幸福の欲求と不幸の忌避とを埋め込んでいる。これらは実際、生得的な実践的原理で、（実践的原理がそうあるべく）われわれのすべての行為にやむことなく恒常的に作用し影響し続けている。（『人間知性論』1-5 I. iii. 3. p. 67）

とあるように、ロックにとって「幸福への欲求」はある種の実践的原理である。これらの点を踏まえるなら、ロックの道徳心理学において「快の最大化」としての幸福概念は現世における人間の行動原理としては強過ぎる。「われわれの誰もが恒常的に欲求している」[41]のは「最も低い程度の幸福」としての目の前の苦の除去であり、誰もが快の最大化のために行為しているのではない。マグリの言う通り、快の最大化が「知的存在者としての人間」[42]に責務として課されることを認めたとしても、それが原理として常時すべての人間に働いているわけではないだろう。逆に、目の前の苦の除去を幸福への傾向性として認めるのなら、

幸福との関係性によってのみ欲求が動機づけの力を得るというのは、保留と考量の原理導入のいかんに関わらないということになる。どちらの場合においても、ロックの枠組みでは、欲求はそれのみでは行為を引き起こす十分な原因となることができないのである。

◉落ちつかなさの持つ二つの役割——苦の様態と動機づけの力

前項での考察はひるがえって、保留と考量の原理の導入前後で幸福概念の変更があるのではないか、という論点へとわれわれを導くかもしれない。すなわち、マグリの幸福概念への移行、すなわち「快の最大化」を「真なる客観的な指針」[43]として受け入れ、意識することが原理の導入条件となっており、この点で原理の導入前後で意志決定のプロセスが区別可能なのだ、ということをマグリの解釈に読み込むことができるかもしれない。こう解釈すれば、原理の導入前は「目の前のより圧力の強い苦痛」の除去という行動原理に従っているとはいえ、欲求に備わる落ちつかなさの力学によって意志決定が支配されていると考えることは可能である。しかしながら、「落ちつかなさが不快な状態であるがゆえに動機づけの力を持つ」というマグリの考えには考察すべき重要な問いがある。それは、「なぜあらゆる苦ではなく、欲求の落ちつかなさだけが意志を決定するのか」という問いである。不快という性質ゆえに落ちつかなさが意志を決定できるのであれば、落ちつかなさ以外の苦の様態にも同様に意志を決定できる動機づけの力が認められても不思議はない。それなのに、どうしてロックは（そしてマグリも）落ちつかなさだけに限定して動機づけの力を認めるのだろう。ここでは、この問いを改めて検証することで、ロックの意志決定理論における欲求と落ちつかなさの本性を解明したい。

これまでの論述を踏まえるなら、「落ちつかなさ」と訳されている「uneasiness」の観念は、『人間知性論』の中で二つの意味合いを持つ観念として現れていることになる。この観念は一方で、マグリや両立論的解釈者によってそう受け取られているように、欲求に伴われ、動機づけの力の担い手として扱われる。その一方で、この観念は苦の一様態（mode）であるとともに、他の苦の様態の要素という側面も持っている。例えば、ロックは単純観念としての快苦に言及する際に、「落ちつかなさ、悩み、苦、苦悩、苦悶、不幸」の観念を挙げ、これらが苦の単純様態の観念だと述べている。[44] また、落ちつかなさの観念は、憎しみや悲しみ、恐れ、落胆、怒り、うらやみ、恥ずかしさといった混合様態の観念の構成要素としても言及されている。[45] 落ちつかなさが憎しみや悲しみの持つある種の苦であるというのは理解できる。しかしながら、それが苦の一単純様態であるという主張は、マグリの主張に大きな困難をもたらすように思われる。というのは、保留と考量の原理導入前では「悩み、苦、苦悩、苦悶、不幸」といったさまざまな苦の様態がそれ自体としての動機づけの力を持つ可能性があるためである。先に確認した通り、原理導入前の段階では「苦の除去」という幸福への傾向性に従って欲求が意志を決定する。となると、同じ苦の様態である「悩み」や「苦悩」「不幸」といった観念も、それが「不快な性質である」という理由によって落ちつかなさ同様に意志を決定するという考えを認めてもよさそうである。

しかし、実際にはこの考えはマグリ解釈にとって非常に危険である。というのは、これらの苦の様態が意志決定の力を持つということは、ある種の「善の判断に対する動機づけの内在主義」を認めることになるからである。これはロックの善の定義を再度確認することで明らかになる。

われわれが善と呼ぶものは、**われわれに快を引き起こすもしくは増大させる傾向を持つか苦を減少させる傾向を持つ**ものである。（『人間知性論』1-5 II. xx. 2. p. 229）

マグリは善をもっぱら「快を生み出すもの」という観点から捉える傾向にあるが、[46]「苦の減少」もまた善の定義の重要な部分であることは忘れられてはならない。つまり、「これこれの行為を行えば現在感じられている苦が除去されるだろう」という判断は、未来の善の判断として立派に通用するのであり、苦の様態としての落ちつかなさに動機づけの力を認めることはまさに、善の判断に動機づけの力を認めることにほかならないのである。となると、もし落ちつかなさに内在的な動機づけの力を与えるなら、例えば貧困への苦悩にも同様に動機づけの力が認められなければならない。もしここに、何らかの手段が提示され、「この仕事につけば貧困の苦悩が解消される」と判断するなら、苦悩の持つ動機づけの力があるために、この判断には動機づけの力が内在することになる。そうなると、保留と考慮の原理導入以前においても、善の判断についての内在主義が成立してしまう。これはマグリの解釈にとっても、両立論的解釈にとっても非常に都合の悪い事態であろう。

実は、特定の心的要素に動機づけの力を認めるという考えが善の内在主義につながるという議論は、『人間知性論』の中により直接的な言質がある。それは満足に動機づけの力が備わっているというロックの主張である。

（前略）同じ状態もしくは行為を継続する動機はそれへの現在の満足のみであり、変化の動機は常に何らかの**落ちつかなさ**である。（『人間知性論』2-5 II. xxi. 29. p. 249.「落ちつかなさ」の強調は第五版で付加。）

ロックが動機づけを行為の変化と継続に応じて二種類に区別している点を指摘する研究者は管見の限り皆無である。その理由の一部は、本章注44で触れたように、満足が第二巻七章二節では「心地よさ、快、幸福」と並んで快の単純様態に数えられている点にあるのかもしれない。というのは、快の様態としての満足に動機づけの力を認めることは、まさしく「何かが快＝善である」という判断に動機づけの力を認めることにほかならないからである。これは欲求にのみ動機づけの力を認める両立論的解釈にとっては非常に不利な証拠である。

以上のことからわかるのは、マグリの考える外在主義とは、動機づけの力を落ちつかなさに限定して初めて成立するものだということである。また、そこでは苦痛の大きさと動機づけの大きさとが同じものとみなされている可能性が高い。そこで、この立場を救済するために、落ちつかなさに苦の大きさとは異なる、「動機づけ」という別種類のベクトルを想定してみてはどうだろうか。[47] すなわち落ちつかなさの観念は「悩み」や「不幸」と呼ばれるに至るような苦痛の量の大小を持つ一方で、動機づけの力の量の大小を持つと解釈する道があるかもしれない。例えば、苦痛の程度の観点を苦の単純様態とする一方で、動機づけの力の程度を「激しさ」や「圧力」と呼び、様態としての落ちつかなさとは区別された「欲求の大きさ」として区別することが可能であろう。こうすることで、ロックがなぜ、苦一般が意志を決定するのではなく、欲求の落ちつかなさのみが意志を決定すると述べたかを説明することが可能になるかもしれない。

しかし、この解釈は欲求と幸福の関係をいっそう際立たせる。というのは、欲求の持つ動機づけの力が（マグリの主張に反して）落ちつかなさの持つ「不快な質」に内在的なものではなくなるからである。落ちつかなさの苦の性質と動機づけの性質とを切り離すと、欲求はあくまでも幸福と関係する限りで動機づけの力を得ているという論点が強調される（さもなければ、動機づけの力の程度を測る基準が失われるだろう）。また、210頁で指摘した幸福概念の変遷という解釈を容れるなら、保留と考量の原理導入以前は苦の大きさと動機づけの力が概ね一致するのに対して、[48] 原理導入後は苦の大きさと動機づけの力が乖離し得るとするロックの主張をこの解釈は上手く説明することができるだろう。

とはいえ、特に保留と考量の原理導入後では、感じられる苦痛の大きさと法則的関係にない動機づけの力を導入することは、動機づけの力の大きさを経験的に認識できなくさせるおそれを生じさせる。これは、例えばチャペルを代表する両立論的解釈がロックの中に矛盾を指摘するポイントであり、また、自由意志論的解釈を生み出す基にもなっている。欲求に経験的に認識できない程度の差を持ち込むことは、「何が最も圧力のある欲求か」という問いに、行為が生じた事後にしか答えられないということを意味するのであり、このことは欲求に動機づけの力を認める理論の説明力を半減させる帰結を生む。[49] このような動機づけの力の想定は、とりわけ保留と考量の原理導入後には、意志と行為を決定する欲求の因果的役割を曖昧にすることにつながるのである。

以上の議論から明らかになるのは、保留と考量の原理導入の前後にかかわらず、欲求もしくは落ちつかなさそれ自体に単独での動機づけの力を認める解釈には大きな困難があるという点である。仮に原理導入の前後で意志決定の仕組みに区別を設けることができたとしても、単に不快な性質だからという理由のみで落ちつかなさに動機づけの力を認めると、苦の他の単純様態にも同様に動機づけの力を認めなければならないという事態に陥る。また、苦の除去がある意味で善の判断であること、そして満足に備わる動機づけの力に注目するなら、「欲求の落ちつかなさのみがそれ自体で動機づけの力を持つ」という考えが前提している、善の判断に対する動機づけの外在主義という発想が疑わしくなる。さらに、落ちつかなさに苦の性質とは区別された動機づけのベクトルを導入することは、自然主義的な外在主義的意志決定のプロセスをブラックボックス化するおそれが生じる。これらの点を踏まえるなら、特に両立論的解釈では「欲求の落ちつかなさのみが動機づけの力を持つ」とは一体どういう事態なのかが検討し直されなければならない。

◉一般的な傾向性としての幸福への欲求

最後に、とりわけ保留と考量の原理導入後に焦点をあてて幸福概念の役割を確認しておこう。マグリ解釈の中で動機づけの力を唯一持つと認められている「幸福への欲求」が行為と意志の決定に果たしている役割はどのようなものだろうか。

確認されるべきは、幸福への欲求は意志決定の個別の内容には何の影響も与えないという点である。すなわち、幸福への欲求があるからといって、特定の行為に意志が決定されるということはないということである。このことは、先に209頁で引用した「実践的原理」としての幸福という考えから直接示唆されるように思われる。「幸福の追求と不幸の忌避」はあらゆる行為を対象に、われわれに恒常的に作用する一般的な傾向性である。また、幸福という観念は一般的なものであり、具体的な内容を持たないということはマグリにも認められている。[50] この点を踏まえるならば、幸福への欲求は行為の産出に必要ではあるものの、それのみで意志決定の十分な原因であることはない。あらゆる行為に作用している原理は「なぜあの行為ではなくこの行為が生じたのか」という事態を説明しないからである。

以上により、幸福への欲求に対して認めることができるのは、個別行為にとっての動機づけの源泉という地位がせいぜいであり、この欲求を単独で個別行為を生み出す動機づけの力を持つものとすることはできない。特定の行為の産出に必要だ、というだけで動機づけの力を認めることができるのであれば、特に保留と考量の原理導入後に新しい欲求が喚起された場合には、その欲求や、欲求の対象になる善の観念（判断）、ひいては保留や考量といった行為など、当該の個別行為が産出される過程のすべての要素に動機づけの力を認めることが可能になる。これは欲求のみに動機づけの力を認める両立論的解釈にはとりわけ好ましくない。結局、意志決定の過程にある何か一つの要素に動機づけの力を認めるならば、その他すべての要素にも同様にそれを認めなければならず、それを拒むなら、あらゆる要素に動機づけの力を認められないという事態に陥る。過程の中のいずれか一つを特別視して、それだけに動機づけの力を認めるということはできないのである。

第四節　ロック研究の今後に向けて

以上により、本章のテーマであった「何が動機づけの力を持たないのか」という問いへの解答が示された。本章第二節（204‐205頁）で示したマグリの見解に従うなら、保留と考量の原理導入後には、欲求はそれ自体としての動機づけの力を持たない。また、第三節の「幸福概念の再検討」では欲求が幸福との関係により動機づけの力を得るのは原理導入に関わらないことが示され、続く「落ちつかなさの持つ二つの役割」では落ちつかなさのみに特権的に動機づけの力を認めることの困難さが示されたため、欲求一般が単独では動機づけの力を持たないことになる。加えて、第二節「第二版における変更」ではマグリにより善の判断には動機づけの力が認められない点が確認され、最後に第三節「一般的な傾向性としての幸福への欲求」において、幸福への欲求もまた個別行為に関しては単独では動機づけを担えない点が示された。結論としては、ロックの意志決定理論の枠組みでは、それだけで意志や行為を決定できるだけの動機づけの力を備える心的要素は存在しないということになる。

この結論は一見すると、外在主義的な意志決定過程をロックに読み込むこと、さらにはそれを前提とする両立論的解釈が誤りであるように読める。確かに、判断に対する動機づけの内在主義／外在主義という現代的な分析手法をロックのような古典的なテキストに無批判に適用することの限界が本章によって示されたとは言える。しかしながら、「そもそも欲求にそれ自体としての動機づけの力を認め、その力学によって意志が決定される」という主張そのものの本義を問い直すことによって、両立論的解釈には生き残る道が見出されるかもしれない。そのためには、欲求が「行為に対して十分な因果的効力を持つ」ということの意味が再度検討される必要があるだろう。

また、本章の結論は自由意志実在論的解釈を積極的に擁護するものでもない。ここで示したのは「どの心的要素も意志を因果的に決定するのに十分でない」ということのみであり、それが必要であることは否定されていない。したがって、これらの心的要素の働きに反して、例えば自由意志の働きによって意志が決定されることまでは本章では示されていない。あらゆる心的要素が動機づけの力を持たないからといって、意志の力が独断的に行為を決定できるようなイメージをロックの中に読み込むことはできないのである。むしろ、結論から引き出されるのは、自由意志実在論的解釈は「幸福への傾向性や欲求は意志決定には十分ではないが必要である」という考えをその主張の中に適切に位置づけなければならないという課題である。

本章で再解釈されたいくつかの重要概念は両解釈への課題の解決に役立つかもしれない。例えば「保留と考量の原理の導入前後で幸福概念の変遷がある」といった幸福概念に関する論点や、「落ちつかなさは二つの異なるベクトルを持つ」といった考え、さらには、「満足という快の様態に動機づけの力を認める」といった見解をより実証的に検証することで、両解釈の有利／不利が示され、論争の解決の道が開かれるかもしれない。今後は、これらのアイデアの含意と、テキストや思想体系全体との整合とを検討することで、この分野での研究が大きく進展することが期待される。本章は両立論的解釈の限界を示すとともに、両解釈の研究をさらに押し進める新たな道筋を示したと言えるだろう。

注

本章は佐々木：2013に加筆・修正を加えたものである。

1 第三章でも確認したが、両立論の立場の代表はロウやチャペルであり、自由意志実在論的解釈の代表的研究者としてはジョリーやヤッフェ、本章で扱うT・マグリの名前を挙げることができる。

2 マグリのこの論文は二〇〇六年に第二版が出版された *John Locke: Critical Assessments*（*Critical Assessments of Leading*

Political Philosophers）において、意志決定論について掲載された数少ない論文の一つである。

3 本章を執筆するにあたっては、平成二四年三月一二日〜十四日に慶應義塾大学において開催された第一二回モラル・サイコロジー研究集会でのM・スロート氏のセミナーから大きなインスピレーションを得た。スロート氏およびセミナーを差配いただいた成田和信氏に記して謝意を表したい。ただし、本論で扱う因果的効力の観念はスロート教授が論じたものとは概念上の差異があること、また本論で行う分析手法もスロート教授のものそのものではないことを断っておく。

4 この説明は第三章五節で説明したチャペルの分析と同六節で示したヤッフェ解釈の両方に共通している。ここでは、「決定」の意味を因果的なものか非因果的なものか限定していない。

5 本章では『人間知性論』の版の異同が議論の焦点となっているため、必要に応じて参照箇所を本文中に記す。また、巻数の前に記述が該当する版をアラビア数字で示す。

6 例えばChappell: 1998およびLowe: 1995を参照。

7 Chappell: 1998参照。

8 例えば、Chappell: 1998やYaffe: 2000を参照。

9 Magri: 2000.

10 Magri: 2000, pp. 58-9. また『人間知性論』1 II. xxi. 29. pp. 248-251nを参照。

11 『人間知性論』1-5 II. xxi. 63. p. 275, Magri: 2000, p. 56

12 『人間知性論』1-5 II. xxi. 2. p. 229およびMagri: 2000, p. 57参照。

13 Magri: 2000, p. 57.

14 Magri: 2000, pp. 57-8.

15 『人間知性論』2-5 II. xxi. 31. p. 251.

16 『人間知性論』2-5 II. xxi. 38. p. 256.

17 Magri: 2000, p. 59.

18 Magri: 2000, p. 59.『人間知性論』2-5 II. xxi. 31. p. 251も参照。

19 『人間知性論』2-5 II. xxi. 31. p. 251.

20 Magri: 2000, p. 65.

21 *ibid.*

22 『人間知性論』2-5 II. xxi. 47. p. 263.

23 *ibid.*.

24 『人間知性論』2-5 II. xxi. 46. p. 262.

25 この問いはチャペルやダーウォルによっても共有されている。Chappell: 1998 および Darwall: 1995 を参照。

26 『人間知性論』2-5 II. xxi. 46. p. 262.

27 Magri: 2000, pp. 64-5.

28 Magri: 2000, p. 66.

29 Magri: 2000, pp. 66-7.

30 Magri: 2000, p. 68.

31 Magri: 2000, pp. 68-9.

32 Magri: 2000, pp. 67-8.

33 Magri: 2000, p. 70.

34 例えば、『人間知性論』2-5 II. xxi. 45. pp. 261-2 など。

35 『人間知性論』2-5 II. xxi. 31. p. 251.

36 Magri: 2000, p. 65.

37 ちなみに、先の引用の前半、第二巻二一章三六節の引用はマグリ自身が保留と考量の原理導入後に落ちつかなさの独自の動機づけの力を否定する際の証左として引用している部分でもある（Magri: 2000, p. 66）。しかしながら、三六節のこの箇所は保留と考量の原理への言及（四六節）に先行する。もし、201頁で説明した「原理の導入前」という事態が文章の先行関係にないのであれば、マグリがどのような事態を「導入前」としたのかはマグリの著述の中からは読み取ることができない。

38 Magri: 2000, p. 68.

39 『人間知性論』2-5 II. xxi. 41. p. 258, 1 II. xxi. 29. p. 248n.

40 『人間知性論』2-5 II. xxi. 38. p. 255 ほか。

41 『人間知性論』2-5 II. xxi. 52. p. 267. その他類似の表現は以下に見られる。「われわれのすべての活動において誰もが目指す幸福」（『人間知性論』2-5 II. xxi. 36. p. 254）、「われわれは絶え間なく幸福を欲求する」（『人間知性論』2-5 II. xxi. 39. p. 257）、「すべての人は幸福を欲求する」（『人間知性論』2-5 II. xxi. 41. p. 258）、「こうみると、誰もが幸福を絶え間なく追求し、その何らかの部分をなすものを欲求する」（2-4 II. xxi. 43. p. 259）。

42 Magri: 2000, pp. 69-70.

43 Magri: 2000, pp. 67-8.

44 「というのは、一方で満足、心地よさ、快、幸福などと快を呼び、他方で落ちつかなさ、悩み、苦、苦悩、苦悶、不幸などと苦を呼ぼうとも、それでもなお、それらは同じものの程度の違いに過ぎず、**快**と**苦**の**観念**に属するためである（後略）」（『人間知性論』1-5 II. vii. 2. pp. 128-9）。

45 興味深いことに、大槻はこのような苦の様態として捉えられるような uneasiness を欲求に含まれる「落ちつかなさ」とは区別して、「心地悪さ」と訳している。大槻が後者の訳語を使用している箇所は以下の通りである（巻章節数に節のタイトルを付記する）。第二巻七章一―二節「快と苦」（『人間知性論』1-5 II. vii. 1-2. pp. 128-9、大槻 1972. p. 176-7）、第二巻二〇章五節「憎しみ」（『人間知性論』4-5 II. xx. 5. p. 230〔1-3 では Pain 苦と記される〕、大槻 1974. p. 120）、第二巻二〇章八節「悲しみ」（『人間知性論』1-5 II. xx. 8. p. 231、大槻 1974. p. 122）、第二巻二〇章一〇節「恐れ」（『人間知性論』1-5 II. xx. 10. p. 231、大槻 1974. p. 122）、第二巻二〇章一一節「絶望」（『人間知性論』1-5 II. xx. 11. p. 231、大槻 1974. p.122）、第二巻二〇章一二節「怒り」（『人間知性論』1-5 II. xx. 12. p. 231、大槻 1974. p. 122）、第二巻二〇章十三節「うらやみ」（『人間知性論』1-5 II. xx. 13. p. 231、大槻 1974. p. 123）、第二巻二〇章十五節「快・苦とは何か」（『人間知性論』1-5 II. xx. 15. p. 232、大槻 1974. p. 124）、第二巻二〇章十七節「恥ずかしさ」（『人間知性論』1-5 II. xx. 17. p. 232、大槻 1974. p. 124）。なお第二巻二〇章六節「欲望 Desire」では「落ちつかなさ」の訳語が採用される。

46 Magri: 2000, pp. 58-59, pp. 66-7, p. 68.

47 これと同じことが満足についても言えるが、記述の煩雑さを避けるために議論を落ちつかなさに絞ろう。

48 『人間知性論』2-5 II. xxi. 31. p. 251, Magri: 2000, p. 59 ほか。

49 とりわけ、『人間知性論』2-5 II. xxi. 53. pp. 267-8 で示されるような、怒りや強い愛情の持つ落ちつかなさの強さが保留と考量への動機づけを上回るかどうかという問題意識はロックの責任論の重要な論点である。ロック研究からは外れるが、このような視点から欲求の持つ因果的効力を問題視する議論としては Wallace: 2006, ch. 8: Addiction as Defect of the Will: Some Philosophical Reflections（pp. 165-189）を参照。

50 Magri: 2000, p. 67.

第六章

帰責の観点から眺める人格同一性

第三章から第五章にかけて、ロックの自由論および、それに含意される意志決定理論を見てきた。自由は、現代的観点では、行為の責任を帰属させるための必要条件であり、またロックの言説の中にもそれをうかがわせるものがいくつかある。とはいえ、『人間知性論』第二巻二一章で展開される議論は主として形而上学的なものであった。自由論を道徳論の一部として読むという本書の目的からすると、この点はいささか不十分に感じられるかもしれない。序章で示したように、最終的な目標は、自由が責任帰属という道徳実践において果たす規範的役割を同定し、それを通じてロックの自由概念の実践的有用性と現代的意義を示すことにある。しかしその作業に移る前に、彼が明示的に責任帰属の条件として考えている性質、すなわち人格同一性をめぐる議論を見ておくことは有益だろう。というのは、人格同一性問題における諸解釈を検討することで、彼のサンクション論の体系の中で責任帰属条件がどのような役割を果たしているかが明らかになるためである。また、伝統的に彼の理論に向けられてきた批判を検討し、反論しておくことは、道徳システムの整合性を主張するプロセスの一環としても重要である。

そこで本章では以下の通りに議論を展開する。まず、第一節で「人格」および「同一性」の定義を確認する。次いで、第二節では、ロックに伝統的に向けられてきた六種類の批判を四つのトピックにまとめた上でその特徴を確認し、続く第三節においてそれぞれに反論する。第四節では、整合的に解釈された人格同一性論がサンクション帰属の文脈でどのような含意を持つのかを検討する。そして最後に、第五節では人格同一性の議論が本書第二章で展開した道徳の論証可能性に対して持つ含意を確認する。

第一節　同一性と人格の定義

さて、人格とは揺れのある概念である。人格という語は、権利や帰責の主体を表す語として、また動物と区別されるための特徴として、一般的にはさらにゆるく人柄や性格を表すのにも使用される。人格概念に揺れがあるならば、それに応じて人格同一性の概念にも揺れが生じるだろう。しかしながら、この概念の揺れは歴史的議論においても、現代の議論においても（とりわけ生命倫理学をはじめとする応用倫理学の分野において）見過ごされることが多く、議論の錯綜の原因となっていることが少なくない。

加えて、人格同一性の概念に揺れが生じるのは、「同一性」という概念が当てはめられる対象に応じて内容を変化させる概念だからでもある。われわれは、例えば、ある金塊や砂山が同一であるという場合と人格が同一であるという場合とでは異なる同一性の基準を用いている。さらには、その基準は共時的であるか通時的であるかにおいても異なるだろう。このような対象における同一性概念の相対性、また人格概念の文脈や目的に対する相対性を強く主張したのがロックであった。

ロックの人格同一性論は、『人間知性論』第二巻二七章において展開されている。ロックの説は一般的には「心理的基準説」に分類される「記憶説」だとされているが、それは『人間知性論』刊行直後から現在に至るまで多くの思想家によって批判されてきた。しかし、これらの批判の多くは人格と人格同一性概念が文脈における相対性を持つという考えを見逃している。多くの哲学的難問は言葉の誤用から生じていると考えるロックにとって、人格同一性をめぐる多くの難問もまた言葉が適切な観念に当てはめられていないことから生じる問題であった。[1] そこで、彼が「人格」と「同一性」をどのようなものと捉えていたのかをまず確認しよう。

ロックは人格同一性論を論じる中で次のような洞察を示している。

同一性を正しく考え、判断するには、われわれは同一性が適用される言葉がどのような観念を意味表示するかを考えねばならない。[2]

すなわち、問題となっているのが共時的同一性[3]なのか、通時的同一性なのか、また同一性が問われているのが原子なのか、植物なのか、動物なのか、それとも機械なのかによって「同一性」の意味、すなわち基準は異なるべきだと彼は主張する。この洞察は本章の議論の核であり、一般的にも重要な真理に思われるのにもかかわらず、しばしば見過ごされている。以下では通時的同一性について具体的な論の展開を見てみよう。

例えば、二つの原子の結合から成る物質は、その二つの原子が入れ替わったり、どちらか一つが失われたりしない限り、同一とされる。しかし、植物や動物に関してはこのような構成物の同一性があてはまらない。植物や動物には物質の代謝があるためである。そこで、ロックは、生物の同一性を「一つの連続する生命に与る、凝集性を持った物質に存する、部分からなる体制（Organization）を持っていること」に帰している。[4] つまり、生物は有機体であることが同一の基準になるということである。この基準は、生物学的「人間」（man）としてのわれわれの同一性にも当てはめられる。[5]

同一性概念の差異を確認した上でロックはようやく「人格」の同一性について問う。すなわち、物質とも、生物としての人間とも区別して理解される「人格」が意味する観念はどのようなものなのか、そしてその同一性はどこに存するのだろうか。彼の答えはこうである。

意識は常に思考に伴い、そしてすべての人を自らが**自己**と呼ぶものにし、それによって他の思考する事物と自身を区別するのは、この意識なのであるから、この意識にのみ**人格の同一性**、言い換えるならば、理性的存在者の同じさは存するのである。そして、この意識が過去の行為や思考へと遡って達せられる範囲まで、その**人格**の同一性は達する。[6]

過去の行為に関して、はじめに持った意識と一緒に、その観念を繰り返すことができる限りにおいて、その存在者は同じ**人格としての自己**である。[7]

右の引用からわかるように、ロックは人格の同一性を「意識の同一性」だと述べ、同じ意識と共に過去の行為の記憶を持つ限りにおいて、その行為をした人格と記憶を持つ人格を同一とみなす。これが彼の主張が記憶説と呼ばれるゆえんである。[8] 引用に引き続く議論では、記憶の連続性のみを人格同一性の根拠とし、人間の身体的な連続性や、第三者からの報告や覚書といったものを人格同一性の直接的な構成要素とみなす考えをロックは退けている。そして記憶による人格の同一性を責任帰属の条件とし、記憶を持っているかどうかによって、行為の責任を問うことができるかどうかが判じられるとした。

このようなロックの主張には伝統的に多くの批判が寄せられている。十八世紀における有名な批判者はバークリー、バトラー、リードであり、現代的においてはA・フリュー、J・L・マッキーらが一層洗練された批判を行っている。彼らの批判をまとめると、ロックへの批判として取り上げられるトピックは次の六つである。

（一）健忘の問題
（二）記憶錯誤の問題
（三）勇敢な将校のパラドクス
（四）循環の批判
（五）分裂と融合のパズルケース
（六）一人称基準と三人称基準との衝突の問題

本章では、これらの批判を以下の論点にさらに整理したい。すなわち、第一に記憶の本性に由来するもの、第二に同一性の推移性（transitivity）に関わるもの、第三に人格の連続性と関連するもの、第四にロックの議論の内在的矛盾を指摘するものである。以下、これらの論点ごとにまとめて批判の内容を見ていく。

第二節　ロック人格同一性論への批判

◉記憶の本性

批判の第一の点は記憶の本性に関わるものである。具体的には（一）の健忘の問題と（二）の記憶錯誤の問題が該当する。ここで指摘される問題点は、われわれの記憶は常に正しいとは言えず、それを人格同一性の基準とした場合誤った責任帰属をしてしまう、というようにまとめられる。経験的に明らかだが、われわれはしばしば過去の記憶を失う。では、過去の行為に関して記憶を失った場合に、現在の私はそれを行った人格とは別の人格となるのなら、その行為に対して現在の私は責任を負わないのだろうか。われわれが自分の覚えていない行為に対して責任を負うことは十分にあり得る。フリューは次のようにロックを批判する。

たとえ行為が重要なものであって、われわれがその〔記憶のない〕行為に対する道徳的・法的責任を認めたくない、軽減したいと思う場合であっても、人格同一性が道徳的・法的責任の必要条件であるだけでなく、十分条件であるとわれわれが誤って思い込まない限り、その〔記憶のない〕行為をなした人格と自分が同じ人格であるとわれわれは結論する用意がある。[9]

また、(二)の記憶錯誤の問題は、「われわれは誤った記憶を植えつけられることはない」という日常的な判断には例外が認められるという批判である。われわれが実際に一度もしたことがない行為を「した」と思い込むことは、通常ではなかなか起こり得ないことだが、論理的には考え得る。もし、例えば脳外科手術などによって、われわれがしたことのない行為の記憶を持てるようになれば、もはや記憶をもって帰責の根拠とすることは不可能になる。また、他人の記憶をそっくりそのまま移されたとしたらどうだろう。そうでなくとも、子供の時分に読んだ本の内容を自分のことのように思い込んだり、何らかの精神疾患によって病的な妄想を抱いたりすることなどは現実に十分起こり得る。このような時にはもはや記憶は人格同一性の基準とはなりえず、身体の連続性のような他の基準に頼らざるを得ない。

◉推移性について

次いで問題になるのは推移性である。この批判は、同一という関係については推移律が成立する、すなわちA＝B、B＝Cが真ならば、当然A＝Cもまた真でなければならない、という主張である。ロックのように意識の同一性を人格同一性とする場合、この推移性が失われることになる。具体的には（三）の批判を見るのがよいだろう。

「勇敢な将校のパラドクス」とは、まずバークリーが行い、その後にリードが手を加えて改良したと言われているが、ここではフリューが示した例を用いる。次のようなある将校を想定してもらいたい。この将校は少年の頃、果樹園から果物を盗んだ罪でムチ打ちにされた。彼はその後、初陣で敵の軍旗を奪い、さらには将軍となった。このような設定をした上で、彼は将校の時には子供の頃にムチ打ちにあったことは覚えていたが、将軍になった時にはもはやそのことを忘れてしまったとしよう。また、将軍になった時点以降では初陣のことは覚えているものとしよう。この時ロックの基準に従うならば、若い将校と少年は同一の人格であり、将軍は将校と同一の人格であることになるが、将軍と少年は同一の人格でないことになってしまう。となると、この人物は過去の自分に対して同じであると同時に同じでない人格ということになってしまう（**図1**参照）[10]。

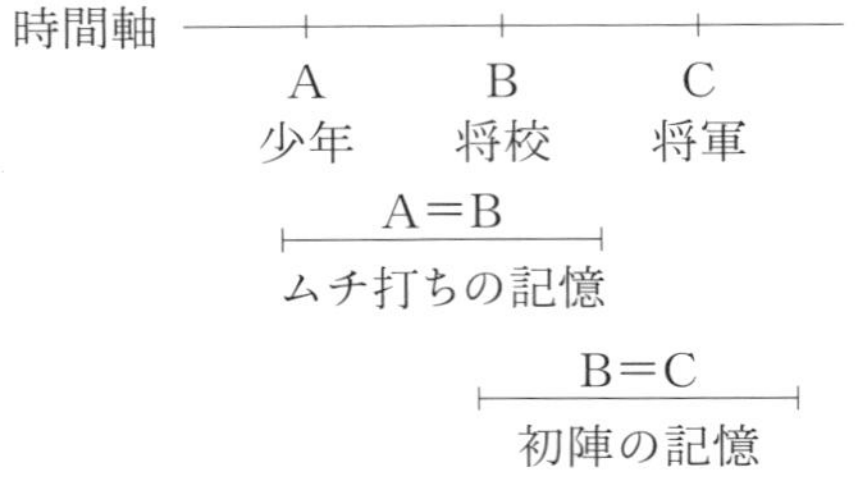

図1　勇敢な将校のパラドクス

この問題は健忘の問題と強く結びついている。マッキーによれば、われわれの記憶はそもそも断片的であり、人生におけるいかなる場面においても完全に同一な意識は存在しない。また、記憶とは過去に対する一方的な関係である。とするならば、われわれは過去から未来に向けて継起する意識の中のどれをとっても同じ記憶を備えた意識というものは存在しないことになる。[11] このことは人格の連続性の点でも大きな問題となる。

◉人格の連続性について

批判の第三のポイントは、ロックの示した記憶による同一性では人格の連続性が保たれない、というものである。人格とは少なくとも一定期間は持続した存在でなければならない。しかし、ロックの記憶説によるならば、人格は断片的な存在で、過去から現在を通過し未来へと連続していく人格が存在しないことになる。これは（一）（二）（三）（五）に関わる。

（一）に関して言うならば、もし何らかの事故で私が昨日の記憶だけを失ったとする。私は一昨日以前の記憶をすべて覚えている。すると、昨日の私だけが別人格ということになってしまうが、このことはわれわれの直観に反するように思われる。（二）に関して言うならば、他人の記憶を植え付けられた場合、われわれは二つの別々の人格が一つの連続した人格であるとみなすことになってしまう。また（三）については前項で述べた通りである。

（五）の批判は、「ロックの記憶説では複雑なパズルケースに解答を与えることはできない」というものである。例えば、アメーバのような単細胞生物が行うように、人間が記憶をそっくりそのまま備えた状態で二つに分裂したり、二つの個体が融合したりするとしたらどうだろう。ロックの基準ではこれらのパズルケースの二つの人格を一つの人格と呼ぶことになってしまうのである。ロックは、復活や生まれ変わり、魂の交換など多くのパズルケースが人格同一性の議論において重要であることを示した点で大きな貢献をしたとされるが、しかし、ロックの記憶説ではより複雑なパズルケースに解答を与えることはできないように思われる。

ロックの記憶説によれば、人格はどうしても断片的、継起的な仕方でしか同一性を主張できない。それゆえに、身体説側からは連続性を保証するものとして人間の身体の同一性が要請されるべきだと批判され、また、同じ心理説の側からも、パズルケースを論点としてマッキーやパーフィットらによって批判されている。[12]

◉ロックの内在的矛盾について

最後に扱うのは、そもそもロックの議論には内在的な矛盾がある、もしくは、議論として成立していないという批判である。これは（四）と（六）の議論がそれに相当する。

（四）の循環の批判についてはバトラーの指摘が有名である。彼は、「人格が同一であるという意識は、人格の同一を前提しているがゆえに、人格同一性を構成し得ない」としてロックを批判した。[13] また、リードも「この教義では、意識が記憶と混同されているのみならず、いっそう奇妙なことには、人格同一性が、われわれが人格同一性について持つ証拠と混同されている」と述べている。[14] つまり、記憶は人格が同一であることの証拠であって、記憶、ひいては同一の意識そのものが人格を構成するものではない、という批判である。

（六）は、ロックは記憶という一人称的な基準を人格同一性の基準として用いながら、同じ『人間知性論』第二巻二七章では三人称的基準を同時に主張しているという批判である。この批判を最も明確に展開しているのは一ノ瀬である。一ノ瀬は、「人格とは本来的には法廷で問題となるような行為や賞罰に絡む概念である」と指摘した上で、[15] ロックが人格の「意識説」のみならず、「法廷用語説」、すなわち人格同一性が法廷という三人称から語られる場においてのみ成立するという見解をも採用していると主張する。その際、一ノ瀬はエドモンド・ローの「人格様態説」を援用し、ローの「単に彼〔＝本人〕と彼の仲間たちの相互的利益のために必要とされるような（中略）まったくの社会的産物」という人格説を受け入れ、ロックが三人称モデルを基礎においていることを示している。[16] この問題はビーハン[17]や秋元[18]らによっても指摘されているが、煎じ詰めれば『人間知性論』の第二巻二七章二二節の次のようなロックの言明をどのように解釈するかが争点となる。

> 人間の法は自らの知識のあり方にふさわしい正義をもって、両者〔酔っ払いと夢遊病者〕を罰する。なぜならば、これらの事例においては、人間の法は何が事実で、何が事実に反するかを確実に区別できないからであり、それゆえ、酔っ払いや夢遊病者の無知は言い訳として認められないからである。[19]

ロックが示した記憶という一人称的な基準から言えば酔っ払いや夢遊病者は記憶のない時の自分とは人格を異にするにもかかわらず、ロックは彼らが有罪であることを認めている。これはロックの議論に内的な矛盾が潜んでいるのではないか、という疑いを示唆している。

以上のように、ロックに向けられた六種類の批判は四つの論点にまとめられた。次節ではこれらへの反論を行う。

第三節　反　論

◉連続性と推移性の批判に対する応答

まず、前節の推移性（230–231頁）と連続性（231–232頁）に関する批判に応えよう。これらの批判に関して指摘できるのは、批判において捉えられている人格概念はロックが考えていたそれとは異なっているという点である。批判者は、人格を「記憶の集合」もしくはヒュームの言うような「意識の束」として考えているように思える。しかし、ロックが考えている人格概念はそのようなものではない。『人間知性論』における彼の人格概念は次のようなものである。いくつか引用を示そう。

> **人格の同一性**がどこに存するかを解するには、われわれは**人格**が何を意味表示するかを考えなければならない。そして、私が思うに、それは思考し知性を持つ事物である。この思考し知性を持つ事物は理性を持って反省し、それ自体をそれ自体、すなわち異なった時間と場所において〔自らを〕同じ考える事物だとみなすことができる。そして、このことは思考することから分離不可能な、私が思うには思考することに本質的な意識によってのみなされる。[20]

自己とは意識し、思考する事物である（中略）そして快苦を感じ、意識し、幸福または不幸であることが可能であり、自己の意識が広げられる限りで自分**自身**のことを気にかける。[21]

人格とは、私はそうみなすのだが、この**自己**に対する名前である。[22]

ロックによれば、われわれが人格ということで頭に思い浮かべるのは、思考し、知性を持った事物、すなわち存在者である。それは意識のみによって構成される「知覚の束」ではない。したがって、ロックは意識の同一性を人格の同一性と考えたからといって、人格そのものが断片的な、継起的な存在だと考えていたわけではない。それは次のようなロックの言明からもうかがえるだろう。

わりあいもっともらしい意見は、この意識が一つの非物質的実体に結び付けられていて、そしてそれから生じる作用である、というものであるが、私はこれに同意する。[23]

この引用からうかがえるのは、「人間には魂のような実体が宿っていて、その魂が同一性を保った状態で存続している」という仮説が立てられたとしても、ロックはその仮説を否定するつもりはないということである。そして、彼はこのような超越的な、形而上学的な魂の存在と、そこから生み出される意識や記憶との区別についても了解していることであろう。このような想定に基づけば、記憶や意識が本質的に断片的だからといって「人格と名指される実体」もまた断片的になる、と彼が考えていたとはとうてい思われない。この解釈が正しいなら、「勇敢な将校のパラドクス」においても何かしらの形而上学的な意味での人格の連続性が想定されてもかまわないと言える。しかし、注意すべきは、この連続性はあくまでも蓋然的な想定に過ぎないという点である。仮に連続した同一の存在者を仮定できるとしても、人格の同一性について絶対確実な知識を論じるには、同一の意識という記憶以外には依拠し得ないのだ、というのがロックの考えなのである。[24] そうなると、バトラーやリードの批判はロックにとっては有効ではない。

さらには、「意識の同一性は、人格の同一性を前提している」という（四）循環の批判も退けられるだろう。確かに、ロックの議論において意識の同一性は人格の同一性を前提しているかもしれない。しかし、同じ意識を「同じ人格の意識」にするものは、形而上学的な人格の同一性ではなく、そのような存在者とは不可分である、意識そのものの性質である。[25] これは悪しき循環ではない。

例えば、われわれは、整形手術をして人相を完全に変えてしまった後でも歯形や指紋の同一性をもって、手術の後の人物と前の人物を同じだとみなす。しかしこの時、「歯形や指紋それ自体がその人物であるわけではないのだから、その人物が同じだとは限らない」とは言わないだろう。また、歯形や指紋はそれ自体の性質をもとに同一性が測られるのであって、人物の同一性によって歯型や指紋の同一性が示されるわけではない。この歯形と人物の関係が、ロックの意識と人格の関係であると言うことができるだろう。同一の意識は人格と分かちがたく結びつけられているがゆえに人格同一性の証拠となり得るのである。『人間知性論』第二巻二七章の主旨は、人格同一性の基準から魂や実体、身体の同一性を排除し、意識の同一性のみが基準たり得ることを示すというものだが、これは意識そのものが人格であることを論じているのではなく、意識や記憶という中身がない、実体という入れ物だけの同一性を論じても人格の同一性の議論には何の役にも立たないということなのである。

しかし、ロックの人格の定義が批判者たちのそれと異なると言ってみたところで、今度は「ロックの人格概念が不適切である」と反論されるかもしれない。これについては次項で行う「一人称基準と三人称基準の矛盾」への解答の際に答えたいと思う。

◉一人称基準と三人称基準の矛盾への応答

ロックの議論の内在的矛盾を指摘する批判の内、(四)循環の批判についてはすでに退けた。したがって、上記の批判の中で最後に検討されるべきは「一人称基準と三人称基準の矛盾」である。先の『人間知性論』第二巻二七章二二節の引用から分かる通り、ロックもまた、おそらくわれわれと同様に、記憶を失った行為のために行為者が罰せられる事例を認める。これは本人の記憶のみを人格同一性の根拠としていることに反するように思われる。

この批判が「ロックが人格概念を規定するにあたって一人称的基準と三人称的基準が対立している」ということを意味するのであれば、この批判は前項の議論によって退けられる。[26]なぜなら、ここで一人称的基準とされている「同じ意識」は、人格同一性の基準ではあるが、ある人間を人格とみなす基準ではないからである。となると、この批判はもっぱら、ある行為者に責任を帰属させる際、一人称的基準を用いるか、三人称的基準を用いるかという問題になる。この問題への応答は間接的に健忘と記憶錯誤の問題にも応えることになるかもしれない。というのは、健忘の場合にせよ、記憶錯誤の場合にせよ、記憶以外の基準に従って人格同一性を主張するのなら、そこでは第三者の証言といった三人称的な基準に頼らざるを得ないように思われるためである。

この批判に対しては、ロックのサンクション論をまず確認するのが重要だろう。というのは、ここでの「責任帰属」とはサンクションの帰属を指すためである。彼にとってサンクションとは、法との関係で行為者にもたらされる道徳的善悪であった。ロックは道徳を行為と法との関係であると考え、サンクションの帰属に関しては、神の法、国家の法、意見もしくは評判の法という別個の法を想定し、それぞれの法における帰責の相対性を認めていることは本書の第二章三節で確認した通りである（89–95頁参照）。これら三種の法は、基本的には神の法に基礎づけられるとは言え、それぞれ別個の基準を持つとされる。ここでジョリーやその他の一般的なロック解釈が示すように、ロックの人格同一性の議論が最後の審判でのサンクション帰属を目的とした目的論的な性格を持つとするならば[27]、神の法に基づいた裁判においては記憶という基準を帰責の根拠とする、と主張することは妥当だろう。ロックは先の『人間知性論』第二巻二七章二二節の引用に続いて次のように述べている。

> 人間の裁判官は正当に彼〔酔っ払い〕を罰する。なぜならば、事実は彼に不利なように証明されるが、意識の欠如は彼に有利なようには証明され得ないからである。しかし、最後の審判の日には、心の秘密がすべて明らかにされ、その時は、誰もが自らあずかり知らないことに対しては責を負うようにさせられることがないと考えるのは理に適っており、酔っ払いは彼の良心が責めるもしくは許すのに従って自らの最後の審判を受け入れるだろう。[28]

神の裁判を受ける時、われわれは既に肉体を有してはいない。また、単に意識の入れ物に過ぎない魂の同一性を語ったとしても、精査される行為が余計に増えることはあっても、不十分になることはない。さらに、神の裁判では記憶錯誤や健忘も生じない。このような条件の下では、記憶と意識による人格同一性、そしてサンクション帰属はむしろわれわれの納得のいくものであり、適切なものだと言うことができる。逆に、人間による裁判の場合、すなわち神のように「考える事物」について正しい知識を持たず、自他の意識について確実に知り得ない人間がサンクションを課す際には、人格同一性の基準が異なってしかるべきだと考えるのには一定のもっともらしさがあるだろう。ロックは記憶錯誤の批判に答えて次のように述べている。

> それゆえ、過去の行為の意識がどのくらいまで個々の行為者に結び付けられるか、したがって、他の行為者はその〔誤った〕意識を持つ可能性があり得ないかは、次のことが知られるまではわれわれは解決できないだろう。すなわち、どのような種類の行為が、行為に伴われる知覚の反省作用なしには行うことができないのか、そして行為を意識せずには思考することができない、思考する実体〔＝自己〕によって、その行為がどのように遂行されるのかを知るまでは、われわれはこの問題を解決できないだろう。（中略）そして、そのようなこと〔記憶錯誤〕が決してあり得ないということは、われわれが思考する実体の本性についてより明確な見地を持つまでは、神の善性によって解決するのが最善である。[29]

注目すべきは「われわれが思考する実体の本性についてより明確な見地を持つまでは」という条件づけである。われわれ人間は「考える事物」すなわち実体としての自己については明晰判明な知識を持たない。行為の評価とサンクション帰属に関して、神の法とその他の二法が異なるのはまさにこの点であろう。その他の二法の場合、われわれは「人格」と呼ぶものに関する知識が不完全なままでサンクションの帰属を行わざるを得ない。その点から見れば、ロックが記憶錯誤に関して「常識的に生じないこと」と神の善性（もしくは常識的直観）に頼ったことは妥当であり、逆に記憶の操作などが可能になるほどに「考える事物」についての知識が向上したならば、われわれは向上した知識に基づいて帰責の基準を変更する用意がなければならない。ここではロックは言及していないものの、健忘の事例についてもこのことが当てはまるだろう。すなわち、酔いや夢遊病にある時の心の状態についてより詳しい知識が得られれば、われわれは実際にサンクションの帰属の基準を変えるだろうし、変えるべきだと考えるだろう。

以上のことから言えるのは、もしわれわれが自らの持つ人格の知識に相応しい仕方で帰責を行いたいと思うのならば（そして実際はそうするしかないのだが）、その際の帰責の根拠となる人格同一性の基準はサンクションの与え手の持つ人格の知識に従って決定されるべきだということである。ロックの記憶説がそもそも最後の審判における責任帰属を目的として規定されたという一般的な見解は、不完全な人格の知識しか持ち得ない人間による道徳的評価の場合には、知識の不完全さの結果として人格同一性の基準が変化するという考えを排除しない。人格に関する形而上学的な想定の真偽をわれわれは確かめることができず、人格を「考える事物」と規定する以上、それと不可分に結びついている意識をもってしかわれわれは同一性を確かめることができない。この考えに、（「人間」ではなく）「人格」という名辞を使用する目的はサンクションの帰属のためという主張を加えるなら、形而上学的な事実の真偽（例えば、いまの私は十年前の私と本当に同じかどうか）を問うよりも、規範的な問いを吟味する方がむしろ妥当である。すなわち、人格同一性の基準の検討においては、「その基準に従って責任を帰すことは本当に適切か」「その基準に従って帰属された責任をわれわれは進んで引き受けることができるか」と責任に関する直観を問う方が適当だろう。そして、このような直観が、われわれのもつ自分自身についての知識と独立に形成されているとは考えがたい。[30]

そうなると、酔っぱらいのような健忘の事例において、他人の証言といった三人称的な基準を持ち出したとしても、それはわれわれの人格に対する知識の不備の帰結だと考えることができる。国家の法および評判の法が相対性を持つように、人格に対する知識についても国家や個人において相対性が存在すると考えることは自然である。しかし、現世における行為評価においてどのような相対性が存在したとしても、三人称的基準が記憶による同一性という基準を完全に排除するほどに優越されてはならない。時に三人称的基準が優先されるということは、一人称的基準を、他人の証言や状況証拠といった三人称的基準と少なくとも同等に考慮の対象とすべきだということまでを否定するものではない。例えば、本人の記憶の不在という証言に反して、状況証拠や他人の証言のみによって人を有罪としてもよい、ということを三人称基準の優越は含意しないだろう。以上のように、一人称基準と三人称基準の対立の問題は実践的な問題に落とし込むことで説明できる。

しかしながら、これまでの議論は「考える事物」という人格概念を基礎にしたものである。そこで、「ロックの規定する人格の概念が誤っているのではないか」という批判が生じるかもしれない。これはまさしく彼の人格概念の不適切さに関する批判である。彼の人格概念からは「人格は身体を持つもの」という考えが抜け落ちているという批判は数多くなされている。[31] となると、われわれはここで「適切な人格概念」とは何かという問いを考えねばならない。この問いに対しては、ロックがなぜソクラテスの例[32]や王侯と靴直しの例[33]といった、転生や人格交換の思考実験を行ったのかを考える必要があるだろう。それは、身体の造作を重要な特徴とする「人間」と別個な概念として「人格」を考えたためである。もし身体上の特性の同一のみを基準として人格同一性を論じ尽くせたならば、ロックはわざわざ「人格」という概念を「人間」とは別に、新たに用意しただろうか。

従来の解釈から一歩進んで、人間による現世での賞罰は理想的状況として神の裁判を前提していると主張することもできる。仮に、健忘や記憶錯誤の事例において、他人の証言など三人称的な基準を用いて行為者を罰するとしても、それは単に「人間の同一性」のみを理由に行われる訳ではないだろう。そこには、「失った記憶を取り戻し、関連する情報がすべて知られているという理想状況であれば、当人はその罰を受け入れるだろう」という想定があるはずである。ここで、神の法が他の二法の正当性を評価する究極的な道徳的規範であるということも重要である。このことを考慮すれば、神による裁判という理想状況は、単なる思考実験以上のものだと言える。なぜなら、それは、われわれが人格同一性の基準の正当性を評価する基準を与えるからである。理想状況はわれわれにサンクション帰属を統制する規範を与えるものでもある。事実として三人称基準に基づいて責任帰属を行う場合があったとしても、われわれは理想状況における究極的基準に照らして妥当とされる基準を放棄しないだろう。ここで三人称的基準に基づいた身体上の同一性が重要となるのは、それが本来の基準だからではなく、「意識を持つ事物は通常身体と結びついている」という日常的な想定に基づいた二次的なものに過ぎない。

このように反論してもなお、ＳＦ的な設定による記憶錯誤の例や、分裂や融合のパズルケースによって、ロックの人格概念が否定されるかもしれない。これに対しては、ＳＦ的な思考実験や分裂のパズルケースというのは、適切な人格概念の探求へと導く発見的な道具立てであって、何らかの「確定された適切な人格概念」を用いて他の人格概念を批判する道具立てではないと答えられる。ＳＦ的な思考実験に適切な人格概念が内在しているわけではない。その役割は、責任帰属の直観的判断に揺さぶりをかけることで、われわれの人格の構成要素を再考させるところにある。つまり、これらの思考実験は、われわれが人格概念を規定する上で何を重要視しているかを気づかせるテストなのである。例えば、同じ記憶を備えたままで分裂するような人間に対してわれわれはどのように責任を帰属できるかを考えることによって、われわれは自らの人格概念を修正し、それに従って人格同一性の基準を修正していく機会を得る。ロックが「われわれは考える事物について十分な知識を持たない」と述べている状況と、外科手術やその他の技術によって記憶などが操作できる状況とでは「考える事物」に対する知識が異なるであろう。「考える事物」に対する知識が深まれば、われわれは人格概念に対してもより深い洞察ができる。ロックの人格概念を、人格についての知識と全く独立に批判することには意味がない。思考実験についての判断もその思考実験が可能になるような人格についての知識に基づいて下されるべきだろう。

第四節　人格同一性の規範的な役割

以上の議論によって、ロックの人格同一性論に突きつけられた困難は回避され、ロックの経験論という観点からではあるが、議論の整合性が示された。その中で確認されたのは、人格同一性の基準は形而上学的な文脈で存在についての絶対的な真理を求めるというよりは、むしろ責任やサンクションの帰属といった道徳的文脈において、人格の知識と法による賞罰に相対的に検証されるべきものだということである。ただ、このように内的不整合を解消したとしても、「同じ意識」というものが責任帰属においてどのような役割を果たすのかは明らかではない。これは、酔っ払いの事例のように、三人称的基準が優先される場合が存在することを考えれば、とりわけ解消すべき懸念だと言える。神の前の審判のような理想状況において一人称的基準を用いることには特に問題がない。なぜなら、それはサンクション帰属の正当化根拠であるからである。そして、神はその根拠を見誤ることがない。そうなると問題になるのは、現世での実生活においてわれわれが記憶に求める規範的役割である。前節の終わりに、理想状況における責任帰属基準の確認はわれわれに実際状況における規範を提示すると述べた。しかし、この規範とはどのようなものだろうか。神の裁判と同様に、それは正当化根拠である、とすることはできない。というのは、われわれ人間は神のように「人格」について十全な知識を持っているわけではないからである。本節では、この点を踏まえて、ロックの人格同一性理論が現実の責任帰属において果たす役割を明らかにする。

整合性があるとはいえ、ロックの記憶説にはある種奇妙な印象がつきまとっている。それは、「時間を通じて変わらない自己の同一性が示されない」という点にある。これは、人格は知覚の束であり常に変化し続けるため、時間を通じて同一の自己は存在しないとしたヒュームの主張に感じる違和感と同一のものであろう。逆に、推移性の批判を持ち出したリードの批判の裏には、時間を通底して存在する自己というものが間違いなく前提されていただろう。しかし、ロックにとってはそのようなものは想定に過ぎない。われわれはある人（もしくは自分）を観察し続けることで「人間」の同一性を確認することはできるだろう。しかし、人格同一性は人間同一性とは異なる。推移性の批判で確認したように、われわれは自分自身についてでさえ、誕生した時点から現在までの記憶のすべてを備えている、ということはあり得ない。われわれは、一生にわたってある人物の人格が同一であるなどということを絶対的知識の確実性をもって主張することはできない。

ただ、自己意識と記憶の原因となっている同一の存在者を想定することは可能である。235頁の非物質的実体の仮定についての引用にあるように、この想定をロックは否定しないだろう。そして、国家の法と、意見もしくは評判の法によるサンクション帰属をまずもって判断するのはこの「想定」によってであるというのは、われわれの経験に照らしてもそれなりにもっともらしいように思われる。そしてこの想定はさらに、「そのような存在者は通常自ら行ったことを記憶している」という想定を生み出すだろうし、さらにはそのような存在者は同一の「人間」であると想定するのも妥当な考えだろう。

これはロックの外的世界に関する知識と類比的に考えることができる。ロックは実験的自然科学における知識を蓋然性の領域に限定したが、その有効性を否定しはせず、逆に積極的に評価している。[34] 第二章二節で実体の観念について説明したように（83-84頁）、外的世界に存在する物体については、さまざまな性質をまとめ上げている狭義の実体の観念が得られないため、実体の知識は常に蓋然的であり、狭義の実体の想定の上に成り立っている。このような限界があるために、実体に関する知識は常に想定と検証の繰り返しによって進歩する。例えば、ある物体が黄色に輝き、一定の比重を持っているため、それを「金」だとみなしたとしよう。その際、われわれは想定に基づいて（その実際の結びつきが不可知だとしても）、その物体は金のその他の属性、例えば展性や可融性を備えているとさらに想定し、その物質を「一応のところ」金として扱う。そして、もしその物体が展性を備えていないことがわかった時には、その「みなし」をひるがえして、それは「金」ではないと判断する。以上のことがロックの考えとして妥当なら、「人格」が「考える事物」という実体である限り、同様の想定が人格同一性についてなされてもおかしくない。すなわち、言葉を話し特定の形態を備えた「人間」が人格の同一性を備えていると「想定して」「一応の」サンクション帰属を行うのはそれなりに自然な考えのように思われる。そしてその際、人格同一性の不成立が実際に示された時には、「みなし」をやめてサンクション帰属を撤回することになるだろう。想定と検証、そして撤回というプロセスは自然科学の知識だけでなく、責任帰属の文脈にも適用可能である。

この時、記憶のない酔っ払いの裁判といった、サンクション帰属についての係争は、まさに想定が検証されるべき事例である。法廷のモデルでは特に明らかだが、ここで帰属が検証される以上、被告には抗弁が可能でなければならない。そして、本節で提案するのは、記憶による同一性は、一般には成立していると信じられている想定をくつがえす抗弁理由としての地位が与えられているというものである。酔っ払いの記憶のなさが信ぴょう性などの理由によって抗弁理由として通用しないことはあるだろう（それは蓋然的な実体に関する知識なのだから当然あり得る）。しかしこの時に帰属を正当化しているのは身体の同一、人間の同一性ではない。正当化しているのは「実際は覚えているに違いない」という想定である。

以上のようなサンクション帰属の過程がわれわれの道徳実践にとってもっともらしいものであるならば、ロックにとって人格同一性論とは常に成立していると確認されるものではなく、むしろ通常はその成立が単に「想定」されるに留まり、サンクションの帰属に何らかの問題が生じた際に初めて実際の成立／不成立が確認されるようなものだということになる。[35] この時に、一般的に想定されているイメージ、すなわち生まれたときから現在に至るまで連綿と続くような人格同一性のイメージは不要である。というのは、そこで用いられている同一性概念はサンクション帰属においても、抗弁理由においても何の役割も果たさないからである（なぜならばそのような同一性はわれわれには認識不可能だからである）。逆に、そのようなものを「想定」のレベルに落としておいた上で、個別事例ごとに記憶による同一性を、事後確認という仕方で帰属の正当化や抗弁理由の基準とする方が実践的にはもっともらしい。[36] したがって、記憶の同一性としての人格同一性がサンクション帰属において果たす役割とは、帰属の係争事例において、検証を通じて帰属を実際に正当化するか、もしくはその不成立によって嫌疑（評判の法の場合は帰属そのもの）を撤回させる、といったものだとするのが適当である。

ここまで考えると、人格同一性を支える記憶とはある種の力能なのだということにわれわれは気づくだろう。人格と呼ばれる自己を含め、実体に関する知識については、その実在的な本質は不可知であり、われわれは力能としての性質を知るのみであるということは、本書の第二章二節の「複雑観念その四」の項において確認した（84頁参照）。そして、前節のはじめに確認したように、ロックにとっての人格とは、「理性を持って反省し」、「異なった時間と場所において〔自らを〕同じ考える事物だとみなすことができ」、かつ「快苦を感じ、意識するもの」であった。力能はただ運動と思考にのみ関わるとロックは述べたが、[37]

理性的反省、自己意識、快・苦への配慮のすべてが思考の様態である以上、「人格」は心の持つ力能によって定義されていると言える。そうなると、人格同一性を支える記憶を力能と考えることにはそれほど大きな異論があるようには思われない。さらにはここから、人格の同一性の「想定」とは、結局はこの力能の想定なのだということが引き出される。

最後に、人格同一性と幸福との関係を指摘しておくことは最終章での議論にとって重要である。人格は快苦を感じるだけでなく、「幸福もしくは不幸であることが可能な」存在者でもある。人格同一性の概念がロックにとって（そしてわれわれにとっても）重要なのは、それによってサンクションが帰属される対象が特定されるためである。第五章で明らかになったが、ロックにとって幸福とは理性的存在者であれば誰でも追求するような究極的な目標であり、われわれの意志決定において常に作用している実践的原理でもある。人格同一性もまた、サンクション帰属の条件という形で、幸福の実現という目的に強く関わっている。そして幸福との関係性こそが人格同一性という概念に規範性を与えているのだと言えよう。誰にこのサンクションを帰属するべきか、という問いの答えが人格同一性概念に依存するのは、この規範性のためである。そして、ロックは帰属対象の特定を統制する概念としては、同一の意識という記憶が最も妥当だと考えたのである。

第五節　人格同一性と道徳の論証可能性

ロックの人格同一性論を哲学・形而上学的観点から眺めた時、われわれは多くの問題を見出し、また、人によってはロックが人格同一性論に対する「哲学的なアプローチを放棄した」のではないかとさえ考えるだろう。[38]この見解はある意味で正しい。というのは、ロックの人格同一性論は哲学的アプローチより、責任との関係から論じられるべきだからである。ロックは『人間知性論』第二巻二七章の終りに「人格同一性について生じてきた困難や曖昧さは、事物それ自体にある曖昧さからではなく、むしろ言葉の悪用から生じている」と論じているが、[39]われわれは人格という言葉の使用法、その言葉が当てはめられる対象をよく考え、その帰結に従って適切な人格同一性の基準を定めることによってのみ、人格同一性をめぐる議論は進展し、決着され得る。これは、人格についての知識は実体の観念であるが、人格同一性についての知識は様態の観念だということも意味している。

この時、われわれは単に記憶と自己意識による人格同一性という基準を恣意的に採用するわけではない。神の前での裁きを理想状況として考えるという議論を思い出そう。理想状況において、われわれは適切な仕方で自身の過去の記憶を蘇らせられる。そしてロックはそれに続いて、「彼の良心が責めるもしくは許すのに従って自らの最後の審判を受け入れるだろう」と述べていた。[40]ここで言われる「良心」とは、実際に人々の心にある行為の判断基準である。神の前の裁きにおいてさえわれわれ自身の判断基準を持ち出すことで、神の審判という状況はわれわれのサンクション帰属の基準を確かめるための思考実験として機能する。そうなると、重要なのは神による審判という事実（およびその結果保証される実体的同一）ではなく、われわれが実際に、道徳的主体としての自己をどのようにして定義しているのかということになる。もし、ロックの答えを超えて、われわれが適切な人格同一性概念を検証しようと思うなら、人格と人格同一性の基準をどのように捉えればわれわれの責任帰属のシステムが上手く機能するかを検証することが求められるだろう。

整合的な観念間の関係を理論的に定め、それに共同体の成員が従い、実践的に運用することで、当該の問題を解決するという人格同一性論の議論の構造は、実は道徳の論証可能性の実装可能性を論じた際の構造と同じものである。人格同一性論はロックの道徳論の一つの縮図なのであり、道徳の論証可能性の具体的展開とも言うことができる。われわれが適切に道徳を営もうとするなら、自らの持ち得る知識の範囲を十分に理解し、その制限の中で何らかの整合的な道徳の体系を構築して、そこに含まれる言葉と観念を適切に扱い続けることが要請される。そしてこれらを通じて道徳の問題の多くは回避される。ロックの道徳体系の実践的な意味における論証可能性、すなわち人々を特定の行為評価体系に導く動機づけは、結局、そのような実践によって初めて確保されることになる。これまでの議論で人格同一性論の整合性が示されたことを考えれば、ロックのアイデアは、自然法の文脈では問題が残るものの、現世における道徳的評価の基準の一候補に数え入れるのに十分と言えるだろう。

注　本章は佐々木：2004bを基に加筆・修正を加えたものである。

1 『人間知性論』II. xxvii. 28, p. 348.
2 『人間知性論』II. xxvii. 7, p. 332.
3 ロックは共時的な同一性については、その事物が存在する時間と場所をあげている。これはロックの個体化の原理でもある（ただし神を除く）。『人間知性論』II. xxvii. 1-2, pp. 330-1 参照。

4 『人間知性論』II. xxvii. 4. p. 331.

5 『人間知性論』II. xxvii. 6. pp. 331-2.

6 『人間知性論』II. xxvii. 9. p. 335.

7 『人間知性論』II. xxvii. 10. p. 336.

8 「ロックが時間的前後間の意識の統一と呼ぶものが単なるエピソード記憶であることには、ロック研究者間には実質的な合意がある」（Bennet: 1994, p. 109）とベネットは述べているものの、より最近の研究では「同じ意識」について様々な解釈がある。例えばヤッフェはこれまでの解釈を「単純記憶説」「専有説」「受罰可能説」に区別している（Yaffe: 2007）。また今村は「現在知覚の知覚（自己意識）、記憶、思考や行為の専有」の三つの意味を帰している（今村：2010, p. 20）。本書では、批判対象の解釈を考慮してエピソード記憶として議論を進める。

9 Flew: 1951, p. 514.（付記したページ数は再録版のもの。以下同様。）

10 *op. cit.*, p. 515.

11 Mackie: 1976, p. 179.

12 マッキーやパーフィットらが主張する心理説は、「心理的継続説」と呼ばれるもので、人格同一性の基準を「思い出し得る」という強い関係（心理的連結性）そのものではなく、それによって適切に結ばれた、意識の継続関係だとする。単純化するなら、将軍が将校の経験を憶えていて、将校が子供の経験を憶えていれば、記憶が継続されたとみなし、三人とも一つの人格を構成すると考える。さらに起きている間の意識をつなぐものとしての記憶を想定し、この記憶の継続によって、最低でも昨日のことを憶えていれば、記憶のない昔の私と同じ単一の意識とみなされる。Parfit: 1984 および Mackie: 1976 を参照。

13 Butler: 1736.

14 Reid: 1872.

15 一ノ瀬：1997, p. 67.

16 *ibid.*

17 Behan: 1979.

18 秋元：1997.

19 『人間知性論』II. xxvii. 22. pp. 343-4.

20 『人間知性論』II. xxvii. 9. p. 335.

21 『人間知性論』II. xxvii. 17. p. 341.

22 『人間知性論』II. xxvii. 26. p. 346.

23 『人間知性論』II. xxvii. 25. p. 345.

24 さらに、推移性の批判に対しては、同一という概念の種的相対性を指摘することもできるだろう。本章第一節で引用したロックの洞察を思い出していただきたい。論理的、幾何学的な意味での同一性、物体の同一性、生物の同一性等々がすべて同じ基準を備えなければならないなどという強い主張をロックは行っていない。

25 十八世紀のバトラーやリードの批判をさらに展開して、「過去の行為についての記憶には常に『私の』記憶という形で自己の同一性が前提されている」という批判が現代には存在する。これについてはシューメーカーが解決法を示しているが、ロックの理論枠組みの中でこれを解消するには彼の主張する「意識」がどのようなものにかについてさらなる議論が必要である。なお、この議論については本書では扱うことができなかった。

26 人格概念が法廷によって決定されるという一ノ瀬の「人格様態説」に対しては、下川が有効な批判を行っている（下川: 1999を参照）。

27 Jolley: 1999.

28 『人間知性論』II. xxvii. 22. p. 344.

29 『人間知性論』II. xxvii. 13. p. 338.

30 ロックは『自然法論』執筆時点からすでに、人間本性と人間の義務との密接な関係を論じている（『自然法論』、第七論文、pp. 198-201,『キリスト教の合理性』, p. 119.）。

31 Flew: 1951 および Behan: 1979 を参照。

32 『人間知性論』II. xxvii. 14. p. 339.

33 『人間知性論』II. xxvii. 15. p. 340.

34 『人間知性論』IV. xii. 12. p. 645.

35 意見もしくは評判の法による評価においては、成立の確認すらなされないと言える。というのは、この法によってもたらされる善・悪は私人による称賛と非難がもたらす快・不快であり、その快・不快は称賛・非難がなされた瞬間に生じるからである。われわれは目の前の他人を道徳的に評価する時、いちいち人格の同一性を問い質したりはしない（ただ、後になって評価を訂正したり、誤りを謝罪することはあるかもしれないが）。評判の法のサンクションはその直接性、即効性にこそ最大の特徴が見出される。

36 人格同一性の身体説の立場からも同じような主張がなされるかもしれない。しかし、思考実験として、「あの時にわたしは異なる身体だった」という主張が、記憶の欠損と同じくらいに抗弁として説得力があるかは、著者には疑問である。

37 『人間知性論』II. xxi. 4. p. 235.

38 Flew: 1951.

39 『人間知性論』II. xxvii. 28. p. 348.

40 『人間知性論』II. xxvii. 22. p. 344.

第七章

サンクションの帰属要件としての自由

本章では、これまでの議論の総括として自由概念の持つ規範性について論じる。第三章と第四章という本書の半分近くを使って、他行為可能性、選択可能性という自由意志実在論的な要素をロック自由論の中に確保したが、そこには自由意志実在論そのものが抱える哲学上の困難が存在する。それについては第一章で説明したが、行為が因果的に決定されないこと、そしてある事象（意志決定）がそれ自体を原因として生じるといった考えを理解するのは、われわれにとって非常に難しい。頭の中だけで何となくイメージを作ることはできても、現実において達成されるものとしてそれを理解するのは不可能である。実際にしたのとは別の仕方で行為するためには、例えばエネルギー保存則などの自然法則に反しなければならないということはしばしば指摘されるところである。

このような困難を解決することはロックの自由論自体には無関係かもしれない。しかし、第二章および第六章で述べた通り、道徳の論証可能性を整合的な体系構築とその実践的運用と捉えるなら、ロックの自由論が道徳の一部であるためには、その実践的運用の仕方を示しておくことは必要ではないかと思われるのである。本章では、ロック自由論の意義をわれわれ自身が受け止めるために、（神の法のサンクションはさておき）現実世界において自由が責任帰属において果たす役割を示す。依拠するのは、第四章の最後に扱った局所的宿命の考えと、第六章で導き出した力能の想定と検証に基づいた責任帰属というアイデアである。これらの考えは最終的には抗弁理由、「言い訳」としての自由の「不在」という発想につながる。自由を構成する条件の成立／不成立に関する事実は、責任の帰属という場面ではなく、むしろ責任帰属を否定・撤回する場面で注目されると最終的には主張したい。これは、責任帰属の正当化条件という従来の発想からすると大きな転換である。しかし、ロックの力能論と、サンクション帰属の実際の過程をよく見ることで、事実としての自由条件の成立が帰属には直接関わらないことを示すことで、これを主張したい。

以下では、次のような順に議論を進める。まず第一節では本書でこれまで展開してきた主張を簡単にまとめる。またその中でロックのサンクション論の特徴を再確認しておく。第二節では力能概念の理解を少し掘り下げて、力能にまつわる三つの蓋然性を確認し、それを人格同一性に適用する。第三節では、自由がサンクション帰属の条件であることを『人間知性論』の言説に基づいて証明する。最後に第四節で自由の規範的意味が責任帰属の確認・撤回にある点を論じる。

以上の議論が成功すれば、本書においてロック自由論の持つ現代的意義が示されたことになるだろう。

第一節　前章までの議論の要約

ロックの道徳論の根幹をなすのは、立法者とサンクションの観念に関係づけられた道徳的規則の観念と、対象となる行為の観念の一致・不一致である。これらの観念はすべて様態の観念によって構成され、それゆえに、われわれは整合性と言葉の適切な使用にのみ注意して、道徳的規則の体系を作り上げることができる。これに加えて、整合的に配置された諸観念を適切に意味表示する言葉が整理されなければならない。観念と言葉は一定の関係を維持する必要がある。このような過程を経て、観念と言語の整合的な体系が形成され得るだけの本性が道徳の観念に備わっている、ということがロックの主張した道徳の論証可能性の第一義であることは、本書第二章の結論である（第三章における自由論の、第六章における人格同一性論の整合的解釈が求められた理由はここにある）。

このようなサンクションのシステムに、幸福への一般的傾向性を持ち、幸福と不幸への意識を持つとされる「人格」概念を加えると、道徳的規則の持つサンクションによって行為が決定されることで、道徳に適った行為に動機づけられるという行為者像が生じる。このような行為者は、理性を働かせ、神の存在とサンクションを認識することで、三種の道徳の法すべてを神の法の内容に一致させるようになる。そして、理想的にはすべての人々が同じ規則を道徳の規則として採用することになる。これには人類全体の啓蒙、すなわち理性の開化という大きな困難が伴うものの、それを妨げる理論的な難点があるわけではない。

さて、サンクション論におけるロックの慧眼は道徳的規則に三つの領域を設けたことにある。その三つとは神の法、国家の法、意見もしくは評判の法であった。三種の法には道徳的規則を作り、それらの遵守と違反に応じてサンクションを帰属させる立法者が存在する。第一の法の立法者は神であり、そのサンクションは死後の幸福と不幸である。第二の法の立法者は国家であり、サンクションは現世でのプロパティの保護と剥奪である。第三の法の立法者は私人としてのわれわれ個人であり、そのサンクションは道徳的な称賛および非難である。これらの三つの領域は互いに異なった立法者とサンクションを持つがゆえに、互いに還元されない独自なものとして存在する。[1] この領域の分化によってロックは現実に存在する道徳的規則の相対性を説明する一方で、神の法に最大のサンクションを付し、それをわれわれが理性によって発見する自然法と同一だとすることによって、内容上の最終的な収斂先を確保したことになる。もしわれわれが十分に理性的であれば、神のサンクションは快苦の比較考量において圧倒的な重みづけを持つ無限の幸福と不幸であるために、われわれは神の法の遵守を第一に心がけるというわけである。そして、こうなると、国家の法や評判の法の内容を神の法と擦り合わせるよう、われわれは理性によって必然づけられることになる。

とはいえ、仮に、道徳的規則の内容が神の法のそれに収斂したとしても、他の二法とそのサンクションが消滅することにはならない。われわれは収斂された規則に基づいて国内の法律を作ったり、また身の回りの人々の行為を称賛・非難したりする。われわれは、道徳的規則に従って行為するだけでなく、また自らの持つ規則に照らして他人にサンクションを与える存在でもある。この世俗における道徳実践という領域の存在、すなわちわれわれが現世で行うサンクション帰属の実践は、われわれに力能という観点から人格同一性を論じる必要性を生み出す。というのは、われわれは人格同一性の成立を神のように完全に知ることができず、われわれの持つ「考える事物」（＝人格）の知識の量に従って、蓋然的にそれらの条件を判断せざるを得ないからである。以上の点を鑑みれば、ロック人格同一性論の道徳的重要性は、道徳の三領域の分化（少なくとも自然法と世俗の法との区分）を認識してこそ初めて適切に理解されると言うことができる。

また、ロックがサンクションを快・苦に基づかせた点も、人格同一性の力能論的解釈にとって決定的に重要である。ロックの道徳論では、われわれに何らかの称賛・非難や刑罰の執行がなされただけでは、それはサンクションとは認められない。それらの称賛・非難が行為者の心に快・苦を生み出し、行為者の行為に影響を与えなければ、それは「道徳的」サンクションとは呼ばれないだろう。逆に、とりわけその効果は「即座で」「直接的」な評判の法においては、仮に後に訂正されたとしても、既になされた称賛や非難は、それが行為者に快・苦を生み出す限りにおいてサンクションであると言うことができる。[2] このような道徳的評価を考慮に入れた場合、道徳的主体の条件は、事前に認知されサンクション帰属を成立させるというよりは、事後に確認され、サンクション帰属を再確認したり、撤回させたりするようなものとして考えられねばならない。となると、人格同一性は想定としては恒常的に主体に備わっているが、検証時には個別事例の一つひとつに対応して成立の有無が確認されるものと捉えられなければならない。

次節では、この力能の持つ蓋然性を改めて確認し、蓋然的な力能として捉えられた場合に人格同一性がどのような働きを見せるかを前章よりさらに詳しく見ていく。

第二節　力能再考——人格同一性の場合

前章の第四節において、われわれ人間の持つとされる性質の多くが力能であることが確認され（247頁）、そして、人格同一性を力能と捉え直すことによって、人格同一性とサンクション帰属との関係が再考された。その結果、通常考えられる「責任帰属の条件」とはかけ離れた役割が人格同一性に帰されることになる。この新たに考えられた役割とは、帰責の再確認および撤回であるが、この役割上の反転は力能の蓋然性に基づいている。そこで、本節では、「力能が蓋然的である」という意味を改めて考え直してみたい。

力能が蓋然的であるという主張の第一の意味は、われわれが力能の観念を手に入れる仕方に由来する。そこで、繰り返しになるが、再度ロックによる力能の定義を確認しておこう。

心は、（中略）、非常に恒常的に生じると観察してきたものから、類似の変化が、類似の活動物により、そして類似の方法で、将来なされるだろうと結論する。そして、ある事物の内の単純観念が変化させられる可能性を考え、またある事物の内にその変化を作り出す可能性を考える。そしてそのようにしてわれわれが力能と呼ぶ観念を手に入れる。[3]

この引用からわかるように、力能が蓋然的だということの第一の意味は、その存在は実体的ではなく、想定された可能性に過ぎないということである。力能はむしろ関係的であるがゆえに、[4] われわれは特定の力能の実在を常に必然的に知ることはできない。ロックの経験論から言えば、われわれが知覚できるのは事物そのものの働きではなく観念のみであり、われわれが力能の観念を手に入れるには単純観念の変化に依拠するしかない。そして、その変化が繰り返し観察されることから、その変化は将来も起きるだろうとわれわれは蓋然的に判断するのである。この単純観念の変化の蓋然性が、力能の持つ蓋然性の第一のものである。

力能の持つ第二の蓋然性は、実体の定義に関するものである。力能というものは実体に帰属する性質であり、ある実体を他の実体と区別するための定義に用いられる。ロックは実体の実在的本質は不可知であるとして、実体の定義から実在的本質を排し、力能という唯名的本質のみによる定義を提唱した。[5]「金」という実体を例にとるならば、ロックは金の定義を構成する力能として「輝く黄色」「特定の比重」「特定の硬さ（hardness）」「熱すると溶けること（可融性、fusibility）」「燃え尽きないこと（固形性、fixedness）」「叩いても砕けないこと（展性、malleability, ductility）」「水銀に触れると色を変えること」「王水の中で溶けること」などを数え上げている。[6] しかし、この定義は完全ではない。というのは、まず、われわれは実体そのものの観念、すなわち実体の実在的本質を欠いている上に、[7] 上記の定義に含まれていない無限の性質を事前に金の定義から排除することがわれわれにはできないからである。[8] さらに言うならば、実体の定義は他の物体との関係に応じて無限に更新されていく可能性を持っている上に、ロックは個人間での知識の相対性をも認めている。[9] このような定義の不確定性が力能の蓋然性の第二の意味だと言うことができる。

実体の知識についての蓋然性は単に定義の中身に関するものではない。実体の実在的本質の不可知性は、実体が持つとされる力能の実在をも蓋然的にする。すなわち、ある力能がある実体の唯名的本質とされているとして、その実体に分類されると想定されている、目の前のある事物が当該の力能を実際備えているかどうかを、われわれは常時絶対確実に知ることができない。われわれは実験を通じて確認するまで、ある事物が想定された力能を持っていると確証できないのである。この点を第三の蓋然性と呼ぶことができるだろう。これについてロックは次のように述べている。

例えば、**固形性**はわれわれの複雑観念を作る色や重さやその他の単純**観念**と必然的な結合を持たず、全体をまとめる結合との必然的結合も持たないので、われわれが「**すべての金は固形である**」というこの命題の真理を絶対確実に知ることは不可能である。[10]

この点は人間についても同様である。

人間固有の形と共に、感覚や動かす力能、推論機能が依拠し、それによってこれらの性質が同じ対

> 象に一緒に結合されている実在的な構造を知らないので、それらが必然的な結合を持つとわれわれが知覚できるような他の性質はほんのわずかしかない。それゆえに、われわれは次のような命題を絶対確実性をもって肯定することはできない。すなわち、「**すべての人は毒人参にあたるだろう**」とか「**どんな人でも木や石から栄養を摂れない**」とか「**すべての人は間隔を置いて眠る**」といったことを。（中略）われわれはこれらの事例や似たような事例においては個々の対象での試行に訴えなければならないが、これはほんの少ししか届かない。[11]

このように、実体に関する知識には三つの種類の蓋然性がある。すなわち、第一に特定の力能の観念を得る際の蓋然性、第二に定義の不確定性、第三に力能の帰属に関する蓋然性である。しかしこのことは、実体に関するわれわれの知識が何の役にも立たないということとは別物である。むしろ、ロックは蓋然的知識の有用性に重きを置いていた。蓋然的ではあれ、実体に関する知識はわれわれの幸福に資するのであり、蓋然性に対して不平を唱えるのは「灯火では自分の仕事に精を出さない、怠け者でひねくれた召使い」に過ぎない。[12] 高い蓋然性を持つ知識はわれわれにとって十分に有用であり、われわれはその実体が定義通りの性質を持つという「想定」に従って行為しても大概はうまくいくのである。知識が蓋然的であるということは、すなわち知識の重要度が低いことを意味しない。

蓋然的な知識の中で最も有用なものは自然科学の知識であろう。しかし実体の持つ力能を扱うのは自然科学の専売特許ではない。われわれは既に、人格を定義するような諸力能の概念を手にしているし、それは道徳に関係するものであることは確認されている。定義が原理上不完全で、改訂の可能性を秘め、その力能を持っていることは試行の後にしか確認されない、というような蓋然性は実体としての人格についても当てはまる。

これらの蓋然性において、最も重要なのはわれわれがその力能の実在を知るには「試行」によらなければならないという点である。世俗のサンクション帰属の場合に、連続性をもって存在する人格とは想定に過ぎず、われわれは個々の行為ごとに、その記憶に基づいて人格の同一性を確認しなければならない。この要請は自ら行った行為を記憶する力能の持つ「試行」に関する特性に由来している。われわれはサンクション帰属に先立って、常に人格同一性の成立を認識しているわけではない。人格同一性は、われわれは何か問題があった時に（例えば、裁判などで）、改めて確認されるようなものでしかない。そして、このことは過去の個別の行為と現在の自分との一対一の関係として確認されるのである。現在の自分から連続性をもって遡及されるような、何らかの実体的な人格同一性はわれわれの手には入らないためである。

このように、事後でなければ確認できないような人格同一性の特性であっても、それはわれわれのサンクション帰属という道徳的実践において十分有用である。ただ、概念の機能の仕方は、従来のものとは大きく異なる。第六章四節で示されたように、人格同一性にとって大切なのは、それが帰属の必要条件として成立しているという点ではなく、むしろ成立していない時に、帰属の撤回、修正へとわれわれを動機づける点にある。そして、この動機づけの力こそが人格同一性の持つ道徳実践上の規範性だと言うことができる。

さてここで、人格同一性が記憶という心の働きに依拠している点を思い出そう。そして、ロックの自由の二条件もまた、それぞれが意志による決定と欲求の保留能力という、心の持つ力能によって規定されていたことをも思い出して欲しい。また、これらの力能はわれわれが自らの幸福を実現するために必要な力能でもあった[13]。例えば、虫歯の治療がわれわれにとって苦痛であっても、将来的な善のために熟慮をし、その結果に基づいて行動するといった実生活における心地よさ／悪さにも自由は大きく関わる。しかしながら、われわれにとって最も重要な幸福と不幸は道徳的規則に基づいたサンクションによって与えられると考えられよう。というのは、神によるサンクションは最も程度の大きな幸不幸をもたらすし、「自分自身の属す集まりで恒常的に嫌悪と糾弾を受けることに耐え得るほど頑固で鈍感な人は千人に一人もいない」[14]ためである。

しかしながら、自由が本当にサンクションの帰属条件であるかどうかは再度確認が必要なように思われる。次節ではこの点を検証したい。

第三節　サンクション帰属の条件としての自由

いま述べたように、自由と幸福とは手段‐目的の関係にある。そして、保留を介してなされる熟慮の間に行為によってもたらされる快苦を検討するのであれば、そこには法と道徳的規則との一致・不一致によってもたらされるサンクションの快苦が含まれると考えるのは自然である。しかしながら、サンクション帰属と自由との関係をロックは明示してはいない。

とはいえ、この関係を示唆しているような言説が『人間知性論』には三箇所ほど存在する。一つめは、生得的道徳原理の否定を論じた第一巻三章である。その文脈は、生得的道徳原理の否定によって、人間を単なる機械に過ぎないとみなす人々が道徳原理全般を否定することになるというものなのだが、ロックは次のように述べている。

（前略）人々の大多数はそのような生得的な道徳的原理を自らの内に見出すことがないために、自由な行為者ではないのに、どうしてある事物が法を持つことができるのかを想像できない人に対しては、人類に自由があることを否定し、それによって人間は単なる機械にほかならないとすることで、生得的原理のみならず、あらゆる道徳的規則の一切をも捨て去り、道徳的規則のようなものを信じる可能性を残しておかない。そしてこのことに基づくなら、**道徳と機械論を両立できない**人々は、すべての徳の原理を必然的に退けなければならない。なぜなら、両者はそう簡単には調停されたり、整合的にされたりしないためである。[15]

ここで念頭におかれているのはホッブズやスピノザの機械論、決定論の一般的なイメージだとされている。[16] これは当時の一般的認識について語っているのだが、重要なのはここでのロックの推論である。まず、自由の否定が機械論の支持につながることが確認されている。また、自由が法を持つことの必要条件であることが示唆されている。併せて、道徳と機械論の非両立という言説をみると、自由がない場合には道徳が成立しないこと、すなわち自由が道徳の必要条件であることがここから読み取られるだろう。

二つめは、『人間知性論』第二巻二一章にみられる。それは、自由は意志に属さず人間に属すというロックの主張と、力能としての自由の定義に満足しない人が意志する自由を要請する場面である。

しかし、人間の知りたがりな心は、〔自らに〕罪があるという考えをできるだけ自分から取り除こうとして、このことに満足しない（それは宿命的な必然性よりも悪い状態に陥ることになるにもかかわらず）。〔彼らの言い分では〕自由はこれ〔ロックの定義〕以上に届かなければ役に立たない。そして、人間は行為する自由と同様に、自らが意志するものを意志するのに自由でなければ、自由ではないということは立派な抗弁として通用する。[17]

ここでの「知りたがりな心」を持つ人の主張は一見矛盾している。というのは、この人はロックの「意志の被決定」の主張に反対して意志する自由を要求している一方で、おそらくは決定論の想定（宿命的必然性）によって自分の罪を否定しようとしているためである。しかし、第一章および第三章二節（118頁）で解説したように、このような立場は存在する。それは懐疑論である。懐疑論は自由意志実在論的自由を真の自由とする一方で、機械論的な世界観を受け入れる。結果として、懐疑論者は自由や責任の存在を否定することになる。十七世紀当時、ホッブズが一般的には懐疑論者だと考えられていたことを合わせると、ここもまたホッブズに対する一般的なイメージについて述べた箇所だと読むことができる。[18] 懐疑論者もまた、自由意志実在論的な自由概念を採用しているため、ここでも罪（責任）の条件としての自由の想定がなされている。

これら二つの言説はロック自身の主張というよりは、当時一般になされていた考え方だととることも可能である。そこで三番目にあげるのは、『人間知性論』第四巻一七章四節で推論について述べている箇所である。ここでロックは、アリストテレスの三段論法以外の推論の方法を提案しており、その一例として

「人は来世で処罰されよう」という命題から「人は自分自身を決定できる」という命題を引き出すという推論をあげている。

> 先に言及した例の場合、推論の力と、その結果としての推論の合理性を示すのに、結論、すなわち推論される命題を引き出す中間**観念**すべてのつながりを眺めること以外に何があるだろうか。例えば、**人間は罰せられるだろう——罰する者としての神——正しい罰——罪を犯した罰せられる者——別の仕方でなし得た——自由——自己決定**。このように目に見える仕方で連なりをなして結ばれた**観念**の連鎖によって（中略）人間の**観念**と自己決定の**観念**は結びつけられていることが目に見えてわかる。（以下略）[19]

ここでロックは、自由や自己決定という観念を罰の観念から引き出している。推論による知識は本書第二章で確認したように、論証的知識に該当し、それゆえに引き出された結論は絶対的知識である。これらの推論を形成する観念同士は、先行する観念から必然的に引き出されるものなので、自由は罰することの必要条件だということをこの推論の背景からも読み取ることができる。

以上の三つの引用は自由とサンクション帰属の関係を示唆してはいるものの、それぞれの箇所で論じられているトピックは自由とサンクションに直接関係するものではない。これらを状況証拠として、ロックが自由をサンクション帰属の条件としていると主張することは可能だろう。しかし、本書ではもう一つ、彼が自らの自由概念とサンクションの関係について論じている箇所を証拠としてあげたい。それは、賞罰への直接的言及がないために見過ごされがちであるが、保留と考量の原理について述べられた次の一節である。

しかし、われわれの心全体が何かに極度に乱される場合は（これは時おり起こることであるが）、例えば、拷問の苦とか愛、怒りまたは他の強烈な情念の持つ激烈な**落ちつかなさ**とかがわれわれを制御できないくらいに駆り立て、思考の自由を許さず、われわれが十分に考え、公平に考量するに十分なほどに自身の心のあるじであるとはいえない時、神は（中略）親切で慈悲深い父として判断されるだろう。[20]

ここでの「親切で慈悲深い父としての判断」とは、罰の差し控えであると理解することに大きな問題はないだろう。また、「心のあるじ」という形で行為者性が意味されており、それが保留と考量の原理によって担保されることも述べられている。これらのことから、保留と考量の原理が働き得ない場合には、サンクションが帰属されることはないということになり、保留と考量による自由がサンクションの必要条件となっていることがわかる。本書ではこれを自由と責任帰属との関係を示す証拠としてあげたい。

ここでロックは保留と考量の力能が奪われている場合と保持している場合とを区別している。すなわち、ここで罰の帰属が免れるのは、単に意志が決定されているからではない。日常行為の大半が熟慮なしになされているということを彼は認識している。[21]よって、事実として保留がなされたか、なされなかったかは責任の帰属に影響しない。重要なのは、われわれが「自身の心のあるじ」であったか、なかったかということであり、それは自由の力能を持っていたか、いなかったか、なのである。
しかしそうなると、欲求の保留と考量という自由の条件を責任帰属の必要条件としていながら、実際にはその自由が成立していない（正確には成立が確認されていない）事例において責任帰属をしていることになるのではないかと批判されるかもしれない。この批判は両立論的解釈を維持する部分、すなわち欲求による意志の因果的決定を認める部分について、とりわけ当てはまるかもしれない。しかしそれは自由が力能であるという意味を再度検討することで回避可能な批判である。次節はこの点を見ていこう。

第四節　自由の規範的意味——抗弁理由としての自由

本節では、ロックの選択性条件、より一般的には自由意志実在論者が主張する他行為可能性に向けられる、理解不可能性と存在不可能性という問題に応答する。結論としては、選択性条件を力能という観点から理解し、さらにそれが現実において果たす規範的役割を確認することでこの批判に反論する。

ここで議論を展開する前に、改めて自由の定義を確認しておこう。本書第三章三節「自由」の項で確認した通り、ロックの自由概念には二つの条件がある。第一の条件は有意性の条件である。すなわち、われわれがある行為を（欲求として）思い浮かべ、それを実行しようと決意した際に、その決意に続いて当該行為が実現されることがそれである。例えば、「手を上げたい」と欲し、そして「手を上げよう」と思ったことに続いて「手が上がる」という事態が生じていれば、その行為は有意性条件を満たしている。第二の条件は選択性条件である。これは、行為を「実行することと差し控えることの両方が同等に可能」であることである。すなわち、先の例で言えば、「手を上げよう」という有意に引き続いて「手が上がる」が引き起こされるのに加えて、「手を上げない」という有意には「手を上げない」という事態が生じることが実際に可能である時に、人は「手を上げることに関して自由」ということになる。このように、自由は二つの条件の連言によって定義されるため、どちらか一方が成り立たないだけで、その行為は自由ではない、すなわち必然的な行為ということになる。

しかし、両立論者のように欲求と意志との間にあまりに強い動機づけの関係を読み込むと、ある行為への欲求が存在する時にその行為を行わないことは不可能になる。そこで、ロックはこの問題を解決するために、われわれが自らの経験に見出す「欲求の実行と満足とを保留する」力能という考えを提出する。[22] われわれは欲求の満足をいったん保留し、欲求の対象をよく考え、当初の欲求と対抗できる新たな欲求を作り出すことによって、行為に対する真の自由を手に入れる。これをロックは「人が意志する点に関して自由であるような事例」と述べて、われわれの自由の源泉だとみなした。[23]

ここにおいて、自由を定義する二つの条件は「意志」と（選択性を実現するものとしての）「欲求の保留」という二つの力能に置き換えられる。[24] 意志が力能であるという点に関しては、ロックが意志を能動的力能の代表としている点から明らかである。欲求の保留に関しては第一にそれが心の持つ能力である点、第二に彼が「経験から」われわれに帰属させた能力であるという点から、力能だと解することができる。結局、彼にとっての自由とは、この二つの力能によって説明されるのである。

自由が、特にその選択性条件が欲求の保留と考量の力能であるということは、「ある人は自由である」という判断が蓋然的だということを意味する。本章の第二節で展開した実体に関する三つの蓋然性のことを思い出してもらいたい。特に、力能観念の獲得に関する蓋然性と、力能の帰属に関する蓋然性は重要である。力能は個別事例の繰り返しの観察によって形成される。すなわち、「意志する」ことに引き続いて意志された事態が生じること、そして欲求が存在しても即座に意志が決定されずにそれが保留されること、これらの事柄を実際に何度も体験することで、われわれは自分にこの種の力能があることを知る。また、知性と形態の点で類似する他者についても、これらの力能があると「想定」するだろう。とはいえ、この想定はあくまでも蓋然的なものであって、個々の場面でその力能が実際に発揮されるかどうかは検証してみるまではわからない。

　実際に保留の力能が行使されていないにもかかわらず、われわれが日常的行為に責任を帰属するのには、帰属の条件が力能の行使ではなく、保持にあるためである。もし帰属にあたって特に争うべき理由がないのであれば、帰属はこの想定のみで十分であろう。これは正のサンクションの帰属、例えば親切な行為に対する感謝や称賛などを考えれば納得のいく考えである。そして、われわれの日常生活で行われる活動の大半は、そもそも道徳的規則と関わらないか、関わったとしても賞罰の帰属で争われることはない。

　ここで、人格同一性の持つ規範的役割について考察したのと同様に（第六章四節参照）、われわれは一般的な「人間」の形をしたものには自由の力能を想定すると考えてもいいだろう。ロックは「市民の間での通常の会話においては」われわれは通常、動物の種を姿と形によって判別すると述べている。[25]これは、われわれが目の前のものが何かを判断する際の日常的な感覚に合致する。そしてこのことから、「人間」の形をしたものを自由と人格同一性を備えた「人格」とみなすという考えは、われわれにとってデフォルトであると言えるだろう。第三の意見もしくは評判の法に関わる私的非難の場合を考えよう。例えば誰かから危害を加えられた時、相手が実際に責任帰属条件を満たしているかをわれわれは非難の前に確認するだろうか。「あなたはなんてことをするのだ」と怒る前に、「あなたには記憶の能力がありますか」とか「欲求をこらえることはできませんでしたか」と確認することなどないだろう（たいていの人にとって、このような確認は非難される以上に不快なことかもしれない）。実際にこれらの力能を確認することはある。しかしそれは、相手が抗弁や言い訳などをする特別な場合である。多くの場合には、責任帰属に必要な力能は非難する側にも、非難される側にも想定されているのであって、それでこそ私的非難という実践が成り立つように思われる。

力能帰属の蓋然性に基づくなら、人格同一性を支える記憶の力能同様に、自由を構成する二つの力能についてもまた、その規範的役割は検証による帰属確認もしくは撤回（取りやめ）を促すものだと言える。われわれは自由の力能を一般的に自他に想定し、通常はその想定に基づいてサンクション帰属を行う一方で、何か問題が生じた際には改めて力能の存在を確認する、というプロセスは自由についても言える。この過程では、サンクションの帰属に対して異論がない場合には、力能の有無は実際には確認されないのだから、自由という責任帰属条件の規範的役割は主として、いったんなされた（もしくはこれからなされようとする）帰属に対して抗弁し、それを取りやめさせるところにあると言えよう。自由がこのような役割を持っていることは、自由の二条件それぞれの振る舞いを見ることで確認できる。

まず、有意性条件の場合は容易に理解可能であろう。まず、われわれは人間から親切もしくは危害を受けた際には、まずそれをデフォルトで行為者性を備えた「行為」として受け取るだろう。しかし、その一方で、行為が故意なされたわけではないという状況もよく理解している。われわれが自らの意志によらず何らかの活動を引き起こしてしまうことはありふれた話であるし、またその際に有意が介在していたかどうかを判定することも比較的容易だからである。例えば、鍵のかかった部屋に閉じ込められていたり、電車が急停止したために誰かにぶつかってしまったりする場合はそうだろう。そして、これらが非難に対する言い訳として立派に機能することは多くの人が認めるだろう。

これに比べて、選択性条件のうち、とりわけ保留と考量の力能の場合は検証が困難な場合が多いように思われる。周囲の人々が単に感じた欲求そのままに行為していると思っている人はほとんどいないと思われるが、実際にそのような力能がいつ失われるかはわれわれはよくわかっていないからである。しかしながら、この力能が失われるような典型例が存在しないわけではない。先の引用にあるように、激昂して相手に危害を加えてしまったり、拷問の激しい痛みのために秘密を漏らしてしまう場合がこれにあたるだろう。このような状況では、保留と考量の力能が発揮できないことは経験上もっともらしいので、それは言い訳として十分通用するように思われる。

また、選択性条件にはもう一つ抗弁理由として通用する仕方があるのに注意しなければならない。選択性条件を構成する力能は、実は欲求の保留能力だけではない。第四章四節で論じた「局所的宿命」の議論を思い出して欲しい。それは、われわれがどれだけ理性を働かせたとしても、結果としての行為に対して何ら影響を及ぼせないという事態であった。同様に、いくら欲求を保留できる状況にあったとしても、それが結果に対して何の違いももたらさないということがあり得る。その最たる例が「閉じ込められた男の例」であるが、この場合、保留と考量の力能とは別に、「鍵のかかった部屋」という物理的な条件が選択性条件を阻害している。ロックは一般的な自由意志実在論者のように、人間の自由を「意志の自由」という心の働きに還元したりはしない。選択性条件には実際の行為の実現が条件として含まれているため、このような外的障害の存在もまた抗弁理由として認められるのである。

このように、自由の主たる機能を帰属よりも帰属の撤回・取りやめに求めてきたが、正確に述べるなら、これらの役割は法の種類によって異なるだろう。まず、神の法の場合、裁定者である神は「考える事物」としてのわれわれの力能について、絶対確実な知識を持つ。この時神は検証によらずしていかなる条件が行為において成立していたかを知っているはずなので、その条件に基づいてサンクションを帰属するだろう。すなわち、ここでは自由は積極的な意味での帰属の正当化の役割を担っている。[26] 加えて、先の第六章四節で展開したように、神の裁判を規範導出のための思考実験として理解するなら、神の裁判という理想状況におけるわれわれの直観が、まずもって自由に責任帰属を正当化する規範的役割を与え、その結果として、力能の想定による帰属の正当化と、力能不在の証明による抗弁の正当化という役割が導出されることとなる。神の法は道徳的規則を評価する究極的正当化根拠であると同時に、帰属条件を評価する理念的正当化根拠でもあり得る。

次いで、国家の法の場合である。ここではサンクション、すなわち刑罰の帰属の是非は裁判という過程を通じて審議される。その際、裁判官は有限な知識しか持ち得ない人間である。したがって、起訴にあたっては自由の力能の想定に依拠するだろうし、実際に被告がその力能を保持していたかどうかについても、経験に基づいた蓋然的な判断に頼らざるを得ない。そして、ロックが「誰であれ、自らの情念を支配できないと、すなわち情念が噴き出して自らを行為へ押し流すことを防げないとは言わせない」と言うように、[27] 自由の力能の想定は相当強固であろう。そうなると、裁判において自由概念が帰結に対して何らかの違いをもたらすとすれば、それは、自由を構成する力能のいずれかが失われていたと高い蓋然性をもって示すことができた場合のみであろう。すなわち、力能の不在を証明することで、求刑に対して抗弁し、刑罰を差し控えさせる（もしくは軽減を求める）というのが、自由に関する事実が裁判において果たす主たる役割だと言える。ただし、これが実際にうまく機能するかどうかは、われわれ自身についての知識の程度に依存するため、その時代、社会ごとの知識に相対的にならざるを得ないだろうし、その不確かさゆえに、実際には正当な抗弁が通用しないことがあるかもしれない。

最後は、意見もしくは評判の法である。ここでも立法者とサンクションの与え手は、有限な知識しか持ち得ないわれわれ人間である。しかしながら、国家の法と大きく異なるのは、私的な称賛・非難といったサンクションの帰属に関しては、裁判のような審議を経ずに帰属がなされてしまう点である。例えば、道端で乱暴をはたらく酔っ払いを非難する時、目の前の川で溺れた子供を助けた人を称賛する時、われわれは称賛・非難といった態度を即座に表明するが、評判の法におけるサンクションとはまさにこのような態度の表明が集積したものである。この時、帰属に先立って熟慮や検証などが介在することはめったにないだろう。そうなると、自由に関する申し立てが功を奏すのは、力能の不在を高い蓋然性をもって証明することで、いったん帰属されたサンクションを撤回するという場面である。評判の法においては、帰属はもっぱら想定に基づいてなされるのであり、力能に関する事実が直接的に意味を持つのは、帰属の撤回という役割においてのみである。

このような自由の力能の振る舞いは、本書第六章四節で確認された人格同一性の振る舞いと同じものであることは繰り返し注記してもよいだろう。ロックの自由概念は行為主体に備わるものであれ、対象を限定しない無制限のものではない。個別の行為を抜きにした自由という考えは彼の自由論には存在しないのである。われわれの持つ自由は常に「〜すること」における自由なのである。この点は彼が、時間を通して存在する同一の存在者という概念に訴えず、同一性の基準をあくまでも個別行為に対する記憶に求めたのと類比的である。自由であれ、人格同一性を支える記憶であれ、力能である以上は、その保持／欠如の判断は断片的にならざるを得ない。時間を通じても変わらず保持された力能とは想定に過ぎない。

ここに至って、ロックの自由の定義に選択性条件を含める意味と理由とが明らかになったかと思われる。選択性条件が意味するのは、自由意志実在論的な選択の自由、すなわち他行為可能性を現実のものとする自由である。このような自由概念については、両立論の側から「理解不可能」や「(決定論的な)現実世界には存在し得ない」といった批判がなされていた。しかしながら、選択性条件を、特に保留と考量の力能と、物理的な外的障害の不在と捉えるならば、これらの批判を回避できるだろう。というのは、このような力能と状況の組み合わせによって考えられる選択可能性は経験的に理解可能であり、存在するためである。ロックは選択性条件で無差別の自由を支持したわけではない。ロックの意思決定理論の中に自由意志実在論的な要素を見出したとしても、後者への批判がそのままロックに当てはまるわけではない。

また本書では、議論の土俵を形而上学から道徳哲学に移行させた。これにより、選択性条件は空疎な想像ではなく、責任帰属における重要な規範的意味があるものとして理解される。このような規範的意味は力能の不在に基づく責任帰属の差し控え、撤回を促す仕方で機能し、それもまたわれわれが経験的に確認できるものである。この時、根拠として用いられるのはその力能の不在であるのだから、「現実世界に存在し得ない」という批判はここにも当てはまらないだろう。[28] われわれは選択可能性が有意味な仕方で機能する状況を理解しているし、それはわれわれの道徳的実践において必要なもののように思われる。

第五節　ロック道徳哲学の持つ現代的意義

以上のように再構成されたロックの自由論、特に力能の想定による責任帰属と、その不在による帰属の撤回という考え方は、現代の責任論と自由意志問題に対して一つの重要な示唆を与えることができる。それは規範的役割としての責任帰属概念の重要性である。本節ではこれを論じることでロック自由論の現代的意義を示そう。

さて、まず念頭に浮かぶのは、第四章四節で考察したフランクファート型事例に含意される、両立論的な直観への反論である。フランクファート型事例とは、二つの行為の選択の場面で、一方の行為の遂行が外的障害によって閉ざされているのだが、行為者は実際には自らの判断で阻害されていない方を選択し、実行したというものであった。これは、行為への責任帰属には他行為可能性、すなわち選択性が不要であることを示すための反証例として用いられる。

フランクファート型事例への責任帰属を正当化しているのはわれわれの直観である。そして、その直観を支持する最も顕著な特徴は、この事例において行為者（ジョーンズ）は通常行っていることと別段変わったことをしているわけではないという点にある。また、行為者は両立論者が重視する熟慮をしばしば行う。[29] フランクファート型事例で選ばれるのは、行為者の性格を前提した上での熟慮から帰結される行為である。加えて、当該事例では選択性は責任帰属に対する説明上の役割を持たないという特徴も重要だろう。フランクファートらがこの種の事例を提案するのは「選択性が責任帰属のための必要条件である」という主張を攻撃するためである。もし選択性がなくても責任が帰属できるなら、選択性は責任帰属において何ら説明的役割を果たしていないということになるだろう。さらには、真正な他行為可能性が現実に存在すると想像しがたいという理解不可能問題もまた、フランクファートら両立論の直観を利しているだろう。

しかし、自由を力能として考え、その規範的意味を抗弁に求めるなら、これらの論点によって両立論的直観を支持することは難しくなるだろう。まず、前節で述べたように、理解不可能性の問題は解消される。力能として選択性を理解する場合に、そこに形而上学的な不整合はない。また、説明的役割については、フランクファート型事例の結論は選択性条件が抗弁として通用する場合の規範的役割を否定するものではない。ならば、選択性条件は責任帰属を差し控えさせる際の理由となるので、この差し控えという行為に対して説明的役割を持つことになる。

こうなると、もしかすると両立論者は選択性条件の規範的役割を否定するかもしれない。しかし、両立論者にこれができるとは思われない。というのは、選択性条件を否定するということは、局所的宿命の規範的意味をも否定するということであり、両立論者がこの考えを完全に捨て去るのは困難だと考えられるためである。両立論者もまた洗脳や重度の依存症の結果生じた行為に対しては責任を問わないと考えていることをここで思い出して欲しい。このような状況においても、行為者はおそらく熟慮することが可能である（依存症や洗脳によって熟慮の範囲は極めて狭い領域に限定されていたとしても）。しかしながら、これらの状況における行為者の行動に対して熟慮が違いをもたらすことはない。これはまさに局所的宿命の状況である。両立論者はこの考えに訴えずに（さらに論点先取にならない形で）、どのようにして行為者の責任の免除を説明できるだろうか。両立論者が局所的宿命の規範的意味を捨てきれないのであれば、選択性条件にも規範的意味を認めざるを得ないだろう。[30]

では、フランクファート型事例においてジョーンズ（行為者）の選択が悪い結果をもたらしたとして、彼はその責任を免れるのかとなると疑問を抱く人が多いかもしれない。「閉じ込められた男」を例にとろう。ジョーンズは当日何かの約束があるにもかかわらず、部屋で話していたためにその約束をすっぽかしてしまったとしよう。この時、選択性条件を持ち出して、ジョーンズに約束を破った責任はないと言えるだろうか。おそらくは「免れられない」とする人が多いのではなかろうか。しかし、ジョーンズは後になって自分が閉じ込められていたことを知ったとするならどうだろう（他の例ではジョーンズがブラックの存在を知ったならどうだろう）。われわれの非難の気持ちは少し和らぎはしないだろうか。そこで気づくべきは、われわれは行為に対して非難をするが、性格に対しても非難をするということである。性格についての非難は局所的宿命の状況でも有効である（なぜならば、それは当人の内面、考え方の問題だからである）。しかし、外的な行為に関してはその限りではない。したがって、フランクファート型事例においても、ジョーンズは責任の免除まではいかずとも、行為分の軽減が認められるのが適当ではなかろうか。

続いて、第二の意義として、力能の想定による責任の帰属と不在による帰属の差し控えという責任条件の考え方は、現代の責任論の抱えるある問題の解決にも寄与する。それは私が「ハードル問題」と名づける問題である。仮に責任帰属条件としてどのような条件を採用したとしても、一般的にはその条件の成立を帰属に先立って確認することは非常に困難である。自由意志実在論ではこの問題は顕著であり、例えば現代の代表的な自由意志実在論者のR・ケインは究極的な責任帰属の条件として、真に他行為可能性を備えた「自己形成行為」の存在が不可欠であると考えている。[31] しかし、過去にこのような行為が間違いなく生じたことを、サンクションの与え手はどのようにして知ることができるだろうか。

この問題については両立論者も例外ではない。両立論では普遍的因果性と両立するような「新たな」自由を発明しなければならない。[32] そのためになされているのは、これまで「自由意志」と呼ばれてきたものをさまざまな心理的特性に還元して説明する試みである。しかし、この際に、われわれは自由の内容を複雑化すればするほど、そのような条件を満たす行為を日常の中に見出しにくくなるという困難にぶつかる。すなわち、道徳的行為主体の定義を増やすにつれて（それはわれわれの理想を適切に表現することにはなるのだろうが）、われわれが日常行為において責任の主体であることへのハードルは高くなっていくのである。

これまで本書で展開してきた自由論ではこの問題は発生しない。というのは、仮に責任帰属条件の数が増え、複雑化したとしても、それはあくまでも「想定」として扱われ、帰属の検証にあたっては個別の帰属条件の成否が確認されるだけだからである。帰属条件の総体が同時に成立していることを示す必要は本書のアプローチにはない。このように考えてみると、これまでの責任理論によって道徳の実践的な場面がどれだけ無視されてきたかがわかるだろう。

また、責任帰属の条件を力能に求めることは、自由意志実在論的な他行為可能性という概念を自由の構成要素として保持するという点で、自由意志実在論的な自由のハードルを大幅に下げることにつながるだろう。真性の他行為可能性が現実的な視点からは認められないにせよ、力能の想定と抗弁理由としての規範的意味を与えることによって、われわれはその概念を保持する理由を手にする。そして、他行為可能性に基づいた責任帰属の実践が実際にわれわれにとって必要であり、有益であるのなら、われわれはその概念を手放すべきではない。規範的役割は事実に関する説明的役割と同じくらい重要なものだからである。

以上のように、サンクション帰属と結びつけられた力能としての自由論は、現代の責任論・自由意志理論に対して、実践的な視座を与える。これこそがロック自由論の持つ現代的意義だと言えるだろう。

おわりに

第六章から本章にかけて、特に現実世界におけるサンクション帰属との関係からロックの人格同一性と自由がどのように理解されるべきかを論じてきた。これらのテーマに関する従来の解釈は、形而上学的な側面に囚われ過ぎて、道徳的実践という実際の現場でこれらの概念がどのような役割を担うべきかという問いに気づかなかった。また、そのような視点のない解釈は、ロックの理論に内的な矛盾を持ち込んだり、もしくは現代となっては受け入れがたい想定を強く読み込んだりすることになる。しかし、一見矛盾するようなロックの言説は、それぞれが、現代のわれわれもまた同様に知覚可能な経験に基づいたものであり、またロック自身の真摯な内省と観察との結果だろう。このことは、自由や人格同一性をサンクション帰属の条件として捉え、またそれらを現実世界で経験可能な力能という観点から見た時に初めて見えてくることなのかもしれない。力能として捉えられた帰属条件は、その想定によって責任帰属の実践を規範的に統制する。すなわち、その想定が確かなものであれば、責任を帰属（したままに）し、想定が破られるならば帰属を差し控える（もしくは撤回する）。その際、これらの条件は神の法における裁判という理想状況によって適切さが評価され、またその評価によってそれぞれの概念には、われわれの責任実践を統制する規範的な力が与えられる。

ロックの道徳哲学を自然法の領域から拡大し、また、サンクション論についても神の法への還元論を退けて現世における法に注目した時、ロックの道徳論からは現代責任論の目から見ても独特で、興味深い責任へのアプローチを示してくれる。これによってわれわれは形而上学的な理由から切り捨てなければならなかったさまざまな概念を取り戻し、再度その規範上の有用性を吟味する機会を得るだろう。

このようにみると、ロックの道徳哲学は、自然法とサンクション論の問題だけではなく、様態と関係の観念によって構築する論証的知識の領域、および力能概念を核とした蓋然的知識の領域、加えて自由や人格同一性といった帰属条件に関わる議論を包括している。また、力能としての帰属条件という発想からは現代的な責任論の視座が引き出された。『人間知性論』の中に満ち溢れた道徳哲学の光は現代にまで漏れ出でている。『人間知性論』は道徳哲学の書である。

1 本書第二章三節「三種の道徳的規則」(94–95頁)参照。
2 この点は本書第六章注35において詳述されている。
3 『人間知性論』II. xxi. 1. p. 233.
4 『人間知性論』II. xxi. 3. p. 234.「単純観念」(72頁)で触れたように、本来力能は単純観念に分類されている。この点については本書第二章注25も参照。
5 『人間知性論』III. vi. 7. p. 443, III. vi. 9. p. 444, III. vi. 19. p. 449.

6 『人間知性論』II. xxxi. 6. p. 379, II. xxi. 9. pp. 381-2, III. vi. 31. p. 458, etc.

7 『人間知性論』III. vi. 19. p. 449.

8 『人間知性論』II. xxxi. 10. p. 382.

9 『人間知性論』III. ii. 3. p.406, III. vi. 31. p. 458, III. ix. 17. pp. 485-6.

10 『人間知性論』IV. vi. 8. p. 583.

11 『人間知性論』IV. vi. 15. p. 590.

12 『人間知性論』I. i. 5. pp. 45-6.

13 『人間知性論』II. xxi. 56. p. 270.

14 『人間知性論』II. xxviii. 12. p. 357.

15 『人間知性論』I. iii. 14. pp. 76-7.

16 大槻：1972. p. 257（注44）.

17 『人間知性論』II. xxi. 22. pp. 244-5.

18 ここでの「宿命的必然性よりも悪い状態に陥る」とは、無差別の自由の想定が幸福や理性に決定されないという不合理な事態を生み出すことを指していると理解できる。これは意志の自由の要求に対する、ロックの補足的説明、念押しだととるのが妥当と思われる。

19 『人間知性論』IV. xvii. 4. p. 673.

20 『人間知性論』II. xxi. 53. pp. 267-8.

21 『人間知性論』II. xxi. 24. p. 246, II. xxi. 56. p. 270. 本論第三章五節も参照。

22 本書第三章四節「欲求保留原理」を参照。

23 『人間知性論』II. xxi. 56. p.270.

24 選択性条件は、実際には、心的な欲求の保留に加えて、外的障害の不在をも含意する。この外的障害の不在という環境的条件（とでも呼べるもの）もまた、サンクション帰属の実践に大きく関わる。この点に関しては後に詳述する。

25 『人間知性論』III. ix. 15. p. 484.『人間知性論』III. vi. 29. p. 456, III. xi. 19. p. 518も参照。

26 これまでの多くの引用から、立法者が神だという事実のみでサンクション帰属は正当化されるとロックが考えているわけではない、ということが明らかだと思われる。ロックは神に善性を帰しており（『人間知性論』II. xvii. 1. p. 210, II. xxi. 49. p.

265, II. xxvii. 13. p. 338, II. xxviii. 8. p. 352 ほか）、これがホッブズの枠組みでは想定可能な専制君主的な神の可能性を排除していると考えられる。

27 『人間知性論』II. xxi. 56. p. 270.

28 この際、「実際には存在し得ないものの不在」がどのようにして規範的な意味を持ち得るかと批判されるかもしれない。これに応答するには、ロック哲学の枠組みを超えて、別のメタ倫理学的な前提の検討が必要である。その答えの一端は、佐々木：2010において示した。

29 古典的両立論者のホッブズは自由な行為の条件として熟慮をあげている（Hobbes: 1654. pp. 37-8）。

30 ここでの議論は「熟慮に基づいた行為」という両立論的な自由の条件は不十分であるということも示唆している。行為者の内面だけに焦点をあて、それを責任帰属の十分条件とすることは、行為を過度に心理化していると言えるだろう。行為の心理化については第四章四節および、同注26を参照。

31 Kane: 1996, 2002. ケインの主張については佐々木：2005も参照。

32 Kane: 2002を参照。

あとがき

本書は、私が二〇〇八年三月に京都大学より学位を授与された際の博士学位論文「ジョン・ロックの道徳哲学の射程」に全面的な加筆・修正を加えたものである。著書としての公刊にあたって、第一章を書下ろし、また学位論文発表後に公刊した論文を改訂しつけ加えた。図表の追加や表現の書き改めがあるものの、第三章、第四章、第五章そして第六章はすでに学術雑誌に掲載された論文を基としていることをここに記しておく（それぞれの基になった論文は各章の末尾に記した）。

正直なところ、私は自分がジョン・ロックに関する著書を出版できるとは考えていなかった。出身研究室の直近の先輩たちに博士論文を著書として出版する雰囲気がまだなく、その一方で後輩たちが優秀な博士論文に対して京都大学が出す出版助成等を受けて単著を出版していく中、なんとなく流れに乗り遅れてしまったという感覚があった。また、博士論文執筆後は現代の自由意志問題や責任論に関心が移り、近年では重度依存症患者の行為者性と責任能力について、その評価枠組みを構築する課題に取り組んでいた。今から著書を出すなら、ロックというよりも自由論・責任論についてだろうという思いの方が強かった。

そのような状況で、金沢大学の戦略的研究推進プログラム人文社会科学系学術図書出版助成の交付を受け、金沢大学人間社会研究叢書として本書の出版が決まったのは降って湧いたような幸運であった。

出版にあたっては、短い時間で導入にあたる一章を書き下ろし、また既存の博士論文の原稿にも大幅な加筆と修正を加える必要があった。博士論文の発表から九年のブランクがあり、この間に自由論にせよ、人格同一性論にせよ、本書では扱うことができなかった多くの興味深い研究が発表されているため、出版助成審査に通ったものの、博士論文をそのままで出版することには大きな不安があった。ただ、審査員の先生方や出版社の方々から評価いただいたという事実と、ロックの自由論を主たるテーマとした国内研究は数少ないという現状に背中を押される形で、なんとか本書を書き上げることができた。本来なら本書で言及されるべき重要な文献の批判・検討結果を内容に反映できなかったことについては慚愧に堪えないが、修正を加える中で自らの解釈や再構築した理論はブランクを経てもそれほど古くはなっていないと感じられたのはささやかな救いである。また、ブランクの間に積んださまざまな教育・研究経験のおかげで、当時の難解な表現で綴られていたアイデアがわずかでも理解可能な仕方に書き改められたのは怪我の功名であろう。

さて、本書は私の京都大学におけるジョン・ロック研究の集大成である。何よりもまず感謝申し上げたいのは、倫理学研究室在籍以来研究をご指導いただき、博士論文の査読にあっては主査をお願いした京都大学大学院文学研究科教授の水谷雅彦先生である。先生には博士論文執筆にあたり過分の指導を賜り、その中で本書の結論を導く上での重要な助言をいただいた。また、ロック研究を越えて、応用倫理学やメタ倫理学を含む倫理学の基幹を私が学んだのも先生からである。加えて、博士論文の副査をつとめていただいた京都大学大学院文学研究科の福谷茂教授、また故小林道夫先生にも謝意を表す。

そもそも、私が倫理学を志したのは現在京都大学名誉教授の加藤尚武先生に負うところが大きい。私が倫理学研究室を所属に選んだのは、加藤先生の倫理学概論や応用倫理学の授業ではなく、実は日本哲学史の授業の影響であったりする。加藤先生には修士論文の主査をしていただくまで、さまざまな教えを請い、京都大学退官後も気にかけていただき、学会等で研究への貴重なアドバイスをいただいた。お気づきの方も多いと思うが、第一章に登場する「指導教員」は加藤先生である。先生には研究の道へと導いていただいた恩も含め、感謝の念に堪えない。加藤先生と水谷先生から倫理学を学ばなければ、本書のようなロック理解には到底たどりつけなかっただろう。

ロック哲学との出会いについては、やはり京都大学名誉教授の冨田恭彦先生にお礼を申し上げねばならない。学部生時代に先生の授業で学んだ基礎の上にこそ現在の私のロック研究は成り立っている（ちなみに、私がロックの授業に興味を抱いたのは加藤先生の授業で学んだ大森荘蔵の影響からであった）。先生の目からすれば、用語法や分析の厳密さの点で甘さが目立ち、当時同様にお叱りを受けそうだが、私も先生の薫陶を受けたロック研究者の一人であるとここに記すことをお許しいただきたい。

先に述べたように、本書の出版にあたって少なからぬ不安とためらいがあったのは確かである。しかし、その中で私が出版助成への応募を決心できたのは、私のロック研究を好意的に評価していただいた多くの先生方のおかげである。まず、慶應義塾大学商学部教授の成田和信先生には、博士論文執筆時に日本学術振興会特別研究員（ＰＤ）の受け入れ教員としてご指導いただいたのをはじめ、私の研究を常に後押しいただいた。また、同大学大学院文学研究科教授の柘植尚則先生にはロックの論文を発表するたびに評価いただき、研究をはげましていただいた。南山大学社会倫理研究所の奥田太郎教授は直近の先輩ということもあり、機あるごとに研究を焚きつけていただき、またその仕事から多くの刺激を受けた。最後に、学習院大学大学院人文科学研究科教授の下川潔先生にはお会いするたびに著書の執筆を勧めていただいた。その激励がなかったなら本書の出版はあり得なかっただろう。皆様に対し感謝申し上げる。

本書の、とりわけ第五章の執筆にあたっては、立命館大学および関西大学で担当させていただいた授業科目に内容の多くを負っている。立命館大学大学院文学研究科の北尾宏之教授および林芳紀准教授、関西大学大学院文学研究科品川哲彦教授には授業の機会を与えていただき、また本書の内容を含め倫理学全般について多くの指導を賜った。ここに感謝の意を表す。

また、京都大学倫理学研究室の諸先輩、後輩の皆様には在学以来、多くのことを学ばせていただいた。あまりの人数の多さに一人ひとりのお名前をあげることはできないが、愛知学院大学総合政策学部講師の小城拓理さんには、今回新たに書き下ろした第一章について原稿に目を通していただいた。彼は後輩として、そして信頼のおけるロック研究者として快く依頼に応じてくれ、微に入り細に入る助言をしていただいた。ここに感謝申し上げる。

そして、先述の金沢大学人文社会系学術図書出版助成の審査員の方々には原稿の修正にあたって有益なコメントをいただいた、また、編集を担当いただいた丸善出版の柳瀬ひなさん・大江明さんには、丁寧な校正と図表や索引の作成でお世話になった。記して謝したい。

今回の出版にあたり、お恥ずかしい限りではあるが久しぶりにここ数年に発表された文献を再調査してみて感じたことがある。それは、ロックの自由論研究がようやく第二世代に移ったという感覚である。ここで私が第一世代と捉えているのは、ロックの言説に対する直接的な解釈である。この意味で、本書で主として扱ったチャペル、ヤッフェ、ロウそしてマグリらは第一世代の研究者である（「直接的」というのは、彼らの参照には他の研究者への言及がほとんど見られないことを意味している）。対して、第二世代は第一世代の解釈を縦横無尽に参照しつつ、解釈間の評価を行う研究を意味している。その意味で、イギリス哲学への導入的アンソロジーである *Critical Assessment* シリーズの *Locke* に収められている自由論関連文献は、第二版を迎えた今でも第一世代のものに占められており、対して本書の執筆にあたって参照したオンライン事典 *Stanford Encyclopedia of Philosophy* に収められている論文は第二世代の典型である。本書の解釈はちょうどその中間に位置し、その意味で第二世代の文献をしっかりと扱えなかったことには悔いが残る。本書がわが国の第二世代研究の礎として少しでも貢献できれば幸甚である。

最後に、私を大学院へと進ませ、ロックおよび倫理学研究者としての人生を許し、応援してくれた父母にはいくら感謝してもしきれない。しかし、母は私が博士後期課程を出る直前に亡くなり、父も昨年一月にこの世を去った。金沢大学に職を得て今後の研究の安定した基盤を築き、研究成果を著書として発表できる今の姿を父母に見せることはできない。せめて本書を捧げることで、父母の恩と愛情とに報いたい。

佐々木　拓

平成二十九年七月　金沢にて

的解釈を目指して」,『イギリス哲学研究』第 27 号, pp. 21-37.
・——：2005,「生き方が責任を作る：『もうひとつの可能性』再考」,『実践哲学研究』第 28 号, pp. 21-44.
・——：2007,「ジョン・ロックの道徳論とその限界」『倫理学研究』第 37 号, 関西倫理学会, pp. 25-35.
・——：2010,「自由意志の非認知主義的解釈の可能性 —— スミランスキーの幻想主義とその補完」,『倫理学研究』第 40 号, pp. 93-104.
・——：2011,「メタ倫理学における不整合主義」『実践哲学研究』第 34 号, pp. 33-49.
・——：2013,「ロック哲学における動機づけの力 —— 幸福、欲求、そして落ちつかなさ—」『哲学研究』第 596 号, pp. 46-69.
・下川潔：1999,「『人格知識論』とジョン・ロックの哲学」,『中部大学人文学研究論集』第 2 号, pp.123-154.
・——：2007,「ロック」,『哲学の歴史 6　知識・経験・啓蒙 —— 18 世紀　人間の科学に向かって』, 中央公論新社, pp. 83-162.
・田村均：1996,「ジョン・ロックの自然哲学」『哲学』第 47 号, pp. 207-16.
・冨田恭彦：1991,『ロック哲学の隠された論理』, 勁草書房.
・——：2004,『観念論ってなに？ —— オックスフォードより愛をこめて』, 講談社現代新書.
・——：2006,『観念説の謎解き —— ロックとバークリをめぐる誤読のロンリ』
・野田又夫：1985,『人類の知的遺産 —— ロック』, 講談社.
・長尾栄達：2007,「ロック言語論における事実と規範 —— 基本テーゼの分析から」,『イギリス哲学研究』第 30 号, 日本イギリス哲学会, pp. 97-110.
・浜林正夫：1996,『イギリス思想叢書 4　ロック』, 研究社出版.
・水谷雅彦：2005,『岩波 応用倫理学講義〈3〉情報』, 岩波書店.
・渡辺匠, 太田紘史, 唐沢かおり：2015,「自由意志信念に関する実証研究のこれまでとこれから —— 哲学理論と実験哲学、社会心理学からの知見」,『社会心理学研究』第 31 巻, 第 1 号, pp. 56-69.
・渡辺匠, 松本龍児, 太田紘史, 唐沢かおり：2016,「一般的・個人的自由意志尺度（Free Will and Determinism Scale: FWDS）日本語版の作成」,『パーソナリティ研究』第 24 号, pp. 228-231.

archives/sum2017/entries/locke/>.
・Ward, W. Randall: 1995, 'DEVINE WILL, NATURAL LAW AND THE VOLUNTARISM/INTELLECTUALISM DEBATE IN LOCKE', in *History of Political Thought*, Vol.16, No.2, 1995, pp. 208-18. (rpr. *JOHN LOCKE: Critical Assessments of Leading Philosophers*, Series II, ed. Peter Anstey, Routledge, 2006, pp. 21-31)
・Wallace, R. J.: 2006, *Normativity & the Will*, Oxford University Press.
・Wootton, David: 1993, 'Introduction', in *Political Writings*, (by John Locke), Penguin Books.
・Yaffe, Gideon: 2000, *Liberty Worth The Name—Locke on free agency*, Princeton University Press.
・——: 2001, 'Locke on Refraining, Suspending, and The Freedom to Will,' in *History of Philosophy Quarterly*, Vol. 18 No. 4, pp. 373-91.
・——: 2007, 'Locke on Ideas of Identity and Diversity,' in *The Cambridge Companion to Locke's "Essay Concerning Human Understanding"* (Lex Newman ed.), Cambridge University Press, pp. 192-230.
・Yolton, J. W.: 1970, *Locke and the Compass of Human Understanding*, Cambridge University Press.
・秋元ひろと：1997,「意識と意識を超えるもの」—— ロックの人格の同一性をめぐって」,『三重大学論集』No. 8.
・新井明・鎌井敏和共編：1988,『信仰と理性 —— ケンブリッジ・プラトン学派研究序説』, お茶の水書房.
・一ノ瀬正樹：1997,『人格知識論の生成 —— ジョン・ロックの瞬間』, 東京大学出版会.
・今村健一郎：2007,「ジョン・ロックの責任論」,『イギリス哲学研究』第 30 号, 日本イギリス哲学会, pp. 31-48.
・——：2010,「ジョン・ロックの人格同一性論」,『イギリス哲学研究』第 33 号, pp. 19-33.
・太田可夫著, 田中正司編集：1985,『ロック道徳哲学の形成 —— 力について』, 新評論.
・大槻春彦：1972,「解説」(第一分冊),『人間知性論』(一), 岩波書店, pp. 287-327.
・——：1974,「解説」(第二分冊),『人間知性論』(二), 岩波書店, pp. 425-443.
・——：1976,「解説」(第三分冊),『人間知性論』(三), 岩波書店, pp. 363-382.
・——：1977,「解説」(第四分冊),『人間知性論』(四), 岩波書店, pp. 425-451.
・桜井徹：1997,「近代自然法論と功利主義の交錯 —— カンバーランドにおける仁愛と公共善」,『神戸大学国際文化学部紀要』第 8 号, pp. 61-88.
・佐々木拓：2001,「ロック自由論の独自性について」,『実践哲学研究』第 24 号, pp. 37-51.
・——：2003,「有意的でありながら自由ではない行為は可能か？—ジョン・ロック自由論のための予備的考察」,『倫理学研究』, 第 33 号, pp. 75-90.
・——：2004a,「帰責の観点から眺める人格同一性 —— ジョン・ロックの人格同一性論を巡る諸問題」,『倫理学年報』第 53 集, pp. 111-124.
・——：2004b,「欲求の保留としての意志の自由 —— ジョン・ロック自由論の整合

Issue 1, pp. 214-242.
・Oakley, Francis: 1997, 'LOCKE, NATURAL LAW AND GOD—AGAIN', in *History of Political Thought*, Vol.18, No.4, pp. 624-51, (rpr. *JOHN LOCKE: Critical Assessments of Leading Philosophers*, Series II, ed. Peter Anstey, Routledge, 2006, pp. 32-60.)
・O'Connor, D. J.: 1952, *John Locke*, Pengiun Books Ltd.
・O'Connor, Timothy: 1995, *Agents, Causes, and Events: Essays on Indeterminism and Free Will*, (ed. Timothy O'Connor), Oxford University Press.
・Owens, David 2000, 'Locke on freedom' in *Reason without Freedom—The problem of epistemin normativity*, Ch. 6, Routledge, pp. 89-100.
・Parfit, Derek: 1984, *Reasons and Persons*, Oxford University Press, Reprinted (with corrections) 1987.（森村進 訳, 『理由と人格』, 勁草書房, 1998）
・Pink, Thomas: 2004, *Free Will: A Very Short Introduction*, Oxford University Press.
・Polin, R.: 1969, "John Locke's conception of freedom", in *John Locke: Problems and Perspectives*, (ed. J. W. Yolton), Cambridge University Press, pp. 1-18.
・Reid, Thomas: 1872, *Essays on the Intellectual Powers of Man*, essay3, Ch. 6. (*The Works of Thmas Reid*, ed. by W. Hamilton, 1983, Georg Olms).
・Rickless, Samuel: 2016, "Locke On Freedom", *The Stanford Encyclopedia of Philosophy* (Winter 2016 Edition), Edward N. Zalta (ed.), URL = <https://plato.stanford.edu/archives/win2016/entries/locke-freedom/>.
・Schneewind, J. B.: 1994, 'Locke's moral Philosophy', in *The Companion to Locke*, (V. Chappell ed.), Cambridge University Press, pp. 199-225.
・Schouls, Peter A.: 1992, *Reasoned Freedom*, Ithaca & London.
・Sheridan, Patricia.: 2016, "Locke's Moral Philosophy", *The Stanford Encyclopedia of Philosophy* (Summer 2016 Edition), Edward N. Zalta (ed.), URL = <https://plato.stanford.edu/archives/sum2016/entries/locke-moral/>.
・Shoemaker, Sydney: 1963, *Self-knowledge and Self-identity*, Cornell University Press.（菅豊彦・浜渦辰二 訳, 『自己知と自己同一性』, 勁草書房, 1989）
・Smilansky, Saul: 2000, *Free Will and Illusion*, Oxford University Press.
・Soles, David E.: 1987, 'Intellectualism and Natural Law in Locke's *Second Treatise'*, in *History of Political Thought*, VIII, pp. 63-82.
・Sommers, Tamler: 2012, *Relative Justice: Cultural Diversity, Free Will, and Moral Responsibility*, Princeton University Press.
・Spellman, W. M.: 1997, *John Locke*, St. Martin's Press.
・Strathern, Paul: 1996, *Locke In 90 Minutes*, Lucas Alexander Whitley Ltd.（浅見昇吾 訳『90分でわかるロック』, 青山出版社, 2001）
・Tuckness, Alex: 1999, 'THE COHERENCE OF A MIND: JOHN LOCKE AND THE LAW OF NATURE', In *Journal of the History of Philosophy*, Vol.37, No.1, pp. 73-90, (rpr. *JOHN LOCKE: Critical Assessments of Leading Philosophers*, Series II, Peter Anstey ed., Routledge, 2006, pp. 61-79.)
・Uzgalis, William: 2016, "John Locke", *The Stanford Encyclopedia of Philosophy* (Summer 2017 Edition), Edward N. Zalta (ed.), forthcoming URL = <https://plato.stanford.edu/

・Dunn, John: 1982, *The political thought of John Locke: an historical account of the argument of the 'Two treatises of government'*, Cambridge: Cambridge University Press.（加藤節 訳『ジョン・ロック —— 信仰・哲学・政治』，岩波書店，1987）
・Fischer, John Martin: 1999, 'Recent Work on Moral Responsibility', in *Ethics*, October, 1999, pp. 93-139.
・Flew, Antony: 1951, 'Locke and the Problem of Personal Identity' in *Philosophy*, Vol. 26, No. 96, pp.53-68 (rpr. *John Locke Critical Assessment*, ed. Richard Ashcraft, Routledge, 1991, pp. 511-26).
・Frankfurt, Harry G.: 1988, *The Importance of what we care about*, Cambridge University Press.
・Harris, Ian: 1994, *The Mind of John Locke*, Cambridge University Press.
・Hart, H. L. A.: 1952, 'The Ascription of Responsibility and Rights', In *Essay on LOGIC and LANGUAGE* Vol. 1, (ed. by Antony Flew), Oxford , pp.145-166.
・Hobbes, Thomas: 1654, 'Of Liberty and Necessity' in *Liberty and Necessity*, in *Hobbes and Bramhall on Liberty and Necessity*, (ed. V. Chappell), Cambridge University Press, 1999, pp. 15-42.
・—— : 1656, 'The Questions concerninig Liberty, Necessity, and Chance' in *Liberty and Necessity*, in *Hobbes and Bramhall on Liberty and Necessity*, (ed. V. Chappell), Cambridge University Press, 1999, pp. 69-90.
・Jenkins, John J.: 1983, *Understanding Locke An Introduction to Philosophy Through John Locke's Essay*, Edinburgh University Press.
・Jolley, Nicholas: 1999, *Locke-- his philosophical thought*, Oxford University Press.
・Kane, Robert: 1996, *The Significance of Free Will*, Oxford University Press.
・—— : 2002, 'INTRODUCTION: THE CONTOURS OF CONTEMPORARY FREE WILL DEBATES' in *Oxford Handbook of Free Will*, (ed. R. Kane), Oxford University Press, pp. 3-41.
・Lamprecht, Sterling P.: 1918, *The Moral and Political Philosophy of John Locke*, Columbia University Press.
・Leibniz, G. W.: 1765, *Nouveaux Essais* (tr. Peter Remnant and Jonathan Bennet, Cambridge University Press, 1981).
・Lolordo, Antonia: 2012, *Locke's Moral Man*, Oxford University Press.
・Losonsky, Michael: 1995, 'Critical Notice', in *Canadian Journal of Philosophy* Vol. 25 No. 2, pp. 293-314.
・Lowe, E. J.: 1986, 'Necessity and the Will in Locke's Theory of Action' in *History of Philosophy Quarterly*, Vol.3, No.2, pp.149-61.
・—— : 1995, *Locke on Human Understanding*, Routledge.
・Mackie, J. L.: 1976, 'On Personal Identity' in *Problems from Locke*, Clarendon Press.
・Magri, Tito: 2000, 'Locke, Suspension of Desire, and The Remote Good', in *British Journal for the History of Philosophy*8, Vol.8, No.1, pp. 55-70.
・Nahmias, Eddy, Coates, D. Justin and Kvaran, Trevor: 2007, Free Will, Moral Responsibility, and Mechanism: Experiments on Folk Intuitions, *Midwest Studies in Philosophy*, Vol. 31,

参考文献

・Behan, David P.: 1979, 'Locke on Persons and Personal Identity', *Canadian Journal of Philosophy*, Vol. 9, No. 1, pp. 53-75, (rpr. *John Locke Critical Assessment*, ed. Richard Ashcraft, Routledge, 1991, pp. 565-85).
・Bennett, Jonathan: 1994, 'Locke's Philosophy of Mind', in *The Cambridge Companion to Locke*, (ed. V. Chappell), Cambridge University Press, pp. 89-144.
・Bentham, Jeremy: 1789, *An Introduction to the Principle of Morals and Legislation* (eds. by J.H. Burns and H. L. A. Hart, Oxford University Press, 1996).
・Bramhall, John: 1655, *A Defence of True Liberty*, (in *Hobbes and Bramhall on Liberty and Necessity*, ed. V. Chappell, Cambridge University Press, 1999).
・Buckle, Stephen: 1991, *Natural Law and the Theory of Property*, Clarendon Press.
・Butler, Joseph: 1736, *Dissertation* I, 'Of Personal Identitiy', *The analogy of religion natural and revealed: two brief dissertations* (*The Works of Joseph Butler* vol. 1, ed. W.E. Gladstone, Thoemmes, 1995.)
・Chappell,Vere: 1994, 'Locke on the freedom of the will' , in *Locke's Philosophy: Content and Context*, (ed. by G. A. J. Rogers) Clarendon Press, pp. 101-21(rpr. *Locke*, ed. by V. Chappell, Oxford University Press, 1998, pp.86-105).
・――: 1998, 'Locke on the Suspension of Desire', in *The Locke Newsletter*, No. 29, pp. 23-38.
・Chisholm, Roderick: 1966, 'Freedom and Action,' in *Freedom and Determinism, Random house Studies in Philosophy*, (ed. Keith Lehrer), vol. 7, Random House, pp. 11-44.
・――: 1976, 'The Agent as Cause,' in *Action Theory*, (ed. Myles Brand and Douglas Walton), D. Reidel Publishing Company, pp. 199-212.
・――: 1995, 'Agents, Causes, and Events: The Problem of Free Will,' in *Agents, Causes, and Events: Essays on Indeterminism and Free Will*, (ed. Timothy O'Connor), Oxford University Press, pp. 95-100.
・Colman, John: 1983, *John Locke's Moral Philosophy*, Edinburgh University Press.
・Curtis, Mattoon Monroe: 1890, *An Outline of Locke's Ethical Philosophy*, Leipzig.
・Darwall, Stephen: 1995, *The British moralists and the internal "ought" 1640-1740*, Cambridge University Press.
・Dennett, Daniel: 1984, *Elbow Room*, Bradford Books.
・――: 2004, *Freedom Evolves*, Penguin Books Ltd.（山形浩生 訳『自由は進化する』, NTT 出版, 2005）
・Descartes, Rene: 1641, *Meditationes de Prima Philosophia*.（井上庄七・森啓 訳「省察」,『世界の名著 ―― デカルト』所収, 中央公論社, 1967）
・――: 1644, *Principia Philosophiae*, Amsterdam.（井上庄七・水野和久 訳「哲学の原理」,『世界の名著 ―― デカルト』所収, 中央公論社, 1967）

索　引

[あ]

悪　86, 91, 207
アクィナス，トマス（トミスティック）　147
アコーディオン効果　142
アリストテレス　36, 37
R 関係　56, 57
意見と評判の法　238, 245, 252
意見もしくは評判の法（徳と悪徳の規則，風習法）　89, 92, 93
意識の同一性　238, 230, 252, 272
意志決定　19, 44, 49, 106, 107, 116, 126, 129, 139, 144, 148, 149, 152, 157, 194, 197, 202, 207, 210, 214, 217, 248, 256
意志決定の自由　44
意志の自律原理　136, 151
意志の他律原理　136, 151
一人称基準と三人称基準との衝突（一人称基準と三人称基準の矛盾）　20, 228, 237
一人称的な基準　233
一様な表れ　72
因果的決定論（機械論、決定論、普遍的因果的決定論）　8, 38, 46, 110, 117, 119, 144, 157, 266
因果的連続性説　56
ヴァン・リンボルフ　138
ヴィトゲンシュタイン　33
応用倫理学　60, 225
太田可夫　119
落ちつかなさ　19, 49, 107, 109, 126, 129, 147, 155, 179, 197, 200, 205, 207, 210, 218, 269

[か]

快　72, 86, 102, 108, 117, 201, 205, 207, 210, 212, 218, 248, 252
懐疑論　30, 119, 267
快苦　87, 96, 108, 200, 211, 235, 247, 248, 258, 265
外在主義　107, 195, 199, 202, 205, 213
蓋然性　9, 17, 22, 100, 245, 257, 260, 271, 276
蓋然的知識　8, 64, 65, 68, 263, 283
快楽主義　5, 14, 117, 200
確実性　66, 245, 263
ガッサンディ，ピエール　31, 38
活動　109, 112, 121, 125, 131, 133, 142, 150, 152, 168, 197, 270
　非有意的 ——　123
　有意的 ——　113, 114, 123
カテゴリー・ミステイク　112
カドワース，ラルフ　147
神　3, 4, 7, 9, 14, 28, 50, 90, 244, 268, 269
　—— の裁判　239, 244, 275
　—— の法　5, 89, 93, 94, 114, 238, 242, 258, 275, 282
感覚的知識　66, 67
感覚与件の理論負荷性　31
カント，イマヌエル　30, 31, 46, 49
観念　22, 31, 61, 64, 65, 70, 77, 95, 181, 261
　—— の一致　65, 257
　関係の ——　22, 69, 72, 79, 84, 85, 89, 95, 283
　実定的 ——　80
　単純 ——　32, 71, 72, 74, 76, 80, 82,

84, 99, 111, 121, 211, 260
複雑 ――　71, 72, 73, 75, 79, 81, 111, 166, 247, 262
記憶　20, 53, 72, 227, 228, 231, 232, 234, 237, 244, 247, 249, 251, 252, 264, 273
記憶錯誤の問題　20, 228, 237
記憶説　20, 55, 56, 225, 227, 231, 240, 244
機械論 → 因果的決定論
機械論的世界像　158, 169, 267
技術　60
規則　4, 6, 12, 50, 88, 89, 95, 107
道徳的 ――　4, 5, 8, 10, 12, 79, 88, 89, 97, 102, 106, 107, 257, 265, 272, 275
徳と悪徳の ――　93
基体　82
規範性　20, 50, 60, 248, 256, 264
規範的役割　98, 106, 189, 191, 224, 244, 270, 273, 275, 278, 282
客観性　4, 90
共時的同一性　226
共同体　77, 81, 91, 93, 250
局所的宿命　19, 183, 187, 256, 274, 279
キリスト教　4, 12
『キリスト教の合理性』　3, 12, 40, 90
苦　86, 108, 207, 210, 248, 259
経験的知識　9
経験論　14, 22, 26, 30, 31, 36, 49, 55, 82, 94, 129, 244
―― 的観念論　30, 31, 38, 64, 70
形而上学　15, 21, 48, 52, 56, 189, 235, 244, 248, 277, 279, 282
ケイン, R.　280
決定論 → 因果的決定論
言語　8, 33, 57, 65, 257
健忘の問題　20, 228, 230
行為　6, 18, 41, 46, 60, 69, 76, 86, 90, 95, 108, 114, 122, 123, 128, 130, 136, 139, 144, 145, 148, 153, 158, 161, 166, 168, 171, 176, 179, 182, 184, 194, 197, 200, 206, 212, 215, 217, 224, 227, 233, 239, 256, 257, 270, 273, 278, 280
―― のデフレ説　122, 171, 181
―― の非存在　150, 176
自由な ――　124, 125, 144, 146, 157, 166, 169, 170, 172, 176, 183, 285
必然的 ――　125, 166, 169, 172, 173, 178, 179, 182, 271
有意的 ――　76, 87, 124, 125, 127, 154, 167, 171, 172, 181, 197
有意的ではあるが自由でない ――　166
行為者性　44, 47, 54, 122, 269
幸福　19, 49, 50, 107, 114, 143, 194, 203, 206, 210, 215
―― への欲求　203, 209, 215, 218, 235, 248, 258, 263
抗弁　2, 10, 49, 246, 256, 267, 270, 273, 275, 279, 281
心　93, 108, 111, 121, 123, 127, 132, 148, 154, 155, 166, 169, 177, 197, 200, 240, 248, 259, 260, 264, 269, 271
国家の法　89, 91, 97, 238, 241, 245, 258, 275
混合様態　72, 75, 85, 96, 211
コントロール　43, 46, 117, 129, 183, 186

[さ]

差し控え　18, 123, 127, 134, 142, 147, 153, 168, 171, 176, 182, 183, 269, 270, 276, 279, 280, 282
サンクション　17, 20, 21, 50, 54, 62, 86, 89, 95, 107, 157, 224, 238, 244, 252, 257, 265, 268, 283
―― 帰属　20, 21, 54, 58, 224, 238, 244, 249, 256, 260, 264, 265, 268, 272, 282
世俗的 ――　6

自己　21, 52, 57, 67, 227, 235, 239, 244, 247, 249
実体としての ――　240
試行　263
思考実験　42, 54, 59, 182, 242, 249
志向的内容　171
自然化　28, 49, 50, 55
自然的悪　87
自然的善　87
自然法　3, 10, 11, 17, 20, 64, 90, 95, 250, 258, 283
実験哲学　37, 59
実在的本質　79, 81, 84
実装可能性　159, 250
実体　8, 22, 68, 71-73, 80, 81, 111, 120, 155, 235, 239, 245, 247, 261, 271
―― としての自己　240
―― の不可知性　17
実定的観念　80
私的非難　272
自発性の自由　116
社会契約論　91
シャフツベリ伯　38
主意主義　6, 13
自由　2, 6, 8, 12, 15-18, 26, 29, 34, 41, 52, 58, 69, 79, 91, 97, 98, 106, 107, 110, 112, 114, 115, 118, 120, 123, 128, 130, 131, 135, 139, 142, 144, 149, 153, 158, 166, 168, 172, 176, 182, 188, 190, 194, 198, 224, 256, 264, 265, 268, 270, 275, 278, 282, 283
―― な行為　124, 125, 144, 146, 157, 166, 169, 170, 172, 176, 183, 285
―― の継承理論　138
―― の力能　159, 270, 272, 275
意志決定の ――　44
自発性の ――　116
政治的 ――　41
哲学的 ――　41, 43, 52
無差別の ――　17, 110, 114, 116, 127, 154, 156, 277, 284
自由意志　17, 47, 59, 107, 110, 115, 118, 127, 128, 155, 198, 214, 217, 281
自由意志実在論　17, 42, 106, 116, 118, 130, 138, 145, 153, 157, 166, 170, 187, 194, 217, 256, 267, 270, 277, 280
自由意志問題（自由意志論争）　8, 19, 41, 47, 116-118, 166, 180, 182, 278
十全　78, 81, 83, 84
熟慮　114, 128, 133, 139, 140, 141, 144, 145, 149, 154, 157, 183, 186, 187, 194, 197, 265, 276, 278, 285
手段　141, 212, 265
主知主義　5, 13
受動的な力能　111
シューメーカー，S.　56
シュールズ，P.　119, 144, 146
循環の批判　20, 228, 232, 236
賞罰　6, 8, 88, 90, 96, 102, 114, 233, 242, 244, 268, 272
所与の神話　32
ジョリー，N.　119, 238
人格　22, 55, 225, 229, 230, 232, 234, 237, 240, 241, 243, 244, 246, 248, 251, 258, 263, 272, 276, 282, 283
―― 同一性　6, 8, 9, 10, 15, 20, 22, 26, 51, 55, 106, 159, 224, 225, 230, 232, 234, 237, 243, 244, 246, 248, 257, 259, 260, 264, 272
―― 同一性の基準　20, 228, 233, 237, 240, 242, 243, 251
―― 同一性論　2, 3, 6, 8, 16, 20, 29, 36, 41, 59, 79, 97, 106, 159, 226, 228, 246, 250
―― の知識　240, 244
―― の連続性　228, 231, 236
身体　12, 42, 44, 52, 112, 121, 156, 161, 171, 189, 227, 232, 236, 242, 246
身体説　53, 55, 232, 253
心理説（心理的基準説）　53, 55, 56, 225, 251

推移性　56, 228, 230, 234, 245, 252
スコラ哲学　114, 127
スピノザ，B.　31, 266
政治的自由　41
正当化　9, 18, 21, 107, 158, 170, 244, 246, 256, 275, 278
責任帰属　2, 6, 36, 49, 157, 167, 177, 183, 187, 189, 224, 227, 238, 240, 243, 244, 246, 249, 256, 269, 273, 275, 277, 278, 280, 282
世俗的サンクション　6
絶対的知識　8, 65, 66, 245, 268
善　86, 91, 108, 115, 117, 128, 142, 146, 156, 195, 197, 199, 205, 208, 212, 216
　自然的――　87
　道徳的――　86, 87
選択　19, 43, 45, 47, 107, 113, 118, 120, 121, 123, 125, 132, 133, 142, 146, 150, 156, 169, 186, 203, 207, 277, 278
　――可能性（選択性）　116, 131, 136, 153, 166, 169, 186, 190, 271, 278, 256, 277
　――性条件　18, 116, 125, 126, 127, 130, 131, 135, 140, 151, 154, 158, 166, 168, 186, 270, 274, 277, 279, 284
相対性　91, 241
想定　245, 263, 272, 281
存在者　4, 57, 62, 67, 76, 204, 209, 227, 235, 245, 248, 277

［た］

第一性質　83, 111
第三の性質　83, 111
第二性質　83, 111
他行為可能性　116, 118, 125, 184, 187, 189, 191, 256, 270, 277, 278, 280, 281
ダン，J.　119
単純観念　32, 71, 72, 74, 76, 80, 82, 84, 99, 111, 121, 211, 260
単純様態　72, 73, 76, 211, 213, 215
知識　8, 12, 17, 21, 22, 30, 31, 36, 53, 65, 66, 70, 72, 85, 97, 99, 233, 239, 243, 245, 247, 250, 259, 262, 268, 276
　――論　22, 29
　蓋然的――　8, 64, 65, 68, 263, 283
　経験的――　9
　感覚的――　66, 67
　人格の――　240, 244
　絶対的――　8, 65, 66, 245, 268
　直観的――　66
　理性的――　9
　論証的――　65, 66, 81, 268, 283
チャペル，V.　18, 106, 119, 130, 133, 135, 139, 143, 145, 146, 149, 151, 153, 156, 157, 198, 214, 218
直観　9, 55, 59, 67, 184, 187, 231, 241, 275, 278
　両立論的――　279
直観的知識　66
通時的同一性　226
定義　8, 68, 72, 78, 80, 81, 84-86, 100, 111, 194, 249, 260, 271
　――の十全性　77
　――の不確定性　262
ティレル，T.　22
デカルト派　17, 114, 116, 127
撤回　9, 10, 21, 246, 247, 256, 260, 264, 273, 275, 277, 278, 282
哲学的自由　41, 43, 52
デネット，D.　19, 158, 183, 187, 191
動機づけ　5, 11, 13, 19, 29, 49, 60, 64, 88, 93, 96, 98, 107, 109, 159, 180, 194, 195, 197, 199, 202, 204, 205, 207, 210, 213, 215, 216, 218, 250, 258, 264, 271
『統治論』　3, 12
道徳　2, 3, 5, 7, 10, 11, 15, 22, 28, 49, 50, 59, 60, 64, 66, 69, 76, 85, 86, 89, 92-96, 106, 107, 122, 146, 155, 158, 224, 238, 240, 250, 256, 257, 263, 264, 266, 281

―― 的悪　86, 87
―― 的関係　6, 89, 101
―― 的規則　4, 5, 8, 10, 12, 79, 88, 89, 97, 102, 106, 107, 257, 265, 272, 275
―― 的正　93
―― 的善　86, 87
―― 的善悪　86, 87, 107, 238
―― 的不正　93
―― 哲学　3, 6, 15, 23, 27, 30, 48, 51, 60, 62, 97, 277, 278, 283
―― の論証可能性　11, 14, 16, 64, 69, 79, 86, 95, 97, 224, 248, 250, 256, 257
―― 律　4
「読者への手紙」　22, 35, 38
徳と悪徳の規則 → 意見もしくは評判の法
閉じ込められた男　18, 125, 150, 158, 166, 168, 170, 174, 176, 178, 179, 182, 184, 188, 189, 274, 280
トミスティック → アクイナス，トマス
冨田恭彦　29, 71

[な]

二重因果性　176
ニュートン，アイザック　12, 31, 38
『人間知性論』　2, 4, 5, 6, 8, 11, 16, 19, 22, 35, 38, 40, 64, 86, 225
認識論　29, 33, 71
能動的な力能　111

[は]

バークリー，ジョージ　30, 31, 228, 230
パスカルの賭け　90
パズルケース　20, 54, 228, 231, 243
ハード・デターミニズム　118, 119
ハードル問題　280
パーフィット　56, 232, 251
ハンソン　31, 35
判断内在主義　195
非決定論　118, 145, 153
必然　66, 125, 133, 162, 168, 172, 183, 189, 190, 191, 258
―― 的行為　125, 166, 169, 172, 173, 178, 179, 182, 271
非有意的活動　123
ヒューム，デイビッド　28, 30, 31, 42, 47, 51, 53, 55, 195, 234, 245
不一致　65, 87, 257, 265
風習法 → 意見もしくは評判の法
不可避論　131, 133, 146, 154
複雑観念　71-73, 75, 79, 81, 111, 166, 247, 262
不幸　4, 5, 55, 108, 208, 211, 213, 235, 248, 258, 265
―― の忌避　108, 209, 215
普遍的因果的決定論 → 因果的決定論
ブラムホール，J.　116, 118, 162
フランクファート，H.　19, 158, 166, 168, 184, 187, 191, 279
―― 型事例　19, 168, 182, 184, 187, 189, 278, 280
フリュー，A.　228, 230
分析哲学　195
ベンサム，J.　31, 47, 51
ボイル，ロバート　12, 31, 37
法　64, 86, 87, 89, 95, 96, 114, 238, 240, 244, 258, 265, 275, 283
意見と評判の ――　238, 245, 252
意見もしくは評判の ――　89
神の ――　5, 89, 93, 94, 114, 238, 242, 258, 275, 282
国家の ――　89, 91, 97, 238, 241, 245, 258, 275
ホッブズ，トマス　28, 42, 47, 61, 110, 115, 116, 124, 158, 161, 162, 167, 168, 183, 190, 194, 266, 285
保留原理 → 欲求保留原理
保留と考量の原理 → 欲求保留原理

［ま］

マグリ，T.　19, 119, 195, 199, 203, 205, 206, 210, 215, 216
マッキー，J.L.　228, 230, 251
満足　115, 127, 155, 198, 203, 212, 218, 271
未来　52, 91, 118, 199, 202, 208, 212, 231
ミル，J.S.　31, 47, 51
無限背進　110, 113, 115, 120, 131, 135, 151
無差別の自由　17, 110, 114, 116, 127, 154, 156, 277, 284
明証性　66
命令　49, 88, 102, 112, 177, 180
目的　44, 115, 142, 225, 248, 265
「物」　71
事物自体　82

［や］

ヤッフェ，G.　18, 107, 119, 131, 145, 148, 151, 153, 156, 157, 178, 218, 251
有意決定論　130, 135, 139, 146, 151, 153
有意性条件　18, 124, 125, 131, 135, 152, 158, 166, 168, 270, 273
有意的活動　113, 114, 123
有意的行為　76, 87, 124, 125, 127, 154, 167, 171, 172, 181, 197
有意的ではあるが自由でない行為　166
勇敢な将校のパラドクス　20, 228, 230, 236
唯名的本質　79, 81, 261
様態　22, 72, 73, 75, 78, 80, 84, 85, 89, 95, 122, 166, 210, 215, 218, 248, 257, 283
　混合 ――　72, 75, 85, 96, 211
　単純 ――　72, 73, 76, 211, 213, 215
欲求　17, 19, 44, 49, 70, 106, 107, 109, 115, 116, 121, 127, 130, 139, 144, 146, 151, 154, 156, 157, 161, 166, 179, 183, 194, 196, 197, 200, 202, 204, 205, 207, 209, 210, 213, 215, 216, 218, 264, 270, 274, 284
　―― の水力学モデル　206
　―― 保留原理（保留原理, 保留と考量の原理）　106, 127, 129-131, 134, 139, 140, 151, 157, 166, 198, 199, 202, 205, 206, 210, 214-216, 218, 269

［ら］

ライプニッツ，G.W.　31, 133, 138, 150, 162
ライル，G.　112
ラッセル，B.　28, 34
ランダム問題　46
リーガリズム　87
力能　2, 7, 14, 17, 18, 21, 22, 68, 72, 84, 87, 99, 107, 111, 115, 120, 123, 127, 131, 142, 154, 155, 198, 202, 247, 256, 259, 260, 266, 269, 270, 273, 277, 278, 280, 282, 283
　―― の保持　269, 272, 275, 277
　自由の ――　159, 270, 272, 275
　受動的な ――　111
　能動的な ――　111
理性　4, 5, 7, 9, 12, 16, 43, 64, 69, 90, 94, 95, 117, 146, 183, 234, 247, 258, 274, 284
　―― 主義　5, 14, 117, 146
　―― 的知識　9
立法者　4, 87, 89, 91, 95, 102, 257, 276, 284
リード，トマス　30, 31, 46, 228, 230, 232, 245
リバタリアニズム　17, 41, 47
粒子仮説　34, 38, 161, 191
良心　93, 238, 249
両立論　17, 20, 47, 116, 118, 131, 144,

152, 157, 166, 168, 170, 183, 187, 194, 197, 202, 211, 215-218, 270, 277, 278, 281, 285
——的直観　279
連続性　53, 56, 62, 227, 230, 231, 234, 236, 264
人格の——　228, 231, 236
ロウ，E.J.　119, 123, 150, 158, 167, 169, 170, 173, 176, 179, 189, 218
ロック，ジョン　2, 3, 11, 15, 16, 26, 27, 32, 36, 37, 41, 49, 55, 58, 64, 71, 84, 88, 97, 107, 115, 130, 143, 157, 168, 170, 182, 194, 202, 224, 250, 256, 257, 259, 278, 283
論証的知識　65, 66, 81, 268, 283

佐々木　拓（ささき・たく）
金沢大学人間社会研究域人間科学系准教授。専門は西洋倫理学。2008年京都大学より博士（文学）を取得。著書に『ロボットからの倫理学入門』（名古屋大学出版会、久木田水生・神崎宣次と共著、2017年）、「依存行動への責任を限定する：レヴィの自我消耗仮説と規範的統制原理の適用可能性」（『倫理学年報』第64集、189-202頁、2015年）などがある。

ジョン・ロックの道徳哲学
〈金沢大学人間社会研究叢書〉

平成29年9月30日　発　行

著作者　佐　々　木　　拓

発行者　池　田　和　博

発行所　丸善出版株式会社
〒101-0051　東京都千代田区神田神保町二丁目17番
編集：電話(03)3512-3264／FAX(03)3512-3272
営業：電話(03)3512-3256／FAX(03)3512-3270
http://pub.maruzen.co.jp/

組版・月明組版／印刷・株式会社 日本制作センター
製本・株式会社 星共社

ISBN 978-4-621-30200-2　C3310　Printed in Japan